三国志
赤壁伝説

満田剛 著

白帝社

まえがき

後漢《ごかん》末から中国《ちゅうごく》・三国時代《さんごくじだい》にかけての、いわゆる「『三国志《さんごくし》』の時代」の動乱の中で、最大の転換点となった戦いが「赤壁《せきへき》の戦い」であることは誰しも疑う余地のないところであろう。

この時代については、現代に至るまで中国・日本などで数え切れないほどの小説・マンガが発表されており、それらの中で「赤壁の戦い」も様々な形で描かれ、それぞれの「赤壁物語」が形づくられている。加えて、コーエーの「三國志」シリーズや「真《しん》・三國無双《さんごくむそう》」シリーズなどのコンピューター・ゲームも作られ、「赤壁の戦い」が取り上げられるほどである。そして、「赤壁の戦い」一八〇〇周年にあたる二〇〇八年にはジョン・ウー監督による「レッドクリフ（原題はその名も「赤壁」）」パートⅠが、二〇〇九年にはパートⅡが公開されている。

『三国演義《さんごくえんぎ》』（『三国志演義《さんごくしえんぎ》』）をはじめとする多くの小説・マンガで描かれる「赤壁の戦い」では劉備《りゅうび》や諸葛亮《しょかつりょう》の見せ場が多く、非常に面白い話になっている。しかし、最近では歴史書

『三国志』に基づいた小説・マンガが登場していると同時に、『三国志』から登場人物などを借りてきて内容を換骨奪胎したマンガ・アニメも現れている。

　これらの小説・マンガでの「赤壁の戦い」を比較整理し、さらに歴史書での「赤壁の戦い」とも比べてみることで、一八〇〇年前から現代に至るまで、様々な人々によって「赤壁の戦い」がどのように描かれ、どのように受け入れられてきたかを少しでも明らかにしていきたいと考えている。


　本書の第一章では、物語と歴史書の双方で描かれた「赤壁の戦い」を扱うこととする。

　まず、第一節では「物語」での「赤壁の戦い」の内容を比較してみることで、それぞれの特徴を明らかにしていきたいと考えている。それらの小説・マンガの中でも基準となるであろう『三国演義』を最初に取り上げ、それをもとにした小説の代表例である吉川英治《よしかわえいじ》『三国志』も扱いながら物語の流れをおさえておきたい[二]。

　そして、その『三国演義』の源流の一つである『至治新刊新全相平話三国志《しちしんかんしんぜんそうへいわさんごくし》』（『三国志《さんごくし》平話《へいわ》』）での「赤壁の戦い」をまとめ、いかにして『三国演義』での「赤壁の戦い」ができあがったかを垣間見たいと考えている。

　次に、陳寿《ちんじゅ》『三国志』などの歴史書に基づいた『三国志』に関する小説の嚆矢《こうし》とも言えるであろう陳舜臣《ちんしゅんしん》氏の『秘本三国志《ひほんさんごくし》』・『諸葛孔明《しょかつこうめい》』・『曹操　魏《ぎ》の曹一族』における「赤壁の戦い」について取り上げ、陳寿『三国志』や『三国演義』などとの違いについて見ていきたい。

さらに、歴史書『三国志』に基づいた代表的なマンガとして『蒼天航路《そうてんこうろ》』を、『三国演義』を換骨奪胎して新たな物語を作り上げたマンガとして『BB戦士三国伝　英雄激突編』を選択し、それぞれの物語での「赤壁の戦い」の流れと特徴を確認したい。

本来ならば、ここで挙げたもの以外にも取り上げるべき小説・マンガは存在する[三]が、（特に小説については）できるだけ年代を追って代表的なものを扱おうとしたため、最近のものは時間や紙幅の都合で扱うことができなかった。今後改めて取り組んでいきたい。

一方、研究者の方々による歴史書『三国志』や曹操《そうそう》などの人物を扱った一般書でも、「赤壁の戦い」についてはいろいろな形で扱われている[四]。「赤壁の戦い」の概略についてはこれらの書籍でまとめられているが、歴史上の「赤壁の戦い」については、調べれば調べるほど、「陳寿がまとめた歴史書『三国志』や裴松之の注を読んでみてもよくわからない」という一面があることも事実である[五]。

そこで、第一章・第二節では、歴史書から見た「赤壁の戦い」と題し、歴史書『三国志』魏書・呉書・蜀書のそれぞれと裴松之の注に引用された書籍における「赤壁の戦い」に関する記事を拾い集め、整理しなおすことに重点を置いてまとめることで、歴史上での「赤壁の戦い」について現時点でわかることを概説していきたいと考えている。

第二章では『三国志』に関する豆知識をまとめ、第三章では『三国志』人物事典を作成してみた。さらに附録として『三国志』年表と『三国志』の時代の地図を載せた。これらは全て『「大三国志展」カタログ』の巻末資料として執筆したものに加筆・修正を加えて転載したものである。

先行の書籍にも優れた見解が多く、読者にはそれらの書籍を参照しながら本書を読んでいただきたい。そのため、各章の注などで、拙著をはじめとする手に入れやすくかつお読みいただきたい参考文献を示そうとしている。さらに、本書では史実の解釈などについて先行書籍とは若干異なった筆者なりの見解を述べようとした箇所がある。その是非については、読者の判断を仰ぎたい。

一　この件については、雑喉潤《ざこうじゅん》『三国志と日本人』（講談社　講談社現代新書　二〇〇二年）などを参照されたい。

二　本書では、『三国演義』の底本として、羅貫中《らかんちゅう》〔著〕立間祥介《たつましょうすけ》〔訳〕『三国志演義』（上）（平凡社　中国古典文学

大系第二十六巻　一九六八年初版）、羅貫中〔著〕小川環樹《おがわたまき》・金田純一郎《かねだじゅんいちろう》〔訳〕『完訳　三国志』（三）・（四）（ともに岩波書店　岩波文庫　一九八八年改版）を使用した。読者の皆様の手に入りやすいものを、と考えたためである。また、『三国演義』という書籍の著者や来歴については、金文京《きんぶんきょう》『三国志演義の世界』（東方書店　一九九三年）・『中国の歴史〇四　三国志の世界』（講談社　二〇〇五年）、拙著『三国志―正史と小説の狭間』（白帝社　二〇〇六年）、渡邉義浩《わたなべよしひろ》『図解雑学三国志演義』（ナツメ社　二〇〇七年）などに詳しいため、本書では改めて記していないことをご了解いただきたい。吉川英治『三国志』については、『三国志』（四）・（五）（ともに講談社　吉川英治歴史時代文庫　一九八九年）を底本とした。

三　『三国演義』をもとにしたと考えられる小説では柴田錬三郎《しばたれんざぶろう》『英雄ここにあり』・『英雄・生きるべきか死すべきか』、『三国演義』（というより、吉川英治『三国志』）をもとにしたマンガとしては、横山光輝《よこやまみつてる》『三国志』、歴史書『三国志』をもとにした小説では北方謙三《きたかたけんぞう》『三国志』、宮城谷昌光《みやぎたにまさみつ》『三国志』、『三国演義』から換骨奪胎してできたマンガでは真壁太陽《まかべたいよう》〔著〕市河龍乃助《いちかわりゅうのすけ》〔画〕『ブレイド三国志』などが挙げられるだろう。

四　歴史書『三国志』やその登場人物に関する書籍はそれこそ数え切れないほどあるが、ここ十年ほどの著作で研究者による歴史書『三国志』に関連した代表的な一般書としては、渡邉義浩『図解雑学三国志』（ナツメ社　二〇〇〇年）、金文京『中国の歴史〇四　三国志の世界』（講談社　二〇〇五年）、拙著『三国志　正史と小説の狭間』（白帝社　二〇〇六年）、拙著『「三国志」万華鏡　英雄たちの実像』（未来書房　二〇〇八年）、于濤《うとう》〔著〕鈴木《すずき》博《ひろし》〔訳〕『実録三国志』（青土社　二〇〇八年）などが挙げられる。曹操については石井仁《いしいひとし》『曹操―魏の武帝』（以下、「石井仁前掲書」と略す」）（新人物往来社　二〇〇〇年）、堀敏一《ほりとしかず》『曹操―三国志の真の主人公』（刀水書房　二〇〇一年）などが、諸葛亮については渡邉義浩『図解雑学諸葛孔明』（ナツメ社　二〇〇二年）などが挙げられる。

五

石井仁前掲書では、官渡の戦いについては一六〇～一七一頁までの約一二頁、官渡の戦い以前の袁紹の戦略、曹操陣営の袁紹論などを含めると一七七頁までの約一八頁を割いているのに対して、荊州攻略から赤壁の戦いでの曹操の敗北について一八五～一九〇頁の約六頁しか取り扱っておらず、しかも具体的な戦闘については、

建安十三（二〇八）年十二月、曹操は赤壁で孫・劉連合軍に大敗をきっした。（石井仁前掲書一九〇頁）

としか記されていない。

目次

凡例

一、年号は、読者が理解しやすいように、基本的に西暦を用いた。
一、出典に関しては煩雑になるのを避けるため、ほとんどの場合、巻数を省略して記してある。
一、引用した文章の中で、曹操《そうそう》については曹公《そうこう》など、劉備《りゅうび》については先主《せんしゅ》などのように、一人の人物について複数の呼称が存在する場合があるが、本書では基本的に曹操、劉備などのように、姓と諱《いみな》による表記に統一した。
一、本文や注で登場する研究者・作家の方々のお名前には、敬称を略させていただいている場合がある。
一、本書で使用する漢字は、基本的に常用漢字に統一しているが、原典から文章を引用する際などに正字を用いている場合がある。

第一章　赤壁の戦い・虚々実々

第一節　物語での「赤壁の戦い」

一　『三国演義』での「赤壁の戦い」と吉川英治『三国志』

『三国志《さんごくし》』については小説や漫画の中で多種多様な描写がなされている。いわゆる「赤壁《せきへき》の戦い」も同様である。

ここではまず『三国志通俗演義《つうぞくえんぎ》』（以下、『三国演義』と略す）の話の流れに沿って、劉表《りゅうひょう》の死去から「赤壁の戦い」で曹操《そうそう》が敗れ、許昌《きょしょう》へ撤退するまでを概説する。その後で他の小説や漫画などでの「赤壁の戦い」を『三国演義』と比較しながらまとめ、それらの共通点や相違点を確認していきたい。

●『三国演義』での「赤壁の戦い」概説

病に倒れた劉表は劉備《りゅうび》に荊州《けいしゅう》を譲ろうとするが、劉備は固辞。曹操の大軍が押し寄せてきたとの報告を受けて新野《しんや》に戻ると、劉表は長男・劉琦《りゅうき》を後継者、劉備を補佐とする遺書を書く。しかし、それを知った蔡夫人《さいふじん》（劉表の後妻）は怒り、江夏《こうか》から駆けつけた劉琦が館に入れないように門を閉ざしたため、劉琦は泣く泣く江夏に戻る。劉表が死去すると、蔡夫人は蔡瑁《さいぼう》・張允《ちょういん》と相談し、次男・劉琮《りゅうそう》を後継者とする偽の遺言状をデッチ上げ、劉琮をかつぎあげた。

曹操が大軍を率いて荊州へ向かってくるとの報告を受けた劉琮は、王粲《おうさん》らの意見を受けて降伏を決断。宋忠《そうちゅう》を降伏の使者として曹操のもとへ遣わし、曹操はそれを受諾。荊州へ戻ろうとする宋忠を関羽《かんう》が捕らえ、劉琮が降伏したことを白状させる。そこに劉琦の使者として伊籍《いせき》がやってきて「ともに襄陽《じょうよう》へ赴いて非道を糾そう」と述べ、劉琮一党を殺して荊州を手に入れることを進言し、諸葛亮《しょかつりょう》も同調するが、劉備は拒絶して樊城《はんじょう》へ逃れる。早くも曹操の軍勢が博望《はくぼう》にやってきたことを知った諸葛亮は諸将に策を授け、曹仁《そうじん》・曹洪《そうこう》を新野で火攻めにして大勝する（ここまで第四十回「蔡夫人議《はか》って荊州を献じ諸葛亮火もて新野を焼く」）。

曹操は民心を買うために、劉備のもとへ降伏を勧める使者として徐庶《じょしょ》を送るが、劉備は拒絶。劉備は付き従ってきた領民を引き連れて樊城を捨て、河を渡り襄陽へ向かおうとする。河を渡る領民の哀号を聞き、「自分さえいなければ」と劉備は河に身を投げようとするが、周囲に止められる。

襄陽まで来た劉備は、領民を救うためだとして劉琮に開門を要求するが、矢を浴びせかけら

『完訳三国志』（三）・（四）小川環樹・金田純一郎〔訳〕 岩波書店

れる。その様子を見ていた魏延《ぎえん》は劉備を迎え入れようとするが、劉備は襄陽入りを諦め劉表の墓前で祈りを捧げた後、民を引き連れて江陵《こうりょう》に向かい、関羽を江夏に派遣して劉琦に加勢を求める。魏延は長沙《ちょうさ》へと落ち延びる。

劉琮の配下・王威《おうい》は油断した曹操を急襲しようと進言するが、蔡瑁の反対にあい実行できなかった。樊城入りした曹操は蔡瑁・張允を水軍の責任者とし、荊州の人々を受け入れるが、劉琮を約束していた荊州の主ではなく、青州《せいしゅう》刺史とする。青州へ向かおうとした劉琮は曹操の手の者によって暗殺される。劉備を追撃しようとした曹操は集めた諸将の中に文聘《ぶんぺい》がいないことに気づき、出頭させて理由を問うた。文聘が「主を扶けて国を保つことができず恥ずかしかったため」と述べると、曹操は忠臣として高く評価し、劉備を追わせた。

逃げる劉備は劉琦への援軍督促のため、諸葛亮も江夏に派遣。しかし、曹操軍に追いつかれ、散り散りとなる。「趙雲《ちょううん》が曹操に寝返った」との一報がもたらされるが、劉備は信じない。趙雲は劉備の妻子を探し求め、まず甘夫人《かんふじん》を助けて張飛《ちょうひ》に預け、とって返して糜夫人《びふじん》と阿斗《あと》を探す。その最中、曹操軍の夏侯恩《かこうおん》を殺し、青釭《せいこう》の剣を手に入れる。趙雲は糜夫人と阿斗を見つけたが、糜夫人は阿斗を趙雲に託して古井戸に身を投げ、趙雲は阿斗を懐に抱いて一気に敵陣を駆け抜ける。曹操はその様子を見て趙雲を配下に加えようとし、「必ず生け捕りにせよ」と命じるが、このおかげで趙雲は窮地を脱する（ここまで第四十一回「劉玄徳《げんとく》民を携えて江を渡り趙子竜《しりゅう》単騎主を救う」）。

趙雲は追っ手を逃れて、劉備のもとへ阿斗を届けるが、劉備は「お前のせいで大将をなくすところだったわ」と言い、阿斗を地面に叩きつける。張飛は長坂橋《ちょうはんきょう》の上に馬に乗って仁王立ちし、曹操の大軍に向かって「われこそは燕人《えんひと》張飛。勝負するものはおらぬか」などと数度叫ぶと、曹操軍は恐れをなして逃げ出してしまった。張飛は橋を切り落として引き上げてきたが、劉備はそれを聞くと曹操が追ってくると判断し、すぐに漢津《かんしん》に向けて出立。はたして曹操は橋が切り落とされたと知ると、劉備軍が追撃を恐れていると見て、追ってきた。そこに江夏から駆けつけた関羽がやってきて劉備一行を救い、漢津で船に乗せた。さらにそこに劉琦の水軍も合流。関羽に夏口《かこう》を守備させ、劉備は劉琦・諸葛亮とともに江夏に向かった。曹操は江陵に入り、孫権《そんけん》へ降伏を勧める使者を送りつつ水陸百万と号する大軍を進めた。

孫権陣営では、魯粛《ろしゅく》が劉表死去の弔問を口実にして江夏の劉備のもとに行くことを孫権に進言。劉備陣営でも孫権との同盟の話をしているところへ魯粛がやってきて、呉との同盟を説き、諸葛亮に呉への同行を求める。劉備は一旦拒否するが、諸葛亮自身が孫権のもとへ行く許可を求めたので承知し、魯粛と諸葛亮は孫権のいる柴桑《さいそう》へ向かう（第四十二回「張翼徳《よくとく》大いに長坂橋を鬧《さわ》がし劉予州漢津口に敗走す」）。

魯粛・諸葛亮の二人が柴桑に着くと、曹操からの「脅迫状」が孫権のもとに届いていた。孫権陣営では主戦派と降伏派が争うも、「天子の威を借り、荊州も征伐した曹操に降参すべし」と言う張昭《ちょうしょう》を中心とする降伏派が多数を占める。そこへ魯粛とともに諸葛亮が現れ、張昭や虞翻《ぐほん》・歩騭《ほしつ》・薛綜《せっそう》・陸績《りくせき》・厳畯《げんしゅん》・程徳枢《ていとくすう》らの降伏派と論戦し、全て論破する。

その後、諸葛亮は孫権と面会し、「劉備様は一旦敗れたとて天命であれば仕方なく、他人の下につくようなことはない」と述べてわざと孫権のプライドを刺激して怒らせた上で、曹操と戦うよう説得する。孫権は一度開戦を決意するが、降伏派はそれでも反対し、魯粛はさらに主戦論を唱えたため、迷ってしまう（第四十三回「諸葛亮群儒と舌戦し魯子敬《しけい》力めて衆議を排す」）。

孫権は呉夫人《ごふじん》の言葉を受けて周瑜《しゅうゆ》を呼び戻し、その意見を聞こうとする。鄱陽《はよう》から戻ってきた周瑜に対して、張昭を中心とする降伏派、程普《ていふ》・黄蓋《こうがい》ら武官を中心とする主戦派、諸葛瑾《しょかつきん》ら文官の中立派、さらに呂蒙《りょもう》・甘寧《かんねい》らがそれぞれやってきてそれぞれの主張を述べるが、周瑜はそれぞれの意見にあわせた返答をしてあしらう。魯粛に連れられてやってきた諸葛亮に対し、周瑜は（偽りの）降伏論を述べ諸葛亮も同調するが、諸葛亮は「曹操の目的が（孫策《そんさく》夫人の）大喬《だいきょう》と（周瑜夫人の）小喬《しょうきょう》を手に入れることにある」と言って、周瑜をわざと怒らせる。翌日、周瑜の助言で孫権は戦いを決断し、机を斬ってその決意を示す。

諸葛亮は周瑜に、再び孫権のもとへ行き、曹操軍が恐るるに足りないことを説明するよう勧め、周瑜はそれに従うが、諸葛亮の才能に嫉妬した周瑜は殺意を抱く。魯粛に説得された周瑜は、諸葛亮の兄の諸葛瑾に孫権に仕えるよう諸葛亮を勧誘させるが、失敗する（第四十四回「孔明智を用いて周瑜を激《はげま》し孫権計を決して曹操を破らんとす」）。

周瑜は諸葛亮に曹操の糧道を絶たせようとするが、これが実は諸葛亮を失敗させてその罪で殺そうとする陰謀であった。それを諸葛亮に見破られて周瑜は怒り、ますます諸葛亮を亡き者にしようとするが、魯粛に「曹操を破ってから改めて考えては」と言われて同意する。その後、周瑜は諸葛亮の様子を心配する劉備を自分の陣営に呼んで暗殺しようとするが、傍らに関羽がいたため、これも失敗する。諸葛亮は密かに劉備と会い、東南の風が吹いたら帰還すると語り、日にちを指定し、趙雲を迎えによこしてほしいと述べる。

周瑜は曹操の使者を斬ったうえ、緒戦で勝利をかざる。敗れた曹操は荊州の降将・蔡瑁と張允に水軍の訓練をさせ、蔡瑁・張允は大小の兵船を並べて水上の要塞を作る。その様子を自ら密かに探って知った周瑜は、なんとか二人を除こうと考える。

曹操の陣営から旧友の蔣幹《しょうかん》が説客として訪れるが、周瑜は「曹操との戦いの話をした者は斬って捨てろ」と太史慈《たいしじ》に命じた上で宴会を開き、群英会と名づける。周瑜は酔ったふりをしながら蔣幹に「説客に心を動かされるものか」と述べる。わざと蔣幹とともに寝ることにして、机の上の偽の蔡瑁・張允からの手紙が蔣幹の眼に入るようにするなどして、蔡瑁・張允の孫権陣営への内通をでっち上げる。慌てて戻った蔣幹の報告を聞いて怒った曹操は二人を処刑するが、その後で策にはまったことに気づく。しかし、曹操は自分の過ちは認めず「軍律を乱したので斬った」とし、毛玠《もうかい》・于禁《うきん》を水軍都督とする（第四十五回「三江口《さんこうこう》に曹操兵を折《う》たれ群英会蔣幹計に中る」）。

その一方、諸葛亮が蔡瑁・張允を陥れた計略に気づいていたことを知った周瑜は、諸葛亮を合法的に殺害する目的で「十万本の矢を十日間でそろえていただきたい」という難題を諸葛亮にふっかけるが、諸葛亮は「三日で」と言ってのける。諸葛亮は魯粛に頼んで孫権軍の船を借り、夜陰にまぎれて曹操軍に近づいて、わざと船に矢を浴び、見事十万本の矢を集めることに成功する。周瑜は「諸葛亮の知恵にはかなわない」と本音を漏らす。その後、諸葛亮が周瑜の本陣に訪ねてくると、周瑜と諸葛亮は曹操を破る策をそれぞれの手のひらに書いて見せ合うことにする。すると、双方の手には「火」の文字が書かれてあった。

矢を無駄にして悶々としていた曹操は、荀攸《じゅんゆう》の策を受け入れて蔡瑁の弟の蔡中《さいちゅう》・蔡和《さいわ》を偽って孫権軍に投降させ、内通者を作ろうとする。周瑜はそれを察した上で二人の投降を受け入れる。受け入れに反対した魯粛は、諸葛亮から教えられてはじめて周瑜の意図を悟る。その日の夜、突然黄蓋が周瑜の本陣にやって来て火攻めを進言し、曹操側に偽って投降することを願い出ると、周瑜は黄蓋の前にひれ伏し「苦肉の計」を忍んでくれるように頼む。翌日、周瑜が諸将を本陣に集め、合戦に備えるように述べると、黄蓋が反発。周瑜は黄蓋を打ち首にせよと命じ、諸将が黄蓋のためにとりなすと、黄蓋は杖で五十回叩かれ、背中は血まみれになった。諸葛亮はこの「苦肉の計」を看破していたが、周瑜にそのことを知らせないよう魯粛に口止めしたため、周瑜は今度こそ諸葛亮を騙せたと喜ぶ。自陣で臥せっていた黄蓋は闞沢《かんたく》が見舞いに来ると、曹操に彼の偽の降伏の手紙を届けるよう頼む（第四十六回「奇謀を用いて孔明箭を借り密計を献じて黄蓋刑を受く」）。

闞沢は黄蓋の偽の降伏の手紙を持って曹操のもとを訪れる。書面を見た曹操は、降伏の時期が書かれていなかったことから最初は疑って闞沢を殺そうとするが、闞沢は「機を見て行うから期限が切れないのだ」と言い、それと同時に黄蓋の手紙と同様の内容が記された蔡中・蔡和からの密書が曹操に届いたこともあって、曹操は黄蓋と闞沢を信じる。闞沢は「江東へ戻らない」と繰り返し言ったが、曹操から説得され（るという形をとっ）て戻り、黄蓋に会った上で甘寧の陣に行き蔡中・蔡和の様子を探ろうとする。

蔡中・蔡和が甘寧のところに来たところで、闞沢は甘寧に目配せしてわざと不満を言わせると、蔡中・蔡和は偽って投降してきたことを二人に伝えて酒を酌み交わし、蔡中・蔡和、闞沢がそれぞれ密書を曹操に送る。その密書の中で闞沢は、黄蓋が曹操のもとに行こうとしているが機会をつかめないこと、舳先に青い旗をかかげることを記す。

蔡中・蔡和と闞沢からの密書を受け取った曹操は疑念を持ち、周瑜の陣中へ人を送り込んで実情を探ろうとすると、一度は失敗した蔣幹が名乗りを挙げる。

これより前に、周瑜は魯粛を通して龐統《ほうとう》に曹操を破るための計略を訪ね、龐統は「火攻めのみ。「連環の計」（兵士の船酔いを止めるためだと称して船を鉄の環でつながせる計略）を用いて曹操側の船を一箇所につないでおけば、成功間違いなし」と述べていた。周瑜は龐統を曹操側に送り込んで「連環の計」を実行させようとしたが、どのように送り込むかで悩んでいた。そんな中で、蔣幹が再び周瑜の陣営を訪れたと知ると、周瑜は龐統を曹操陣営に送り込むきっかけを得たと考え喜ぶ。蔣幹が現れると、周瑜は「おれの書面を盗み出して曹操に告げ口し、蔡瑁・張允を殺させておれの計略をさんざんにしたな」などと罵って西山《せいざん》の庵室に押し込めた。蔣幹は押し込められた庵から裏に出ると、朗読している声が聞こえ、その内容が兵法書だと気づき、家の戸を叩く。蔣幹はそこで出会った声の主・龐統を連れて曹操のところへ戻り、曹操は龐統に意見を求める。龐統は「丞相《じょうしょう》（曹操）の用兵の手並みを拝見したい」と述べ、曹操は陸地・水上の陣を案内する。

その後、曹操と龐統は酒を酌み交わしつつ語らったが、龐統は酔ったふりをして「よい医者はおられますか」と尋ねる。曹操がその質問の理由を問うと、「水軍に病人が多いようでしたので」と答えた。それは曹操も悩んでいたところであったので対策を尋ねると、龐統は「連環の計」を献じ、曹操は早速鍛冶屋に命じて太い鎖を作らせ、軍船をつなぐように命じる。曹操は「先生（龐統）を三公の列に加えましょう」と言うが、龐統は「献策は富貴のためでなく万民のため」と述べ、江東《こうとう》にいる一門の安泰を約束する文書のみをもらって辞去する。龐統が江東に戻るために船に乗ろうとした時、龐統の袖を掴んで「曹操なら騙せても、わしの目はくらませぬぞ」という人物がいた（第四十七回「闞沢密かに詐りの降書を献じ龐統巧みに連環の計を授く」）。

龐統が振り向くと、徐庶であった。徐庶は劉備からの恩顧を忘れておらず、曹操のためには尽くさぬと述べ、火計から逃れるすべを龐統に尋ねる。龐統は徐庶に策をささやいた後、江東へと戻っていった。

徐庶は手の者に「西涼《せいりょう》の馬騰《ばとう》・韓遂《かんすい》が謀反し、許都を狙っている」との噂を撒き散らさせる。曹操は「馬騰・韓遂のことは気になっていた。真偽のほどは分からぬが、備えを講じなければ」と言ったところ、徐庶がその備えとなることを願い出て許され、出立した。これこそが龐統のささやいた策であった。

曹操は陸上・水上の陣地を見回ったあと、大船に乗って群臣と宴会を開いた。酒を飲み、気分よく酔った曹操は、周瑜・魯粛・劉備・諸葛亮を罵った後、「美女で名高く、孫策・周瑜の妻となった二喬を得て銅雀台《どうじゃくだい》に移し、晩年を楽しみたい」と言ってのける。その後、曹操は槊《さく》を小脇にして詩（「短歌行」）を吟じるが、詩の内容が不吉だと言った劉馥《りゅうふく》を殺してしまったため、そこで宴会は終わってしまう。翌日、後悔した曹操は劉馥を三公の礼で葬うように劉馥の子・劉熙《りゅうき》に言った。

翌日、水軍都督の毛玠・于禁の進言を受け、曹操は部将たちの持ち場を定め、整然と動き出して調練を行う。曹操は「龐統の策は天の助け」といたくご機嫌であったが、程昱《ていいく》は「火攻めをかけられたら防ぐことができない」と指摘した。しかし、曹操は「火攻めのためには風が必要だが、冬のこの時期は東風・南風は吹かないので、恐れるには及ばない」と述べる。さらに「北方のものは『連環の計』がなければ長江を渡ることもできなかっただろう」と言うと、もと袁紹《えんしょう》配下だった焦触《しょうしょく》・張南《ちょうなん》が「敵の旗などを奪ってきて北方の者にも船を操れることを思い知らせてやりたい」と願い出てきたので、曹操はそれを許した。

　翌日、焦触・張南が出撃すると、それを察知した孫権陣営では韓当《かんとう》・周泰《しゅうたい》が先手を願い出たので、周瑜は彼らを先手とし、各陣に命令して待ち構えた。曹操軍は孫権陣営に攻撃をしかけるが、焦触は韓当に、張南は周泰に斬られてしまい、敗退する。周瑜が撤収の命令を出しつつ対岸の曹操の陣地を見回している時に、激しい風が孫権軍の旗を巻き上げ周瑜の頬をかすめる。周瑜は一声叫んで血を吐いて倒れてしまう（第四十八回「長江に宴して曹操詩を賦し戦船を鎖《つな》ぎ北軍武を用う」）。

　血を吐いて気を失った周瑜を見て諸将は動揺し、孫権に連絡しつつ医者を呼んで治療させた。魯粛が諸葛亮にこのことを知らせ「これは曹操の幸い、江東の禍い」と言うと、諸葛亮は「公瑾《こうきん》（周瑜）殿の病は私でも治せます」と言って見舞いに行き、「曹操を破ろうとすれば火攻めを用いるべきで、全て準備は整っているが東風だけを欠いている」という「処方箋」を書いて「これが周瑜殿の病源である」と言って示す。どうすればよいかと周瑜が訪ねると、諸葛亮は祈りで風を呼ぶ術を持っており、三日三晩東風が吹くようにすると言う。

　周瑜は喜んで七星壇を作らせ、諸葛亮はそこで火計のために祈る。黄蓋も火船の支度をし、孫権陣営は万事準備を整えて東南の風を待つ。周瑜がじれてしまいそうになった時、ようやく東南の風が起きた。周瑜は諸葛亮の能力を恐れて丁奉《ていほう》・徐盛《じょせい》を七星壇に派遣して捕らえようとするが、諸葛亮はこのことを読み切って壇を立ち去っており、指示して待たせていた趙雲の船に乗って逃げることに成功する。諸葛亮が逃げ切ったことを知った周瑜は仰天するが、魯粛の「曹操を破ってから考えよう」との言に従い、孫権陣営の諸将の配置を指示する。

劉備陣営では戻ってきた諸葛亮が指示を出し、趙雲・張飛を配置して敗走する曹操軍を待ち構える準備をさせるが、命令がなかった関羽は諸葛亮に文句を言った。すると、諸葛亮は「関羽殿には曹操から受けた恩義があるので、見逃してしまうだろう」と言ったが、関羽はそのようなことはないとして誓紙を書く。それを受けて諸葛亮は関羽に華容で待ち伏せるように指示する。出立した関羽を見送った劉備のほうが、「やはり関羽は曹操を見逃してしまうだろう」と心配するが、諸葛亮は「天文を見ると、曹操の命脈は尽きていないので、（曹操を見逃させて）関羽に義理を果たさせるよい機会になると考えました」と述べる。

東南の風が吹くと、程昱が曹操に注意を促すが、曹操は笑い飛ばしてしまう。そんな中で黄蓋の密書が届き、喜んだ曹操は黄蓋を待ち受ける。周瑜は蔡和の首を斬って、出陣の命令を下す。降伏に見せかけた黄蓋の船が近づくと、程昱は船の様子がおかしいことに気づいて曹操に進言。曹操もようやく気づいて船を止めるように命令を出したがすでに遅く、火攻めによって鎖でつないだ曹操軍の船は炎上。曹操は張遼《ちょうりょう》に助けられて岸へ急ぎ、黄蓋は曹操を追いかけるが、張遼の矢を肩に受け川に転落した（第四十九回「七星壇に諸葛風を祭り三江口に周瑜火を縦つ」）。

結局、黄蓋は韓当に引き上げられる。孫権陣営の諸将の総攻撃を受けて曹操軍は大敗。曹操は合淝《ごうひ》からの援軍を待ったが、孫権が合淝に通ずる道を固めていたことなどから、彝陵《いりょう》へと落ち延びていく。曹操の敗走する途中、烏林《うりん》の西で周瑜・諸葛亮が待ち伏せしていないことを笑ったが、そこに趙雲が襲ってきたので、火の中をかいくぐって逃げ延びた。趙雲は深追いをしなかった。曹操は葫蘆口《ころこう》でまた周瑜・諸葛亮が待ち伏せしていないことを笑ったが、そこに張飛に待ち伏せしており、曹操は死に物狂いで逃げる。

敗走する曹操軍は諸葛亮の読みどおり華容道《かようどう》を通ってきた。疲れきった曹操軍はぬかるみに苦しみ、力尽きて倒れた兵士を踏みつけて進むという悲惨な状態になる。またしても曹操は周瑜・諸葛亮が待ち伏せしていないことを笑ったが、ここで待ち受けていたのは関羽であった。関羽を見るや、曹操は「もはやこれまで。死に物狂いでぶつかるしかない」と腹をくくったが、程昱の進言を受け、関羽にかつての恩義を持ち出して命乞いする。そんな曹操と涙を流す曹操軍を殺すに忍びず、諸葛亮の予測どおり見逃してしまう。

曹操は曹仁の手の者に救われて南郡に入り休息したが、「郭嘉《かくか》がいればこんなことにならなかったのに」と言って泣く。さらに曹操は南郡に曹仁、襄陽に夏侯惇《かこうとん》、合淝に張遼・楽進《がくしん》・

李典《りてん》を配置して許昌に戻ったのである（第五十回「諸葛亮智もて華容に箅《はか》り関雲長《うんちょう》義もて曹操を釈す」）。

『三国演義』での「赤壁の戦い」の記述を大まかにまとめると以上の通りであるが、陳寿『三国志』と比較すると相違点が非常に多い。歴史書における「赤壁の戦い」との共通点・相違点については第二節で述べることにして、この後は様々な小説やマンガなどにおける「赤壁の戦い」を取り上げ、それぞれの内容について『三国演義』と比較しつつまとめてみたいと思う。

●吉川英治『三国志』での「赤壁の戦い」

「吉川英治《よしかわえいじ》『三国志』」（以下、「吉川『三国志』」と略す）は、日本における小説版『三国志』の中で、最も幅広い層の方々に受け入れられてきた作品であると言っても言い過ぎではないだろう。吉川英治氏は戦後に加えられた「序」において「『三国志』には詩がある」とされ、さらに、

単に厖大な治乱興亡を記述した戦記軍談の類でない所に、東洋人の血を大きく搏つ一種の諧調と音楽と色彩とがある。

三国志から詩を除いてしまったら、世界的といわれる大構想の価値もよほど無味乾燥なものになろう。

と述べられているが、このような視点から吉川氏流の解釈や創意を加えて書かれていることが、様々な人々に受け入れられてきた要因の一つだと考えられる。

吉川『三国志』は一九三九年（昭和十四年）八月二十六日から一九四三年九月五日まで『中外商業新報』などの新聞に連載された小説である。つまり、日本が日中戦争に突入している時期に書かれているのである。このことには注意が必要だろう。

吉川『三国志』の特徴としては、「序」に

いうまでもなく三国志は、中国の歴史に取材しているが、正史ではない。……原本には「通俗三国志《つうぞくさんごくし》」「三国志演義」その他数種あるが、私はそのいずれの直訳にもよらないで、随時、長所を択って、わたくし流に書いた。これを書きながら思い出されるのは、少年の頃、久保天随《くぼてんずい》氏の演義三国志を熟読して、三更四更まで燈下にしがみついていては、父に寝ろ寝ろといって叱られたことである。本来、三国志の真味を汲むにはこの原書を読むに如くはない……。

とあることからもわかるように、吉川氏は正史である陳寿『三国志』ではなく、当時日本に存在していた『三国演義』を日本語訳したものや訓読したものを底本としていたことが挙げられ

『三国志』新装版(一)　吉川英治
講談社

る[二]。このことは、最近の『三国志』に関する代表的な小説や漫画が歴史書『三国志』を調べた上で書かれる傾向にあることとは異なっている[三]。

ここまで述べてきたことを踏まえると、吉川『三国志』・赤壁の巻が描く「赤壁の戦い」が『三国演義』と類似していることはむしろ当然だということになる。

ただ、調べてみると、細かい部分では異なっている部分が非常に多く、数えきれないほどである。セリフの詳細が異なっているのはある意味で当然かもしれないが、「『三国演義』にあって吉川『三国志』にない」部分[四]もあれば、逆に「吉川『三国志』にあって『三国演義』にない」部分[五]もある。人名が異なっている[六]こともあれば、数字が異なっている場合もある[七]。登場人物の役割が変わってしまっていることもある[八]。「全体としては同じなのだが話の前後関係が逆になっている」[九]とか、趙雲が阿斗を抱えて逃げる場面でも追いかけてくる武将が異なっている[一〇]といった具合である。

そこで、ここでは話の概略を追いかけるのではなく、吉川『三国志』と『三国演義』とを比較し、吉川『三国志』における「赤壁の戦い」で筆者が関心を持った相違点について指摘しておきたい（以下、書籍名を記さずに話の展開を述べる場合は吉川『三国志』の内容である）。加えて、吉川『三国志』のセリフの多くが『三国演義』では本文で示され、セリフになっていないことが多く、逆に『三国演義』でセリフになっている部分が吉川『三国志』では本文で示されている場合もある。このような部分については本章では特に違いとして指摘しないので、この点もご了承いただきたい。

劉琮から降伏の使者として曹操のもとに送られ、帰り際関羽によって捕えられた宋忠を劉備が解き放つ際に「そちは逃げろ」と言っただけだが、『三国演義』では「とっとと消え失せろ」と怒鳴りつけたことになっている。これを見ると、吉川『三国志』ではかなりの人格者、「徳」の人として描かれる劉備の気性・人柄のイメージを壊さないためにこのような改変をしたのかもしれない（「新野を捨てて」）。

伊籍は劉琮が国主に立てられたことに痛憤して劉備のところにやってきたことになっているが、『三国演義』では劉琦から派遣されてきたことになっている。伊籍は荊州を奪うことを進言し、諸葛亮も同意するが、それに対して劉備が涙を流し劉表の信頼に背くようなことはできないと言うと、諸葛亮は舌打ちして劉備の戦意を疑うかのように詰《なじ》ったとある。しかし、『三国演義』では諸葛亮は（荊州を奪わないと）曹操軍を防ぎようがないと言うのみである。吉川『三国志』のこの部分では劉備の優柔不断な部分をさらに強調するかのような諸葛亮の応対が描かれている（「新野を捨てて」）。

新野で曹操軍を迎え撃つ作戦を諸将に伝える際、趙雲に対しては柴・蘆《よし》・茅《かや》などを十分に用意し、硫黄焔硝《いおうえんしょう》をつつみ、新野城の楼上へ積んでおくことを命じているが、『三国演義』では城内の民家の上にのせるように指示している。吉川氏は諸葛亮の計略に民家を巻き込むことによるイメージの悪化を避けたのであろうか（「新野を捨てて」）。

劉備のもとを去った徐庶が曹操からの降伏勧告の使者としてやってきた際に、

逆境また逆境、さだめし今のお立場はご不安でしょう。……

などと述べているが、これは『三国演義』には存在しない（「亡流」）。

『三国演義』では襄陽から江陵へ逃げる途中で劉表の墓に詣でたことが述べられるが、吉川『三国志』ではそのエピソードは記されていない。また、諸葛亮が「百姓、老幼の足手まといを振り棄てて江陵にむかうべき」と進言するが、『三国演義』では同じような内容を「大将たち」が述べたことになっている（「亡流」）。

劉琮配下の王威が曹操を不意打ちすることを進言し、それを知った蔡瑁が斬ろうとしたところを蒯越《かいえつ》がいさめておさまったとされているが、『三国演義』では蔡瑁と王威が罵りあい、特に王威は「売国奴め。貴様の肉を喰いたいものだ」と言っている。また、このような内輪もめの原因として劉備への同情者の裏切りや脱走が続き、内部の意見も分かれ、武官文官の抗争に閨閥や党派の対立もあって未曾有な動揺を抱えていたからとし、蔡瑁はこの内部混乱を曹操との講和によって率いていこうとしたとしているが、このようなことは『三国演義』では指摘されていない。吉川氏の洞察力に基づいた推測なのであろうが、これはこれで興味深い（「亡流」）。

趙雲が青釭の剣を手に入れて狂喜する場面があるが、『三国演義』では狂喜はしていない。また、糜夫人の行方を教えた百姓が息絶えたとされるが、『三国演義』ではそこまで書いていない。『三国演義』では自身を犠牲にして阿斗を助けようとした糜夫人を讃えた後人の詩があるが、これは吉川『三国志』には存在しない。糜夫人が身を投げた古井戸に草や墻の板を投げ込んで蔽ったとされるが、『三国演義』では土塀を倒して蔽ったとされている。

その後、背に張部《ちょうこう》という旗を差した武将がやってくるが、『三国演義』では「河間《かかん》張部」という旗を押し立てたとあるのみである。また、趙雲が窪坑に落ちた際に、張部は鉄丸を抛りこんだが粘土質の土壁に埋まってしまい、その隙に趙雲が青釭の剣で張部を斬ったとし、それが後に語り草となって「坑から紅の光が発して張部の目がくらんだ隙に斬った」とされ、その紅の光や趙雲の馬の脚下の紫の霧は阿斗を抱いていたために出たものだとしている。しかし、『三国演義』では、趙雲が穴に落ちた際に張部が槍を繰り出そうとしたところ、赤い光が立ち上って張部は仰天してあわてて逃げたとされていて、張部の武器が異なっている上に、そもそも張部は斬られていない。

非常に興味深いのは、紫の霧も紅の光も青釭の剣があげた噴血だという解釈を示し、さらに趙雲の超人的武勇と精神力のすばらしさが諸兵からは人間業に思えなかったという見方も示していることである。そして紅の光は忠烈の光輝、紫の霧は武神の剣が修羅の中にひいて見せた愛の虹だと述べている。当然、『三国演義』にはそのような記述はない（「宝剣」）。

趙雲が駆けていく様子を見た曹操が趙雲を生け捕りにしろと命じるところで、吉川氏は、真の勇士、真の良将を見れば、敵たることも忘れて、それを幕下に加えようとするのは、由来、曹操の病といってもいいほどな持ち前である。

と述べ、曹操の場合は「士に恋する」のであり、その情熱が自己主義で盲目的だと指摘している（「長坂橋」）。このように曹操が人材を渇望することは正史『三国志』でも『三国演義』でも述べられているが、「士に恋する」という視点に吉川『三国志』における曹操観が現れているように思う。史実でのいわゆる「求才令」の「ただ才のみこれを挙げよ」などという一文を見ると、「士に恋する」という見方は持ちにくいのだが、少なくとも人材を集め用いることに熱心であったことは間違いない。

吉川『三国志』の「篇外余録」を見ると、

ひとくちにいえば、三国志は曹操に始まって孔明に終る二大英傑の成敗争奪の跡を叙したものといういうもさしつかえない。

と記されているが、吉川氏にとって曹操という人物は思い入れのある人物の一人であったようである。それが「人材に恋する曹操」というキャラクターに表れているようにも思われる。

魯粛が江夏に逃げてきた劉備のもとを訪れた際に、諸葛亮は、

自惚れではありませんが、呉もまたわれわれと結ばなければ、存立にかかわりましょう。もしわが主玄徳が、一朝に意気地を捨てて、曹操につけば、これ自己の保身としては、最善でしょうが、呉にとっては脅威でしょう。南下の圧力は倍加するわけですから。

と述べており、吉川氏も「ことばは鄭重だがその言外に大国の使臣を強迫しているのである」と描いているが、このような場面は『三国演義』には一切存在しない。史書を考慮すると、そもそも呉が「大国」に値するのか、という問題はあるかもしれないが、ここではひとまず置いておく。この場面にも諸葛亮の「智」を強調する吉川氏の「わたくし流」が現れているように思われる（「一帆呉へ下る」）。

また、魯粛が諸葛亮を孫権のもとに連れていく際、「曹操軍の実態の詳細を孫権に告げないように」と諸葛亮に話すのは吉川『三国志』、『三国演義』ともに同じである。しかし、吉川『三国志』では魯粛が「曹操と同腹して呉を探りにきたのではないか——などと疑われるおそれもありますからな」と言うと、諸葛亮が「ははは。そんなお人ですか、孫将軍は」と言ったことになっているが、『三国演義』では「あなたの教えを待つまでもなく、わたしにも考えがあります」というだけである（「舌戦」）。

周瑜が鄱陽から戻り、孫権の目の前で降伏論を説く張昭を論破する場面で、吉川『三国志』では周瑜の人柄の一端を示す次のような論を述べている。

容姿の端麗に似あわず、周瑜には底意地の悪い所がある。君前、また衆人環視のなかで、張昭を躍起にさせておいて、その主張をことごとく弁駁し、嘲笑し去って和平派の文官達の口を、まったく封じてしまったのである。

このような見方は『三国演義』では示されていないが、これによって周瑜の有能さをも示している（「大号令」）。

『三国演義』では、出陣の際に程普が年下の周瑜の下につくことを恥じて仮病を使い、子の程咨を代理としていたが、出陣の様子を聞いて周瑜は大将軍の器だと反省し、周瑜に謝罪したとされる。しかし、吉川『三国志』では、もともとはそりが合わなかったが、出陣に際して周瑜の人物を賞揚するようになったとあるのみである。話が複雑になると考えられたのか、ここでは諸葛亮と周瑜・魯粛の関係に重点をおかれたためであろうか（「殺地の客」）。

周瑜のもとにやってきた劉備が帰る際に、諸葛亮が声をかけ再会を喜んでいる場面で、諸葛亮は、

……来る十一月の二十日は、まさしく甲子にあたります。お忘れなく、その日は、ご麾下の趙雲に命じて軽舸を出し、江の南岸にあって、私を待つようにお備えください。いまは帰らずとも、孔明は必ず東南の風の吹き起こる日に帰ります。

と述べ、劉備はどうして十一月二十日に東南の風が起こるとわかるのか、と問うと、

十年、隆中の岡に住んでいた間は、毎年のように、春去り、夏を迎え、秋を送り、冬を待ち、長江の水と空ゆく雲をながめ、朝夕の風を測って暮していたようなものですから、それくらいな観測は、ほぼはずれない程度の予見はつきます。（後略）

と言っているが、これは『三国演義』には存在しない。

『三国演義』では東南の風が吹くように祈って本当に吹かせる諸葛亮の神秘性が注目されるが、吉川氏もさすがに荒唐無稽と思われたのか、拝風壇で東南の風を祈る場面の布石としてここで「種明かし」をしておいたようにも見受けられる（「狂瀾」）。

以上のような点を見ると、『三国演義』と比較した場合の吉川『三国志』の特徴としては、著者独自の人物描写を示そうとした記述であろうか、特に曹操や諸葛亮については称揚するかのような内容が垣間見える。

また、劉備については「徳」の人という一面とその裏返しとしての優柔不断という一面がさらに強調されるような描写が存在しており、『三国演義』よりもさらに「理想的な道徳観を持つ人格者」としての色が濃くなっているようにも見受けられる。

このような劉備像は『三国演義』の思想的なバックボーンである「朱子学」の影響を受けたためなのか、あるいは北方謙三『三国志』の劉備がそうであるように「皇国史観」の象徴でもあったのだろうか二。

趙雲が阿斗を救う際の描写についても、語り草の中に出てくる「紅の光は忠烈の光輝、紫の霧は武神の剣が修羅の中にひいて見せた愛の虹」などとしているが、これも朱子学か皇国史観の影響を受けているためなのであろうか。読者諸氏の見解をお教えいただければ幸いである。

二　『三国志平話』での「赤壁の戦い」

宋《そう》代に『三国志』の講談や芝居が盛んとなり、元《げん》代には雑劇が流行して様々な三国志物語の作品が作られた。それらの姿を垣間見ることができるのが、元代の至治《しち》年間（一三二一～一三二三年）にまとめられて出版された元祖劇画『三国志』ともいえる『至治新刊《しんかん》全相《ぜんそう》平話《へいわ》三国《さんごく》志《し》』である（以下、『三国志平話』と称する）。ちなみに、『三国演義』はこの『三国志平話』のような三国志物語をもとに荒唐無稽な話を削り、史書を参照しつつ作りあげられたものである。

この本は上・中・下の全三巻でまとめられた、黄巾の乱から諸葛亮が亡くなるまでの物語で、後日談が描かれて全体が終わっているが、その内容の特徴はまず全ページ挿絵入りの三国志物語だということである。各ページの上三分の一が挿絵、下三分の二が本文となっており、

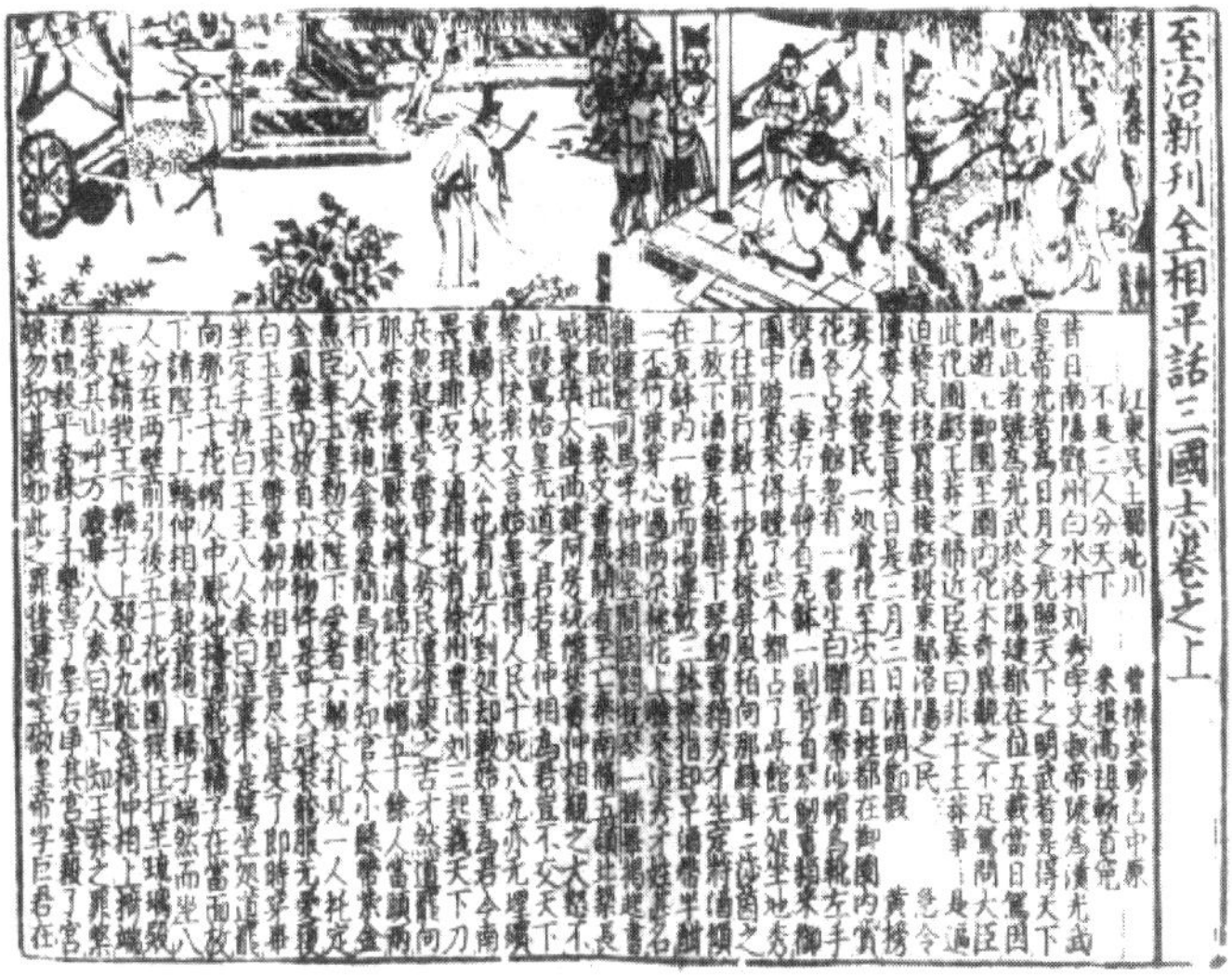

『至治新刊全相平話三国志』　建安虞氏刊本

読者が読みやすいように心がけられている。

次に、仏教の輪廻転生・因果応報の思想に基づいた宿命論的歴史観で描かれていることが指摘できる。前漢の高祖・劉邦《りゅうほう》は統一した後で権力確立のために功臣を殺しまくった。その因果がめぐって、劉邦は献帝《けんてい》に、呂后《りょこう》は伏皇后《ふくこうごう》に生まれ変わり、韓信《かんしん》が曹操、彭越《ほうえつ》が劉備、英布《えいふ》が孫権に生まれ変わって献帝らを苦しめることになっている。さらに、この話では諸葛亮が作った輸送道具とされる木牛流馬が「木牛流馬経《もくぎゅうりゅうばきょう》」というお経で動くという話になっており、ここからも仏教の影響があることがわかる。

また、モンゴル人のつくった元は民族より王朝の正統性を尊重する王朝であったとされる。したがって、元代にできた『三国志平話』の結末は輪廻転生して匈奴《きょうど》の一族に生まれていた劉聡《りゅうそう》が晋を倒して終わる。北方民族である匈奴による支配と〝漢朝復興〟に結びつけている理由として、やはりモンゴル人の元王朝のときにできたことを考慮すべきなのだろう二二。

『三国志平話』での「赤壁の戦い」について、陳寿《ちんじゅ》『三国志』及び裴松之《はいしょうし》注や『三国演義』と比較して見てみると、共通点と相違点の双方がかなりあることがわかる。ここでは内容を概説しつつ、『三国演義』との相違点に注意しながら見ていきたいと思う。

新野に攻め込んできた夏侯惇を諸葛亮の策で破った劉備軍であったが、怒った曹操が百万の軍と千人の将を率いて攻め込んでくる。諸葛亮は荊王・劉表から三十万の兵を借りようとして使者を派遣するが、翌日使者が戻ってきて劉表は亡くなっており次子・劉琮が君主となっていると報告すると、劉備は涙を流す。さらに翌日、曹操軍が近づいてきたことを知った劉備陣営は夜に紛れて逃走し荊州の城下へやって来る。そこで劉備は哭し、ともに曹操と戦おうと提案するが拒否され、翌日さらに逃走すると劉表の墓に出くわして祭礼をおこなう。曹操軍が近付いていると諸葛亮に言われてさらに南下するが、そこに樊城や新野の民が劉備を慕って追ってきたため、劉備は逃げる速度を落とす。諸葛亮は「追いつかれたらどうするのですか」と問うが、劉備は答えない。後ろの方が騒がしくなると、曹操軍がやって来て民を殺傷しているとのことだったが、劉備は何もできなかった。趙雲がそむいたと報告するものもあったが、劉備は全く疑わない。当陽長坂に差し掛かると、諸葛亮はこの坂に猛将一人と百騎を配置すれば曹操軍百万に対抗できると述べ関羽を南に派遣したことを後悔するが、張飛は自分が任にあたると叫ぶ。諸葛亮は張飛に任せ、張飛は長坂に向かった。趙雲は劉備の家族を探し求めて単騎で戦場をめぐると、左手に阿斗を抱え、右脇腹を負傷した甘夫人《かんふじん》に出会う。甘夫人は阿斗を趙雲に託して亡くなり、趙雲は阿斗を抱えて南に向かい曹軍に突進する。その様子を見た曹操は趙雲を捕えさせようとするが、趙雲は曹軍の武将・関靖《かんせい》を射殺し、張飛のもとへたどり着く。趙雲は長坂に向かう途中の張飛に出会い、劉備の家族・二夫人が亡くなり阿斗だけを連れて戻ってきたことを告げ、張飛は泣きながら脱出の手助けをすると語る。趙雲は劉備に見《まみ》えると、劉備は阿斗を抱きとるが、すぐに地面に放り投げ「この愚かな子のせいで良将をなくすところだった」と言う。張飛は長坂で丘の上に旗を立て、兵を配置。曹操軍が見えると、大声で「われこそは燕人張飛。だれがあえて我と死を決するか！」と叫び、そのために橋が落ちてしまい、曹操軍は恐れをなして退いてしまった。

ここまでを見ても、『三国演義』と『三国志平話』との共通点が多いことと共に、『三国演義』がかなり話を膨らませていることが理解できるだろう。相違点を指摘すると、まず劉表が荊王とされていること、新野にいる劉備が救援を求めると劉表が亡くなったとされていることが挙げられる。当然、荊王などという王号は『三国演義』にも陳寿『三国志』にも出てこない し（他の箇所で曹操が大魏王となっていたり、周瑜が元帥となっているのもおかしい）、そもそも『三国演義』では劉表を見舞っていた劉備が新野に曹操の大軍が押し寄せてきたとの報で戻ることになっている。また、『三国志平話』では劉琮が降伏した荊州に到着してから知るが、『三国演義』では曹操への降伏の使者・宋忠が戻ってくるところを捕まえて知ったことになっており、その後さらに南へ向けて落ちのびる（『三国演義』では江陵に向かったとされるが、『三国志平話』では目的地は書かれていない）までの経緯も『三国演義』の方がはるかに詳しく、曹操側や劉琮側の動向もしっかりと描かれている。『三国演義』では逃走途中で諸葛亮を江夏に派遣するが、『三国志平話』では劉備に帯同していたり、『三国演義』にある青釭の剣の話が『三国志平話』にはなく、『三国演義』では張飛が長坂で橋の上に仁王立ちして叫び、橋は自分で切り落としているが、『三国志平話』では岸で叫んでおり、しかもその大声で橋が落ちている。総じて見ると、『三国志平話』の方は劉備陣営の動きを描くことに集中しており、曹操側などは露骨なまでにおまけの存在である。

張飛が劉備に追いつくと、諸葛亮は張飛を褒め称え、曹操が自分（諸葛亮）の計に当たるだろうと述べる。翌日、劉備が行軍していると、魯粛が現れて「劉表に弔意を表すつもりであったが、どうして皇叔《こうしゅく》がこちらにまいられたのか」と問い、諸葛亮が挨拶をすると「臥龍先生が劉備のもとへ投じたとは知らなかった！」と驚く。諸葛亮は曹操が百万の軍勢を率いて荊州にやってきて劉琮が降伏したこと、曹操が呉を侵略するつもりであることを告げ、劉備は江呉に赴いて族兄の劉璧《りゅうへき》のもとへ行こうとしていると魯粛に述べる。魯粛は何も言わず「劉璧と知り合いだが、劉皇叔と諸葛亮はわが主君に身を投ずるべきだ」とひそかに思った。曹操が十里ほどのところに陣を構えた夜、魯粛は劉備主従を宴会に招き、「諸将は虎将であり、孫権が劉皇叔と諸葛軍師を得ることができれば何も恐れるものはない」と語る。翌日、魯粛は劉備を夏口へ案内し、劉備は数日を過ごす。魯粛は孫権に会うために戻り、劉備は諸葛亮に手紙を持たせ孫権と会見させようとする。諸葛亮は船に乗って出発する際に趙雲を呼び、何かを告げる。

魯粛と諸葛亮は金陵《きんりょう》に行って官舎に投宿し、諸葛亮は孫権に翌日面会した。諸葛亮は「曹操は劉琮を降伏させ、次に呉を取ろうとしている」と述べると、孫権は「どうしてそれを知ったのか」と聞き、諸葛亮は「劉備は呉へ赴いて劉璧を頼ろうとし、現在夏口にいる」と述べ、孫権は「先に自分が諸葛亮を三度招いたが会えず、劉備に身を投じたとは！」と言っている。諸葛亮は劉備からの救援を求める手紙を孫権に差し出す。孫権が幕僚に相談すると、張昭と呉範《ごはん》が「曹操軍が長江にやってきたならば、渡口をおさえて防ぐこともできるが、軍を貸すと十年も戦が終わらなくなる」と述べ、さらに張昭は「山東と河北は曹操に降伏し、残ったものは打ち負かされた」と言った。諸葛亮は「劉琮は降伏した後、領地替えを命じられ、さらに殺された。貴殿らは蔡瑁らのような主君を売るという行為を真似されるのだな」と声を上げ、孫権は驚いて「諸葛軍師の言うことはごもっとも」と述べるが、評議は三日続いても結論は出なかった。

内容をよく見ると、逃走している劉備が呉の劉壁に向かおうとしていることや、諸葛亮が孫権に会うために金陵（現在の南京）に赴いていること、さらに張昭はともかく呉範が登場して意見を述べていることなどは、歴史書『三国志』や『三国演義』と全く異なっている。諸葛亮が声を上げ、それを聞いた孫権が「諸葛軍師の言うこともごもっとも」というのも変な話だ。

曹操軍が夏口を包囲し、使者を送ってきたとの報が届き、孫権はその使者の手紙を読んで汗をかいて服を濡らし鳥肌をたてる。張昭と呉範は改めて「名将に渡口を守らせ、一人を元帥として江南に配置して曹操軍が長江を渡るのを防がせ、劉備についてはかまわないように」と進言。諸葛亮はそうなってはまずいとばかり曹操からの使者を殺してしまう。孫権は諸葛亮を捕らえさせるが、諸葛亮が「曹操が劉備を殺すと次は呉を奪おうとするだろう」と述べたことと魯粛が「諸侯の存亡は曹操の手のうちにある」と語ったことを受けて、諸葛亮を解き放つ。その日の夜、孫権は魯粛とともに母である太夫人《たいふじん》と会い状況を述べると、太夫人は「劉皇叔を助けて歴史に名を残せ。そなたの父が臨終の際に『危急の時は周瑜を元帥に、黄蓋を先鋒とせよ』と遺したが、これを守れば曹操を破れる」と述べ、孫権は従う。魯粛はそれを諸葛亮に伝え、諸葛亮は喜ぶ。次の日、孫権が改めて問うと、張昭は「軍を起こすべきではない」と述べるが、孫権は机を斬って「ふたたび軍を起こさぬと言う者があれば、この机同様に斬る！」と言い、これ以降は幕僚たちも否定的発言はしなくなった。孫権は予章《よしょう》に使者を遣わし周瑜を呼び出したが、周瑜は小喬と歓楽にふけって出てこない。孫権が魯粛と諸葛亮を予章に派遣する。官員が孫権からの賜り物を持ってきたと聞いて小喬は喜ぶが、周瑜はその意味を理解していた。周瑜が諸葛亮に用向きを尋ねると、諸葛亮は「曹操が呉と蜀を侵略しようとし、劉備は包囲されているので、自分を遣わして救援を求めている」旨を告げる。屏風の陰で聞いていた小喬は諸葛亮が周瑜を元帥に引っ張り出そうとしているとつぶやく。歓迎の宴が終わると、諸葛亮は立ち上がり左手にだいだいの実を、右手に刀を持った。魯粛は失礼だと言うが、周瑜は諸葛亮が微賤の出身で礼に慣れていないと語る。諸葛亮はだいだいの実を大きさの違う三つの部分に切り分けて、それぞれを曹操・孫権・劉備に例え、劉備が呉に救援を求めざるを得ないが周瑜は出陣しようとしないと述べ、「曹操が呉をとったあかつきには喬公の二女を得ようとしている」とも語ると、周瑜は怒って出陣を決断して金陵に赴き、元帥に任じられて柴桑に陣を構える。

諸葛亮が曹操からの使者を殺すなどということはありえないし、太夫人が「黄蓋を先鋒とせよ」などとは歴史書『三国志』はおろか『三国演義』でも言っていない。周瑜が歓楽にふけっていたり、諸葛亮がだいだいと刀を持って周瑜らに語るのもおかしな話である。

曹操は周瑜が元帥になったという知らせを受け、江南の岸にある指揮傘に覆われた船が周瑜だと語って、十艘の船を率い蒯越・蔡瑁を引き連れて出陣し、周瑜と長江の中心で談判する。話が終わると周瑜は引き揚げるが、蒯越・蔡瑁はそれを追いかけ、互いに矢を浴びせる。周瑜は船を幕で覆っており、最初は船の左面に、次に右面に矢を受け、帰還する際には数百万の矢を得て、周瑜は曹操に「ありがたく矢をいただく」と告げる。怒った曹操は次の日も出陣するが、砲石を用いた攻撃に敗れ、「孫権には周瑜、劉備には諸葛亮がいるのに、自分にはいないのか」と言い、幕僚と協議して軍師を一人推挙した。これが蔣幹である。蔣幹は周瑜に会って軍を動かさないように説得し、先に劉備を斬ってその後呉を取ると進言。曹操はそれを採用し、蔣幹はすぐに長江を渡る。周瑜・魯粛・諸葛亮が協議しているところに蔣幹がやってきたとの知らせが入ると、周瑜は砦を案内させたうえで幕僚たちと出迎え、「出家人は俗世の名利に関わらない。両国の戦争について話をするのは間違いですぞ」と語り、一言で蔣幹を封じる。周瑜は酒を飲みながら良い計略はないかと幕僚に問うと、黄蓋は「ひそかに柴桑から長江を渡らせ、夏口の北の険しい土地に陣を構え曹軍の兵糧を押さえる」と述べると、周瑜は用いるに足らぬ策と怒って斬ろうとする。幕僚たちが赦免を勧めたので、周瑜は棒叩き六十回にとどめた。周瑜が酔い、諸将が解散すると、蔣幹のもとに黄蓋が訪れて、「天命を受けておられる方を補佐できない」などと不満を口にする。蔣幹は黄蓋に曹軍に降伏するつもりかと聞くと、黄蓋が「すでに蒯越・蔡瑁は周瑜に通じており、その書状をそれがしに与えた」と言った。蔣幹は驚きその書状と黄蓋の降伏書を曹操に届けることにして黄蓋と夜まで協議し、翌日黄蓋は蔣幹を見送る。戻った蔣幹は曹操に黄蓋の降伏書を渡し、状況を詳しく説明した。曹操軍は船の上を平地のように行き来できるようになり（なぜそのようになったかはよくわからない）、曹操はこちらへ来れば黄蓋を重く用いると述べる。間者の于番《うばん》はこの様子を見て長江南岸に戻り、周瑜に報告した。周瑜は「大事は成った」と言って于番に褒美を与える。周瑜は幕僚・諸将を集め「自分には計があるが、みなと合致させたい。みな良いと思う計を手に書くように。みなの意見が同じであれば妥当であり、異なっていればさらに討議しよう」と語り、みながら手に書いた計を確認するとすべて「火」とあったが、諸葛亮だけは「風」と書いてあり、「元帥の妙計だが、風向きが悪ければ曹操軍を打ち負かすことはできない」と述べる。周瑜が諸葛亮に「風」と書いた意味を問うと、「みなさまが火を使う際に、風を祭って東南の風を起こしてお手伝いする」と言ってのける。諸将は不満を抱き、周瑜も「我が功を奪う気か？」と疑う。そこに諸葛亮の兄・諸葛瑾が道士の姿で現れ、歓迎の宴会が開かれる。幕僚が解散したあと、周瑜は諸葛瑾に「諸葛亮が風を祭ると言った」と不満げに語るが、諸葛瑾は「我が弟は鬼謀を持っている」と述べ、周瑜は曹操を退けた後で諸葛亮を捕えると豪語する。数日後、諸葛亮は北岸に台を築き、さらに数日後に黄蓋が糧抹を偽装して積み、他に三艘の船があった。決選当日、周瑜は夏口の城外に船を進め、黄蓋の船が夏口に至ると、曹操に「黄蓋は糧抹を携えてまいります」と告げさせる。諸葛亮は火が起こる様子を見つつ呪法を行うと大風が吹き始め、曹操は「わしはここで死ぬのか！」と叫ぶ（展開が早すぎるように感じるのは、筆者だけであろうか）。曹操軍の諸将は蔣幹のせいだと言って蔣幹を切り刻んだ。曹操は船で脱出を図るが、周りの船は炎に包まれ、黄蓋は「曹操を斬れば天下は泰平にできる」と叫ぶ。曹操軍は水戦に慣れていないので、互いに矢を射かけあう始末。曹操の周囲四方から火が起こり、正面からは矢を射かけられ、四方を孫呉軍の武将が囲んで襲ってくる。曹操はどうにか命拾いをして西北に逃げる。振り返ると夏口の船が燃え上がり、曹操軍本隊は一万にも満たなかった。その曹操軍を趙雲・張飛が遮るがなんとか逃げのび、荊山大路《けいざんたいろ》と華容路《かようろ》の分かれ道で曹操は華容路をとるが、そこには関羽が待ち構えていた。曹操は「亭侯どのに与えた恩義を思い出してくれ」と言うが、関羽は「軍師の厳命がございます」と述べる。曹操が関羽の陣に突きかかり、曹操が関羽と話す間に砂ぼこりが舞い上がり、その隙に曹操は脱出する（『三国演義』では関羽が情にほだされて見逃すことになっている）。諸葛亮は「曹操を逃したのは関羽の過ちではなく、遣わしたことがいけなかった。昔の恩義から故意に見逃されたのでしょう」と言うが、関羽は怒って追撃しようとする。劉備は「続けて出撃すれば疲れぬわけはない」と庇い、諸葛亮は「私がともに赴けば失敗しなかったでしょう」と語った。

総合的に『三国演義』と比較して見ると、『三国志平話』は話の脈絡がうまくつながっていなかったり、飛ばしすぎてよくわからなくなってしまっているところが際立つ。また、全体として荒唐無稽な部分もかなり多い。さらに主役は劉備主従であり、その他は付け足しになっている。このような欠点をできるだけ解消し、歴史書『三国志』から見ても比較的矛盾しない形にまとめられたのが『三国演義』であることがよくわかるのである。

三　陳舜臣『秘本三国志』・『諸葛孔明』・『曹操　魏の曹一族』における「赤壁の戦い」

先に見た吉川『三国志』や、横山光輝《よこやまみつてる》氏のマンガ『三国志』のように、『三国志』を扱った小説・マンガはほぼ『三国演義』をもとにしたものであった中で、『三国演義』よりは陳寿『三国志』を参照してまとめられた小説が陳舜臣《ちんしゅんしん》氏の『秘本三国志《ひほんさんごくし》』である。その後も、陳氏は『諸葛孔明』・『曹操　魏の曹一族』・『曹操残夢』といった『三国志』に関する小説を発表されている。

ここでは、『秘本三国志』において「赤壁の戦い」がどのように描かれているかを見た上で、さらには陳寿『三国志』や『三国演義』と比較して特徴をまとめた上で、『諸葛孔明』や『曹操　魏の曹一族』との共通点や相違点も見ていきたいと思う。

●『秘本三国志』における「赤壁の戦い」

『秘本三国志』一三の独創的な特徴といえば、まずなんといっても「登場人物たちによる八百長、あるいは談合」であろう。その最大のものは、なんといっても曹操と劉備によるものである。

『秘本三国志』の「劉備、造反す」という章を見ると、皇帝（献帝）から董承《とうしょう》に曹操討伐の密詔が下り、董承は密かに（呂布《りょふ》に追われた後、曹操のもとにいた）劉備に密詔の写しを渡すという場面がある。その直後に劉備は曹操に命じられて袁術《えんじゅつ》討伐に出撃するのだが、出陣前夜の壮行の宴において、曹操と劉備の二人だけで「地下同盟」を結ぶのである。すなわち、曹操と同程度の頭脳と判断力を持った劉備が、曹操の敵陣営に重要な地位を持つ人物として送り込まれ、曹操の「敵の動静を探り、それをもとにはかりごとをめぐらして、味方に有利になるように敵を操」（『秘本三国志』「劉備、造反す」）ろうとしたのである。そして、この同盟は曹操と劉備の両雄の二人きりの直接対決になるときまで続くはずだった、とされている。

これは主に陳寿『三国志』及び裴松之注に基づいた陳氏の独自の見解であり、『三国志』を

◀『秘本三国志』下
陳舜臣　毎日新聞社

◀『諸葛孔明』上
陳舜臣　中央公論新社

◀『曹操　魏の曹一族』下
陳舜臣　中央公論新社

扱った小説として非常に興味深いものだと思われる。さらに、この『秘本三国志』では先に述べたような曹操と劉備との八百長だけでなく、「赤壁の戦い」の後の曹操と周瑜の間にも内応があった（ただし、曹丕《そうひ》は「周瑜が孫権にもその事実を漏らしており、周瑜が保身のために曹操と孫権のどちらが勝利者となっても彼の手柄となるように計算していた」と考えていた）とか、魏公就任をめぐる曹操と荀彧《じゅんいく》の対立も曹操に対する反対派をあぶり出すための談合であったとし、さらに曹丕と曹植《そうしょく》が談合した上でわざと後継者争いを大きくして反対派をあぶりだそうとした、とされている。加えて、諸葛亮と孟獲《もうかく》の七回捕まえて七回解き放つという所謂「七縦七擒」、諸葛亮と司馬懿《しばい》の「五丈原の戦い」も談合だったとされている（具体的な内容については、ぜひこの小説をお読みいただきたい）。

次に、各地の群雄たちの間を行き来して動向に影響を与える（実質的な主人公でもある）五斗米道の教母・少容《しょうよう》とその弟子（実は息子）・陳潜《ちんせん》や「浮屠《ふと》」と呼ばれていた仏教徒といった宗教勢力をはじめ、月氏《げっし》族や匈奴・西南夷《せいなんい》などの異民族が登場し、重要な役割を果たしていることも特徴である。

また、『秘本三国志』に限らず、『諸葛孔明』や『曹操　魏の曹一族』にも言えることだと思うが、吉川『三国志』などと比べると戦闘場面の描写が少ないようにも感じられる。

これらを踏まえた上で、『秘本三国志』における「赤壁の戦い」について、『三国演義』との相違点を中心に見ていきたい。

そもそも、この小説における荊州での劉備は、「劉表と孫権を戦わせて疲れさせ、漁夫の利を占めて彼らにとってかわり、曹操と一対一で雌雄を決する」という、曹操との「地下同盟」に基づいた「天下二分の計」を実行しようとしていた。これは『三国演義』とは全く異なる設定である。しかし、「三顧の礼」で迎えられた諸葛亮はその「地下同盟」の存在を見抜き、「劉琦が江夏へ去って一枚の岩は砕かれ、曹操にとって荊州は存在しないも同然となり、曹操はもはや劉備の力を必要としない。少しでも早く荊州を降し、勢いをつけて孫権を滅ぼそうとするだろう。そうすれば、劉備の出る幕はなく、孫権も降伏するしかなくなる」と言って、荊州と江東の同盟（諸葛亮には孫権陣営への確実なパイプとして兄・諸葛瑾がいた）を劉備に進言して劉表を説得させようとする、という流れになっている。

張遼・于禁・楽進らが率いる曹操軍（彼らの〝潤滑油〟として趙儼が送りこまれたことも述べている）が南下してくる中で劉表は亡くなるが、この小説の劉表は劉備に荊州を譲ろうとしていないし、劉琦を後継者にしようともしていない。これは著者が歴史書『三国志』に依拠して書いたためであろう。劉表配下は主戦派（と見られていた）劉備抜きで会議を開き降伏を決定。ここで著者は当時の「荊州が曹操と戦えるような状態ではない」（『秘本三国志』「われ軍ならせる。

師を得たり」）と見ている。結局、王粲《おうさん》が降伏文書を書き、その見事な文章で曹操・曹植をう

新野から樊城に移っていた劉備（『三国演義』では降伏を知った後で新野から樊城に移っている）が劉琮の降伏を知った際に江陵へ落ち延びようとするが、ここで諸葛亮は「軽装で江陵に一目散に逃げこんでも曹操の軍を支えられず、むしろその様子を知った孫権陣営が曹操に降伏してしまうかもしれない」として、実際には州を挙げて曹操に降ったにもかかわらず、孫権のスパイに荊州が騒然となっているところを見せて、劉琮とその側近の一握りしか降伏していないことを孫権にアピールしようとした、と著者は考えているようである。ちなみに、『三国演義』には存在している「博望坡での戦い」や劉備が河に身を投げようとする話はこの小説では存在しない。

さらに、諸葛亮が逃亡の際に難民を連れて行ったのは追いかけてくる曹操軍に対するかく乱のためだとし、先に一万の兵を授けられ襄陽近辺の船をすべて徴発して逃げていた関羽と出会う場所を計算してわざと遅く行軍した、とされている。このような見方は『三国演義』や吉川『三国志』など、この小説より前の主な作品にはないようである。さらに、『三国演義』などでは、曹操は荊州の降伏と共に荊州の水軍も吸収したことになっていて、この小説とは異なっている。加えて、降伏した劉琮は袁紹《えんしょう》の長男・袁譚《えんたん》が就いていた青州刺史となっており、『三国

演義』とは違って殺されていない（ここまで「われ軍師を得たり」の章）。

孫権は巫女の風姫《ふうき》の代わりに（天帝からの命だということにして）少容に曹操との和平か戦争かを問う。すると、少容は「天下の人々は和平を望むが、孫権が曹操に降っても孫権軍全体が従うとは考えられない（魯粛・周瑜などは孫権が降伏したら孫権を見捨てるだろう）ことから、真の和平にはほど遠い」と言い、「（大軍を率いて降伏することができなければ曹操からも軽く扱われるので）盧山《ろざん》の山中に庵を結んでお暮らしになりますか？」とも述べる。著者はこの話を聞く前に孫権も開戦を決断していたとし、曹操との決戦に勝利した後について、少容は「劉備も滅ぼそう」という周瑜の路線ではなく、「おそらくは強敵であり続ける曹操に備えるため劉備と同盟を結ぶ」という魯粛の路線に賛意を示す。当然ながら、このような話は『三国演義』や吉川『三国志』などの小説には存在しないが、孫権陣営の巫女の話は陳寿『三国志』呉範劉惇趙達《りゅうとんちょうたつ》伝などを参照したのかもしれない。

魯粛が荊州に弔問した際に魯粛が同盟に踏み切ったポイントとして、著者は関羽率いる一万と劉琦の数万という「兵力の温存」を重視しておられる。これは『三国志』及び裴松之注などを読まれた上での著者の見解なのであろう。ちなみに、陳寿『三国志』先主《せんしゅ》伝を見ると、劉備と合流した劉琦の軍勢は一万余人とあり、関羽が率いていた軍勢の数については陳寿『三国志』には記録がなく、船の数については関羽伝に数百艘とある。

孫権の幕僚会議での諸葛亮の演説はだいたい陳寿『三国志』や『三国演義』と変わらないものであるが、すでに孫権が開戦の決断をしていたとの設定が異なっている。また、諸葛亮が孫権に「迷っているふりをして、芝居をせよ」との進言をし、それを実行した結果、孫呉の要人たちを興奮の渦に巻き込むという劇的な効果をあげたとしているが、当然これも陳寿『三国志』や『三国演義』とは異なり、陳氏の小説における興味深い見解とも思われる。

周瑜率いる艦隊が劉備のところに到着した際に、劉備は、

（やっと生き延びることができた。……）（『秘本三国志』「赤壁の天も焦げよ」）

という安堵感をもったとある。これは著者の想像であろうが、当時の劉備の状況からするとそれなりの説得力があるだろう。その後で劉備は周瑜に協議のためとして挨拶にこいという手紙を送ったが、周瑜は口頭で「多忙のため部署を離れられないので、おいでいただければ協議しましょう」と伝え、関羽・張飛が怒ったとされる。さらに、実際に劉備が訪ねて行くと、周瑜が劉備につけこむすきを与えず「曹操をたおす踏み台」（『秘本三国志』「赤壁の天も焦げよ」）とばかりに冷ややかに扱い、

豫州どの（劉備のこと）は、私が曹軍を破るのを、見物なさるだけで結構です。（『秘本三国志』「赤壁の天も焦げよ」）

などと言うところなどは、陳寿『三国志』先主伝の裴松之注に引用された『江表伝《こうひょうでん》』の記述そのままだが、これは周瑜が「天下二分の計」を唱えていて[一四]、戦後は必ずしも劉備を必要としていなかったことを踏まえたものかもしれない。

この小説での周瑜が夏口に着いた際に兵士たちに対して行った演説で、

　東呉の健児たちよ。青・徐の驕児らが、われらの郷土に侵攻しようとしておる！
（『秘本三国志』「赤壁の天も焦げよ」）

と言っている場面で、著者は、

　南方の人は郷土愛がとくべつに旺盛である。一面、小さな派閥にわかれて抗争するという欠点もあるが、これは毛細管のように流れる水路（クリーク）によって、独立した小区域がたくさんできるという地勢のせいかもしれない。（『秘本三国志』「赤壁の天も焦げよ」）

と述べている。続けて、曹操軍が主に青州や徐州《じょしゅう》出身の将校によって組織されており、彼らは過去によく南下して乱暴を働いた連中だとしているが、これらは陳氏の「見識」であり、非常に興味深いものである。ただ、実際のところ「曹操軍の将校が主に青州・徐州出身だった」と言い切れるのかどうかについては、筆者にはよくわからない。

さらに、周瑜は自軍の兵士に向かって「諸君らの妻・妹・母・姉が狙われている」と訴え、さらに曹操の息子・曹丕が袁熙《えんき》の妻・甄《しん》氏を奪った際に曹操が地団駄を踏んで悔しがったこと、さらに曹操が息子に向かって「東呉の二橋は我がものぞ」（『秘本三国志』「赤壁の天も焦げよ」）と言ったことを述べている。ここで著者は「二喬」ではなく「二橋」と書き、彼女たちを後漢《ごかん》の太尉にまでのぼった橋玄《きょうげん》の娘であるとしている。陳寿『三国志』周瑜伝を見ると「橋公」としかなく、橋玄かどうかはこれだけではわからない。加えて、孫策・周瑜が皖《かん》を攻略した際に大橋・小橋をそれぞれ妻にしたとあるが、太尉の橋玄は梁《りょう》国睢陽《しょよう》県の出身であることも踏まえると、「橋公」を橋玄だとは断定できない。著者は「橋玄亡きあと、遺族は中原の兵乱を避けて皖城に移りすんだ」（『秘本三国志』「赤壁の天も焦げよ」）と設定している。『三国演義』では廬江郡皖県出身の「喬国老」とされており、橋玄とは全くの別人である。

　この頃、対する曹操軍では疫病が流行し、その被害が拡大しているのに、孫権への挑戦状である「会猟書」を孫権陣営に送ってしまったため、曹操は引くに引けない状態になっていたと著者は見ている。そうした中で、士気の低下を最も恐れた曹操が（戦意高揚用の中身のない歌詞ではなく）将兵の心を動かすために作った詩が「短歌行」であり、周瑜が演説をしたその日に曹操軍の兵士たちがそれを大合唱したとし、「両軍とも、興奮の極に達した将兵を兵船に乗せ、雌雄を決すべく戦場へむかった」（『秘本三国志』「赤壁の天も焦げよ」）と設定されている。「赤壁の戦い」へとむかって盛り上がっていく場面として素晴らしいのではないかと思う。ちなみに、「短歌行」は実際に曹操が作ったものであり、『三国演義』でもこの時期に槊を小脇にして作ったとされているが、陳寿『三国志』や裴松之注からは作った時期はわからない一五。
赤壁に両軍が対峙し、小手調べのような水上での前哨戦では東呉がやや優勢で、曹操はすぐに軍を退かせ、烏林に陣を構え、東呉軍は赤壁に陣を構えたとしているが、これは陳寿『三国志』周瑜伝などを参照されたのであろう。『三国演義』でも同様の前哨戦があるが、こちらでは蔡瑁・張允らが曹操軍の先鋒となり、甘寧を先鋒、韓当・蔣欽をそれぞれ左翼・右翼とする孫権軍が三江口で戦い孫権軍が勝利したとされ、登場人物や場所、結果が明示されている。
その後、周瑜の陣に加わっていた劉備が曹操軍の陣構えを見て周瑜に
持久戦でござるな。（『秘本三国志』「赤壁の天も焦げよ」）
と言うと、周瑜は、
持久戦ではまずいぞ。（『秘本三国志』「赤壁の天も焦げよ」）
と持久戦の危険性を口にする。持久戦は消耗戦でもあり、それは絶対量の多い側が有利だからである。そして、
敵は陸路から江陵の物資を補給できる。（『秘本三国志』「赤壁の天も焦げよ」）
とも述べさせており、
江陵から烏林まで、水路ではかなりの距離がある。しかし、華容道という陸路をたどれば、意外に近いのだ。（『秘本三国志』「赤壁の天も焦げよ」）

と指摘している。これは陳寿『三国志』などの史書の記述を踏まえた著者の見解であり、これはこれで非常に興味深い。華容道については、『三国演義』だけでなく陳寿『三国志』武帝紀裴松之注所引『山陽公載記《さんようこうさいき》』に登場するが、曹操の退却の道をこのような形で読者に示しているのも面白い。

その後、黄蓋が短期決戦を挑むことをほのめかすと、劉備は、

徴発しても、相手は乗ってこないだろうな。

（『秘本三国志』「赤壁の天も焦げよ」）

と笑いながら言い、それにむっとした黄蓋は夜になって周瑜の幕舎を訪れ、曹操の兵船が鎖でつながれていることを踏まえて偽装投降による火攻めを進言する。曹操の船が鎖でつながれているとされているが、このエピソード自体は『三国演義』でも登場する。しかし、『三国演義』では龐統が「連環の計」を献策して曹操の軍船をつながせたことになっているが、『秘本三国志』ではそのような描写はない。ちなみに、陳寿『三国志』周瑜伝には黄蓋の発言として「曹操軍の船は艦首と艦尾が接している」と記されているが、「鎖でつながれていた」とまでは書いていない。

ここで黄蓋に、

実は、私は子布《しふ》（張昭の字）どのとの関係で、かつて和平派とみられておりました。

（『秘本三国志』「赤壁の天も焦げよ」）

と発言させている。黄蓋の偽装降伏を曹操がとりあえず信用するに至る前提として説得力を持たせる意味もあったのであろうが、ここに陳氏の「見解」を見ることができ、非常に興味深い。

そして、陳寿『三国志』周瑜伝裴松之注所引『江表伝』にも記載されている黄蓋から曹操への偽装降伏の手紙を書くという話になるが、著者はその手紙を周瑜が草稿したということにしている。さらに、周瑜に、

私も和平論について、考えないでもなかったので……

（『秘本三国志』「赤壁の天も焦げよ」）

と述べさせているのも興味深い。

周瑜の一族は、この地方の名族であった。その一族の中には後漢で太尉《たいい》（三公の一つ）にまでなった人物もいたほどである。魯粛が孫権に向かって言った言葉もあるように、ここで降伏してしまえば周瑜はそれなりに扱われただろう。「別に降伏してしまったっていい」と考えてもおかしくはなかったかもしれない。それに、陳寿『三国志』周瑜伝にある孫策時代における周瑜の動向を見ていると、周瑜と袁術の関係が何かはっきりとしないように思われる。

曹操は黄蓋の偽装投降を信じきっていたわけではなかったが、黄蓋の艦隊を見ると曹操軍の見張りは歓声をあげ、兵卒は勝ったと思って狂喜する。しかし、黄蓋の艦隊は風上に向かって

いる。曹操は黄蓋の艦隊が船首を東に向けた時点で偽装降伏だと見破り、即退却の準備にかかった。浮かれている中に火攻めがあると、味方がどれほど狼狽するかがはっきりとわかったからだ、と著者は述べている。そして、「退却には華容道を採る」と指示を出すと、曹丕が「枯草や柴を集めましょう」、「華容道は泥濘です。枯草や柴で埋めなければ馬は通れないでしょう」というのを聞くと、

曹操は息子のなかに、自分を越えた、悪魔のような才能をのぞき見たおもいがした。

（『秘本三国志』「赤壁の天も焦げよ」）

と記している。その後は阿鼻叫喚の地獄絵図が展開され、曹操の艦隊や陣営が焼け落ちていく様子が描かれている（ここまで「赤壁の天も焦げよ」の章）。

ここまでの話を『三国演義』での「赤壁の戦い」で描かれているものと比較すると、『秘本三国志』が『三国演義』の内容をあまり採用していないことに気づかれるだろう。ここまでで指摘したもの以外にも、周瑜の旧友の蔣幹が説客として訪れる場面やそれを逆利用した蔡瑁・張允の処刑、周瑜が諸葛亮を殺そうとして期日内に十万本の矢を集めるという無理難題を言い、諸葛亮が矢を曹操軍から頂戴するという場面、蔡中・蔡和の呉への偽装投降、「苦肉の計」、諸葛亮が七星壇で東南の風を祈る場面、さらには曹操が逃げる際に趙雲、張飛、そして華容道

で関羽に待ち受けられて、関羽にかつての恩義を持ち出して命乞いをし、関羽が見逃してしまうといった場面が存在していない。これらはほとんどが陳寿『三国志』にも存在していない話である（蔣幹が説客してやってくる話は陳寿『三国志』周瑜伝裴松之注所引『江表伝』にも一応存在している）。さらに、許昌への撤退について全く描かれていないことも付記しておく。

●『諸葛孔明』における「赤壁の戦い」

『諸葛孔明』一六における「赤壁の戦い」は上巻の最後の方で描かれている。これは劉備陣営から見た「赤壁の戦い」という一面を持ち、『秘本三国志』と比較すると、「赤壁の戦い」に至るまでの経緯がかなりの頁数を割いて描写されている。

この『諸葛孔明』を読む前提として、まず『秘本三国志』のような曹操と劉備による談合は存在しない設定になっていることを念頭に置いておく必要がある。さらに諸葛亮は曹操によるいわゆる「徐州大虐殺」を見ており、「万民のしあわせのために、あんなことをする曹操にだけは天下を渡してはならない」と考えていたという設定になっていることも考慮しておいた方がよいだろう。

劉表が亡くなる直前に劉表の長男・劉琦が任地の江夏から兵を率いて戻ってきて、劉琮派を驚かせる。劉表の後継者の座をめぐる陰謀から身を守るため、劉琦は襄陽の後園の櫓の上で諸葛亮に助言を強要し、それを受けて江夏太守・黄祖《こうそ》への援軍を志願。間にあわず黄祖が孫権に殺され、孫権軍が住民を連れ去り破壊して撤退した後の江夏太守となったが、江夏にも兵はおらず襄陽からも兵を連れて行けないという丸腰状態であった。そこで諸葛亮は彼が書いた檄文を劉琦に渡して各地に掲示するように薦め、漢津で軍隊を編成してゆっくりするように言う。その檄文にはもと黄祖の旧部下に対して「黄祖の霊を祭るので集まろう」と呼びかけるもので、その最後には後任の江夏太守・劉琦がもと黄祖の旧部下を無条件で受け入れると書いてあった。劉琦は諸葛亮に教えてもらったとおりにして兵を集め、襄陽に戻ってきたのである。これはもともと劉表が曹操に降らざるを得ないと読んだ上で、荊州を挙げて降ることのないように諸葛亮が打った手の一つであった。困った劉琮派は劉表の没後、劉琦に封侯の印綬を送るが、劉琦はこれに唾を吐いて襄陽の屋敷を退去し、漢津へ向かった。劉琮派は会議を開き、劉表の葬儀と進撃してくる曹操軍への降伏について決定し、劉備にはあらかじめ降伏することを連絡しないことをほぼ全員の賛成で決まった。この直後、劉琦が南に向かったという報告が入り、劉備と劉琦が結ぶことがなくなったことで劉琮派は一安心したとされる。

ここまで述べてきたような内容には、陳寿『三国志』にも『三国演義』や吉川『三国志』、そして『秘本三国志』にも存在していないものが多い。陳寿『三国志』の内容から作者が膨らませたものとして非常に面白いものであろう。ちなみに、劉琦の軍について『秘本三国志』では数万の軍を率いていったことになっており、この点は異なっている。劉琦が諸葛亮に高櫓で助言を強要する話は陳寿『三国志』諸葛亮伝に、劉琮派が劉備に知らせずに降伏した話は先主伝にある。

曹操自身で指揮してきた荊州遠征は襄陽を抜いて長江に進む予定であったとされており、その根拠として『述征賦《じゅつせいふ》』の「荊楚傲りて臣たらず」という句を挙げておられるが、曹植の作とされている。これは曹丕の誤りであろう。さらに呉を圧迫して降せば、劉璋は小政権で決断力もないので天下をほぼ統一できると曹操は考えていたと見ている。さらにここで、曹操が三公を廃止し丞相・御史大夫を置いて（官名を踏襲したとはいえ）新しい体制を作りいわば「曹操独裁制」を作ったこと、そして南征軍動員の際にこれまで曹操にいろいろと毒づいていた孔子の子孫・孔融を処刑してみずからの権威を高め、恐怖政策で反曹操の声を封じたことを述べている。このような指摘は『秘本三国志』では存在せず、当然『三国演義』などでもほとんど書かれていない。

劉琮の降伏を、諸葛亮は甘海《かんかい》という間者によって知り、劉備はカンによって確信していた。逃げる際に諸葛亮は襄陽の劉琮を攻撃し荊州の兵を収めようと述べたが、劉備は劉表からあとを頼まれていたということで「忍びない」と言う。そこで諸葛亮は「襄陽は攻めないが城内に入って曹操への降伏に反対する人々（伊籍など）を救おう」と提案し、劉備も了承する。劉備の配下などが襄陽城内で降伏の事実を劉琮の館に向かって問いつつ「宣伝」することで劉琮の闇弱ぶりを暴露した。劉備は劉表の墓で哭くというパフォーマンスをやってのける。その結果、多くの人が劉備に従って南下することになる。著者は「孔子の子孫を殺すような魔王に支配されたくない」と思った人々が劉備についていったと考えている。このあたりの描写は『秘本三国志』と類似している部分が多い。

劉備は江陵に向かって逃げるが、人々を連れているので一日五キロぐらいしか進めず、それを知った曹操は大きな武器庫と食糧の備蓄があるとわかっていた江陵を劉備にさらわれないために（曹操軍が現地調達していたためとする）五千騎で追わせる。このあたりで陳寿『三国志』先主伝からの引用もあり、陳寿『三国志』に依拠し膨らませて書かれていることがよくわかる。『三国演義』では新野にいる際に伊籍や諸葛亮から襄陽へ赴いて劉琮らを殺し、荊州を奪うことを進言されるが、劉備が拒絶したことが載せられている。

結局劉備は長坂で追いつかれるが、この場面で諸葛亮が民衆をカモフラージュのために集めて連れてきたことが述べられており、劉備も気づいていたとされている。民衆をカモフラージュに使ったという見方は『秘本三国志』でも述べられている。ただ、『秘本三国志』では孫権に荊州で降伏したのは一握りだという生きた証拠として連れて行ったとも述べられており、この見方は『諸葛孔明』には出てこない。

張飛の長坂橋での仁王立ちの場面では、もともと曹操軍の目的が劉備を江陵に向かわせないように捕捉することであり曹操から「諸葛孔明の詐術にかからないように」との命令を受けていたため及び腰であったと設定した上で、張飛の大音声で曹操軍が数分間金縛り状態になったことで劉備軍が脱出の安全圏に入れたとしている。『秘本三国志』では張飛の仁王立ちは描いておらず、逆に『諸葛孔明』にはない長坂橋の切り落としが描かれている。

趙雲が戻ってこないことで一瞬趙雲を疑う空気が流れたが、趙雲は劉備や諸葛亮が民衆を目くらましに使った罪悪感から民衆の中に紛れ込ませていた彼らの妻子を救出して戻ってきた。さらに徐庶もやってくるが、母を曹操軍に連れて行かれたため劉備らに別れを告げて曹操側に向かう場面が描かれている。『三国演義』にある趙雲が阿斗を抱いて敵陣を駆け抜ける場面などはなく、逆に徐庶は『三国演義』では三顧の礼の前に曹操のもとへ向かったことになっている（ここまで「全軍南下す」の章）。

そんな中、荊州への弔問使という名目で魯粛がやってくる。『秘本三国志』では魯粛が劉備のもとへやってきたこととその結果諸葛亮とともに呉へ戻ることしか描かれていないが、『諸葛孔明』では魯粛と劉備の会見の詳細が述べられている。『秘本三国志』では魯粛が劉備側の兵力温存（関羽や劉琦の軍勢）を知って喜んだことになっているが、『諸葛孔明』では魯粛が劉備と対話し、孫権との同盟を熱心に説いている最中に「兵力を温存したのでは？」という疑問を持つという描写になっている。劉備が蒼梧《そうご》に行くつもりだと述べているのは、「渡りに舟と、呉との連合を受け入れると、その存在は軽くなる」と考えられたためだとされる。

曹操は襄陽の全水軍を関羽が率いていったことに歯がみしたとされており、これは『秘本三国志』と同じである。曹操が江陵で手付かずの水軍・武器庫・食糧庫を得たが、このあと、

荊州を併呑し、その勢いに乗じて、一気に東呉を衝く。――曹操はこのたびの遠征には、特に勢いを重んじた。

と描かれている。陳寿『三国志』を読むと、そのように見える一面もあろうが、筆者は「実は最初は荊州攻略が主目的で孫権を攻める気はなく、江東への遠征は拍子抜けするほど簡単に終わった荊州攻略のノリで行ってしまった」という見解を拙著で示したことがあり一七、現在もそのように考えている。

曹操は孫権陣営の降伏の可能性を睨んで江陵で論功行賞を行い、降伏してきた荊州の人々を重用した。『秘本三国志』に比べれば『諸葛孔明』の方が任命された官名などを書いている分、少し詳細に書かれている。降伏してきた荊州の人々の厚遇は孫権陣営に張昭をはじめ降伏賛成派が多かったためもあるが、「張昭はおとなしくて若い連中に言い負かされるかも」という情

報も曹操が手にしていたことになっている。曹操は劉備が諸葛亮を孫権のもとに送ったことに対抗していわゆる「会猟書」を送る。諸葛亮の孫権陣営への派遣を知った時点で「徐庶より若いからたいしたことはない」と考え、徐庶から諸葛亮の話を聞いて弁士だと判断している。『秘本三国志』では、敗走する劉備軍の状況を聞いている時点で「なみの人間ではなさそうだ」と見ていることからすると、かなり異なっている。

しかし、諸葛亮の孫権陣営への派遣が劉備の命令ではないことを知ると、曹操は「半ば蒼梧へ逃げ出そうとしていた劉備を諸葛亮という若者が襟首をつかんだのか」と考え込んでしまい、さらに劉備軍が夏口にとどまらず東に向かったという情報を得ると、前日に孫権が柴桑に移っていた情報とあわせて戦になりそうだと判断したのである。劉備が蒼梧に逃げ出すことも考えていたというのは、陳寿『三国志』先主伝裴松之注所引『江表伝』に記載があり、『諸葛孔明』でも「全軍南下す」の章で劉備自身の口から語らせている。「南海貿易の利を集めて再起を計るため」という口実ももうけていたとするが、『秘本三国志』ではそのような記述はないようである。

劉表死後の荊州を取るように諸葛亮が薦めたのに、劉備は逃げてきた自分をおおらかに受け入れてくれた劉表の恩を忘れず、劉表の子を裏切れないとして「われ、忍びず」と言ってしまう。そんな私恩と天下万民の幸せとどちらが大事なのか、と諸葛亮はいらだつと同時に気高くも見えた、としている。ここに見える劉備は、『三国演義』などで描かれているような人格者としての一面をも持つ人物像に比較的近いと思われる。ただ、この前の「髀肉の嘆」の章では、諸葛亮と徐庶の会話の中で「劉備自身が謀将だったから配下に謀将がいない」とも述べられており、これは『三国演義』などとは異なる描写であろう（この見方は『秘本三国志』でも採られている）。

孫権のいる柴桑に向かう間での諸葛亮と魯粛の会話の中で、魯粛が劉備に傾倒している様子が描かれ、諸葛亮にも、

（この男は、わが主君に似ている）

と思わせている。作者は魯粛を劉備と同じように「理屈はそうであるとわかっていても、最終の決定は、情を本位とする性格であるらしい」として描いているのである。これも『三国演義』での魯粛像に近い描き方であるように思われる。

柴桑に向かう船の中で魯粛から孫権陣営の様子を聞いた諸葛亮は荊州の劉表政権との「類似点が多いことにあきれるばかりであった」としている。主君を選んだのは自分たちだと考え、「できるだけ有能な人物を選び、その人物に、この地に降りかかる災厄を払いのけてほしい」と思っており、「より有能な人間があらわれると、指導者をとりかえてもよい」とする土地の人の意識を踏まえてのセリフであろう。この見方は陳寿『三国志』及び裴松之注や孫呉政権に

関する先行研究を踏まえても、頷ける見解であろう。

さらに主戦派の中でも魯粛と周瑜の性質の違いについて、魯粛は劉備型で周瑜は諸葛亮に近いと諸葛亮自身に考えさせており、魯粛には「諸葛亮は兄の諸葛瑾に似ていない」という趣旨の話をさせている。

柴桑に着くと諸葛亮は諸葛瑾のところへ行き、くつろいだことになっているが、この二人の関係が親密でなかったという見方もあることに注意しておいた方がいいだろう。ちなみに、筆者はある程度親密だったと考えている。

孫権と会見するにあたり、孫権がすでに曹操と戦うことを決断しているのは、『秘本三国志』と同じである。ただ、『秘本三国志』では諸葛亮が自身の判断で孫権陣営の人々に長々と曹操軍の不利な点と孫権陣営の有利な点を長時間論じ、「一気に士気を高めるために迷っている芝居をするように」と諸葛亮が孫権に指南しているが、『諸葛孔明』では孫権自身がもともと芝居がかったことが好きで、士気を高めるために「孔明という新顔の狂言回しを使って、舞台で大見えを切るつもり」だったとしており、諸葛亮との打ち合わせの後で孫権が長い演説を要求しているところも異なっている。また、『諸葛孔明』では、孫権は孔明を呼んだという認識でいることも相違点である。

この諸葛亮の大演説の内容（『諸葛孔明』の方が詳細な内容を紹介している）はほぼ陳寿

『三国志』諸葛亮伝にあるが、『諸葛孔明』の方では、この演説において「勝利後の荊州は劉備のもの」ということを強調している、と見ているのは興味深い。陳寿『三国志』諸葛亮伝の文章を見ると、このように読むことも可能かとも思われる。この諸葛亮の一種の「強硬姿勢」の背景には、劉備側が四万の兵をもっていることと孫権陣営の人口過疎が挙げられており、特に人口過疎についていては実際にもあり得る話として面白い。『秘本三国志』でも、「赤壁の戦い」の場面ではないが呉の人口不足が示されている[一八]。

　孫権が開戦の決意を表明した後、とりあえず三万を動員した場面で、『秘本三国志』ではそのままの数字で話を進めているが、『諸葛孔明』ではその数を諸葛亮はせいぜい二万と見ているところが異なっている。また、『諸葛孔明』では劉備側が孫権陣営に水戦をゆだねた理由の一つとして関羽が連れ出した水軍が漢水《かんすい》の部隊であって長江で戦いどころか訓練もしておらず、もし敗れたら立場が危うくなってしまうためだとしている。

　曹操が「力をためるためにしばらく江陵にとどまるつもりであった」のを切り上げ、勢いを重んじて予定より早く兵を進めたとしており、これは『秘本三国志』では指摘されておらず、曹操軍はむしろ持久戦を狙っていたかのような記述がある。予定より早く兵を進めた理由として疫病の流行を挙げ、疫病によって低下した勢いを取り戻すために赤壁に着いた直後に「短歌行」を作り兵士に合唱させているが意気が上がらず、疫病による死者も多数に上ったので、曹操は「速戦」を決意する。ここまでの流れは『秘本三国志』とよく似ている。ちなみに、『秘本三国志』では赤壁（烏林）に至るまでの間に「短歌行」を作ったことになっている（ここまで「同盟成る」の章）。

劉備が出陣してきた周瑜に慰労の使者を送っても周瑜が引見もしなかったという件は、『秘本三国志』・『諸葛孔明』ともにほぼ同じである。これは陳寿『三国志』先主伝裴松之注所引『江表伝』にある。

『諸葛孔明』では周瑜の祖父の兄・周景《しゅうけい》と若き日の曹操に影響を与えた橋玄との関係を述べている。その後で、橋玄の息子・橋羽《きょうう》の二人の娘がいわゆる「二橋」であるとしており、この点は『秘本三国志』とは異なっている。

『秘本三国志』・『諸葛孔明』における劉備が周瑜を訪ねて行った際の会話の最初の部分は陳寿『三国志』先主伝裴松之注所引『江表伝』の記述ほぼそのままであり、共通している（詳しくは第二節で後述する）。

ただ、『諸葛孔明』には続けて劉備と周瑜のにらみ合いの中でのやりとりが描かれている。劉備に対して高みの見物をせよと決めつけた周瑜に対して、劉備は「では勝手にさせてもらう」と言わんばかりに先鋒をつとめると言う。さらに劉備は「殿軍《しんがり》には自信がない」といい、その理由として「劉琦の兵には（同じ年の春に孫権陣営に滅ぼされた）もと黄祖の兵が多く、指揮しなくても動く」と不気味なことを言い、さらに甘寧と淩統（淩統の父を甘寧が殺した過去があり淩統は甘寧を憎んでいた）や周瑜自身と程普の不仲、黄祖を滅ぼした時に連行した夏口の捕虜が多いことを述べて人口の不足を指摘し、孫権陣営の痛いところをチクチクついた発言をする。このように劉備が指摘した内容は、史実の上でもあり得ない話ではなく、史実を考える上でも考慮する必要があるだろう。

周瑜が孫権軍の兵士に対して訴えた演説は『秘本三国志』・『諸葛孔明』ともにほぼ同じである。ただ、『秘本三国志』では曹操軍に青州・徐州出身の将校が多かったと記されていたが、『諸葛孔明』では曹操軍は青州黄巾軍の降伏を受け入れて編入した時から強くなっており青州・徐州出身者が多いと述べていて、微妙にニュアンスが違うように感じる。筆者は『諸葛孔明』での解説のほうが納得できるように思う。

夏口から南下したのが孫権の船団のみで劉備軍は動かず、樊口《はんこう》の劉備軍も動いていないことを知った曹操が、

その軍師、なかなかの人物であろう。

と言う。一気に決着をつけようとしたときに、赤壁で破っても、その次に夏口、さらに樊口という曹操が嫌がる布陣であったためだとしている。これについては、当時の曹操の狙いが「速

戦」だったとするなどの『諸葛孔明』での設定の中での話であり、これはこれで参考になる面があると思っている。

黄蓋が張昭の派閥で講和派だと見られていたとするのは、『秘本三国志』とも共通している。孫堅時代から仕えているといっても深い縁があるわけではなく、厳密に言えば彼の出身地（零《れい》陵《りょう》郡泉陵《せんりょう》県）は長江圏に入らないし、周瑜・魯粛といった若い連中が登用され、彼は年を取り慎重派だということで孫権から煙たがられていたと作者は述べている。これもこれで陳寿『三国志』及び裴松之注から見た作者の見識であろうが、個人的には非常に面白い。その後に描かれている『諸葛孔明』での曹操軍の船足が遅いことや荊州の船頭たちの受身の姿勢の話などは、作者の創作であろうが、これも興味深い。

黄蓋の偽装投降の場面については、黄蓋から曹操への降伏状を周瑜が草稿したこと、曹操軍の軍船は鎖でつながれていたこと、黄蓋の船が風上に回ってから曹操軍の軍船に向かったことなど共通点もある。ただ、『諸葛孔明』では決行前日に雨で燃料が湿ってしまったが、諸葛亮の軍営に乾ききったものがあったとされることなど、『秘本三国志』や陳寿『三国志』にはない設定がなされている。さらに『秘本三国志』では火攻めにあってから曹丕の進言で枯草や柴を集めて華容道の泥濘を埋めたとされるが、『諸葛孔明』では殿軍だった曹丕が赤壁に着く前にすでに枯草や柴で穴を埋めてきたとされている（ここまで「赤壁の風雲」の章）。

『諸葛孔明』と『三国演義』を比較すると、やはり『三国演義』の内容を採用していないところが多い（採用していない箇所は「『秘本三国志』における「赤壁の戦い」」の最後で指摘した部分と共通している）。『諸葛孔明』でも作者・陳舜臣氏独特の見解が多く示されているが、『秘本三国志』とは微妙に異なっている部分もある。それらも踏まえて、『曹操　魏の曹一族』での「赤壁の戦い」についてまとめてみたい。

●『曹操　魏の曹一族』における「赤壁の戦い」

『曹操　魏の曹一族』一九における「赤壁の戦い」は、「愛児夭折」・「赤壁往還」の章においてまとめられている。『秘本三国志』や『諸葛孔明』と比較すると、本書は明らかに「曹操陣営からみた「赤壁の戦い」」ということができる（『秘本三国志』もどちらかと言えば曹操陣営からの視点に重きが置かれていると思うが、劉備陣営・孫権陣営からの視点についてもかなり描かれていると思う）。また、曹操と劉備の間にとりきめがあったとされる（「乱戦」の章）ことや、『諸葛孔明』よりは「赤壁の戦い」に関する描写が少ないといった点では『秘本三国志』に近い。

本書の内容の特徴は、まず荊州への南征の直前に孔融の処刑と曹沖《そうちゅう》の死が関連付けて描かれていることである。特に曹沖については『秘本三国志』や『諸葛孔明』では全く述べられていなかったが、本書では非常に大きな位置づけがなされている。

本書における曹沖は、陳寿『三国志』の記述どおり非常に優秀であるだけでなく、「なによりも、丕のように人を小馬鹿にしたところがなく、また植のような暗い影も帯びていない」（「滄海を観る」の章）人物である。そして、曹操が非常にかわいがり、曹操が前漢における文帝・劉恒《りゅうこう》のような指導者、すなわち後継者とすべく、自らは「戦い抜いて戦いをやめさせなければならない」（「滄海を観る」の章）と決意させるほどの子であったとされている。

その曹沖が十三歳であっけなく亡くなる直前に、曹操は、高慢な態度をとる皮肉屋であり「評判だけで内容のない人物」（「愛児夭折」の章）と曹操が見ていた孔融を処刑する。「曹沖の命乞いのための大赦令を出すべきだ」との声を封じ、「曹沖が死んだ腹立ちまぎれに殺した」といわれないようにするためでもあったとしているが、これは『諸葛孔明』とは異なっている。

著者は「恩赦を出すことによって愛児の助命を乞うなど、曹操の精神が許さないのである」とも記している。ただ、陳寿『三国志』における曹操は、曹沖のために命乞いの祈りをしたとされる。曹操は「迷信を信じない」とされる人物であるが、これについては少し考え直さないといけないだろう[二〇]。

曹沖が亡くなった頃、曹操は南征の準備をし、詩も作り（「短歌行」はこの頃の作だとされている）、三公廃止と丞相・御史大夫《ぎょしたいふ》設置を行うという忙しい状況にあり、「悲しんでいるひまがなかったのは、曹操にとって幸いであったかもしれない」（「愛児夭折」の章）と作者は述べ、のちの南征の際の軍議に力を入れているのも曹沖を失った悲しみを忘れようとしていたためだとしている。また、司馬懿を強引に出仕させたのもこの頃だとしている。このような視点から「赤壁の戦い」に向かう曹操を見ている小説は、非常にめずらしいと思う。

その後、曹操は南征を開始するが、その途中で劉表が亡くなったとの報が仏教徒で情報係（鳩も活用していた）の群旋《ぐんせん》によりもたらされたことになっている。そこで曹操の口から劉表にはもともと戦意がなく家庭の事情も複雑であったことが語られ、曹操や群旋が「荊州ではあまり戦いたくない」と考えており、劉備の動向が鍵を握っていたことになっている。そして、劉表亡き後は曹操側の帰順工作によって、南下する曹操に降ることになっており、曹操軍の軍議も劉表の後継者・劉琮が降伏する前からすでに対孫権作戦に的が絞られていたという設定になっている（ここまで「愛児夭折」の章）。

劉表の家庭事情については、陳寿『三国志』から見てもほぼこの通りだったのではないかと思われる。また、陳寿『三国志』から「劉表にはもともと戦意がなかった」という見方も確かにできると考えられる。ただ、曹操が「荊州で戦いたくない」と考えていたこと、帰順工作によって劉表亡き後に曹操に降ることになっていたこと、劉琮が降伏する前からすでに対孫権作戦に的が絞られていたことについては、よくわからない。先ほども述べたように、曹操にとって荊州平定があまりにも拍子抜けするほど簡単に終わってしまった可能性も考えられるからだ。

ちなみに、この小説では、劉表について「曹操と袁紹の争いに、何の手もうつこともなく、儒者を保護して、荊州の平和を守ることに腐心しただけ」で、何の役にも立たず、「あたら十四万の武装兵を擁しながら、名君の評判がいたずらに高いだけであった」と述べている。このような劉表評は陳寿『三国志』に基づいた小説などで多いように思うが、筆者は特に『蒼天航路』と類似しているように感じる。筆者の劉表評は拙稿「劉表政権について―漢魏交替期の荊州と交州」(『創価大学人文論集』二〇　二〇〇八年)を参照されたい。

この小説でも『諸葛孔明』と同様に劉琮の兄・劉琦が兵を帯びていることになっており、曹操の口から諸葛亮の入れ知恵によることが示唆されている。さらに、劉備と彼についていった荊州の抵抗派、関羽が率いていった舟と水軍、劉琦軍などが荊州内の反曹操グループとなり、その鎮圧にてこずると考えた曹操は「まだ戦乱が続く」と呟いている。

怒濤のように曹操が南下すれば、東呉の孫権陣営もその勢いにおそれをなして、戦わずに降るかもしれない。だが、荊州の反曹グループにてこずっているようでは、東呉内部の主戦派を勢いづかせるだろう。
（「赤壁往還」の章）

このような見解は、『諸葛孔明』の見解をそのまま踏襲しているのであろう。

この小説でも「建安の十三年　荊楚　倣りて臣とならず」の句を紹介しているが、ここでは正しく曹丕が作ったと述べている。

劉琮が降伏した際、劉備はそれを知らされずにいたが、襄陽で大声を上げさせて降伏の事実を劉琮に向かって問いつつ「同盟に値する勢力であることを、東呉に知ってもら」おうと「宣伝」した。これについては、『諸葛孔明』と同じ見解である。その後、劉備は十余万の衆を引き連れて逃げたが、たちまち曹操軍に捕捉される。ただ、これについて「天下をうかがう大志のある曹操は、その衆を食べさせなければならなかった」と述べているが、『秘本三国志』や『諸葛孔明』ではこのような視点では述べられておらず、これはこれで非常に重要だと考えている。

ここで曹操は劉備にとってもっと良い策として「劉琮を攻め殺すこと」を挙げており、劉表との関係でやる度胸が劉備になかったと述べさせている。これは陳寿『三国志』諸葛亮伝や『諸葛孔明』にもあるように、諸葛亮も進言していた策であるが、著者はこれを高く評価されているようである。

張飛の長坂橋での仁王立ちの場面は、曹操が諸葛孔明の策を警戒して様子を見ようとしたためだとしているが、この見解は『諸葛孔明』とほぼ同じである。この時点で、曹操は急いでいたが、それをかくそうとしていたとしている。曹操は劉琮についてきた人々が予想より少なく、めぼしい人材が劉備についていったことに失望していたとも述べられている。さらに、これについて曹操は劉備が劉表の墓を詣でたことが影響したとし、心をつかむことをしっかりとやっていることを見習うべきだとも述べている。これは『秘本三国志』・『諸葛孔明』にない取り上げ方であろう。

魯粛が弔問使として劉備のところに来た際、劉備が蒼梧に行くつもりだと述べているのは「先に同盟を申し入れるのが不利であったから」（「赤壁往還」の章）としているのは、『諸葛孔明』とほぼ同様である。そして、孫権陣営の内情が簡単に描かれており、曹操に降るとする和平派の張昭、曹操と戦うために劉備と連合するという同盟派の魯粛、曹操と戦うが劉備との同盟に批判的な周瑜と整理されている。これは『秘本三国志』・『諸葛孔明』とほぼ同様である。

そんな中、軍内で悪疫が流行しつつあった曹操は戦いを急ごうとする。そんな軍中が弱気のときこそ強気に出ようとして、挑戦状であるいわゆる「会猟書」を送ったのだとしている。これらも『秘本三国志』・『諸葛孔明』とほぼ同じであるが、『秘本三国志』では「会猟書」を送ったのが悪疫流行の前とも読めるところが少し違うのかもしれない。ただ、ここで曹操が荊州を劉琮に、東呉は孫権にくれてやり、曹操の宗主権を認めれば良いと考えていたとしているのは、陳氏のこれまでの作品とは異なっているだろう。

諸葛亮は天下三分の計に基づき、孫権陣営の世論を開戦に向かわせようとするが、この小説では孫権は主戦と降伏の間を揺れ動いていた上に、人気がありすぎる周瑜に疑念を抱いている。そのために周瑜は身を慎み、独立して戦うべしとする主張をトーンダウンせざるを得なかったとされている。また、周瑜はこの戦いを「おれの戦い」と位置付けており、口にはしないが自らが「江東随一の名門」だという自覚のもとに闘っていたとされている。さらに、周瑜が鄱陽から柴桑に戻ってきたときには軍議があらかた終わっていたとされ、周瑜は「気にいらない軍議は無視すればよい」(「赤壁往還」の章)と考えていたとされる。これらは『秘本三国志』・『諸葛孔明』とは異なる視点からの著述であろう。

周瑜が長江をさかのぼって劉備のいる樊口にやってきた時、劉備は慰労の品を持った使者を派遣するが、この小説ではこれは「挨拶に来い」という意味であったとされている。これは『秘本三国志』とはほぼ同じだが、『諸葛孔明』ではこのような意味として明確には書かれていない。

しかし、周瑜は口頭で「多忙のため部署を離れられないので、おいでいただければお会いする」として使者を追い返し、劉備は怒る張飛をなだめて出向くことにしたとされる。要は周瑜が劉備を無視したという見方だが、これらは『秘本三国志』・『諸葛孔明』と共通する部分が多い。

曹操は江陵から華容道を通って赤壁に陣をしいたが、速戦を望んでいた曹操は（悪疫が公になってはまずいので、急ぎすぎないようにしていたとはいえ）曹丕の殿軍があまりにもゆっくりとやってきたことにいらだつ場面がある。これは『秘本三国志』・『諸葛孔明』とは異なる描かれ方である。

黄蓋の内応についても、彼が張昭系の和平派であったとされていることは『秘本三国志』・『諸葛孔明』と同じである。また、内応する船が赤い幕をはりめぐらしているとされているのも『諸葛孔明』と同様である。ただ、柴桑本陣で黄蓋が孫権から衆人の面前で罵倒されたとするのは『秘本三国志』・『諸葛孔明』とは異なる。

その後、偽装投降の前日に雨が降ったとされるのも、『諸葛孔明』と同様である。また、船が綱や鎖でつながれているとしているのは『秘本三国志』・『諸葛孔明』とも同様だが、『諸葛孔明』では水上長城と表現しており、「密集戦法が主だったため」だと明記しているのはこの小説のみのようである。

黄蓋の船団を見て曹丕が真っ先に偽装投降と気づき、船内の者を陸にあげ綱や鎖をすぐにはずせるように命じていたとするのは『秘本三国志』・『諸葛孔明』と異なっている。

「佯降《ようこう》（いつわりの降伏）だ」と最初に口にしたのが曹操であるのは、『秘本三国志』と同様である。また、黄蓋の船が矢の届かないところに長くいたのは、曹操軍の船や陣地が乾くのを待つためだったと曹丕が冷静に指摘するのは『諸葛孔明』と同じである。

ちなみに、作者はこの小説で曹操軍の中で、中原からは十五万、荊州兵十四万のうち戦意盛んな七万は劉備につき、残り七万が曹操軍についたが逃亡するか戦力になりそうにないものが多かったとし、対する江東の精鋭三万に観望する劉備軍が十万だが、劉備の発言力の増大を恐れた周瑜が最初は同盟に反対し、同盟を受け入れてもなお参加した劉備軍は二千だったと述べている。

応戦せずひたすら退却しようとする曹操は華容道を補修するために枯柴や藁を大量に集めよという命令を出すが、すでに曹丕が殿軍として最後にやってくる際に修築してあったことになっているが、これは『諸葛孔明』と同様である。ただ、黄蓋が枯草に魚膏を注いでいたことを曹丕が指摘する（前からにおっていたとも述べている）ことなどは『秘本三国志』・『諸葛孔明』と異なっている。また、この小説では退却の時点で二橋についての話が出てくるが、この内容も『諸葛孔明』と同様である（ここまで「赤壁往還」の章）。

『曹操　魏の曹一族』と『三国演義』を比較すると、やはり『三国演義』の内容を採用していないところが多い（採用していない箇所は「『秘本三国志』における「赤壁の戦い」」・「『諸葛孔明』と「赤壁の戦い」」の最後で指摘した部分と共通している）。『曹操　魏の曹一族』でも作者・陳舜臣氏の見解が示されており、『秘本三国志』・『諸葛孔明』とは異なっている部分もある。

いずれにせよ、陳寿『三国志』をもとにしながら、史料にもとづいた上での架空の設定を活用し、小説という形態をとって独自の世界を築き上げておられる力量に筆者としては感服せざるを得ない。このような性質を持つ『三国志』に関する小説の源流を築き上げたのが陳氏であると言っても差し支えないであろう（二）。

四　『蒼天航路』での「赤壁の戦い」

李學仁《イハギン》（原案）王欣太《KING GONTA》（著）『蒼天航路《そうてんこうろ》』において、劉表の死去から「赤壁の戦い」で曹操が敗れ、許昌へ撤退するまでが描かれているのは、講談社漫画文庫だと一〇巻〜一二巻（コミックスの一九巻〜二四巻）である（三）。

正史『三国志』を基に話を膨らませているとされるこの漫画は、講談社漫画文庫版『蒼天航路』一一にある作者・王欣太氏による巻末特別寄稿【幻想の赤壁】には「『演義』の洗礼を受けていない私」とあることからも理解できるように、『三国演義』からの影響が非常に少なく、当然ながら『三国演義』や吉川『三国志』、横山光輝『三国志』（以下、「横山『三国志』」と略す）との違いが非常に大きいのが特徴であり、数え上げればきりがないほどである。ここでは『蒼天航路』における「赤壁の戦い」について、『三国演義』との共通点・相違点に留意しながら、筆者なりに注目したところを取り上げてみたい。

曹操が丞相に就任した後、孫権陣営で張昭が曹操との盟（事実上の帰順）を進言するのだが、その際に、

孫堅殿のご遺志とは漢朝の復興、乱世の平定であったことを思い出すがよい！（『蒼天航路』その二百十一・南の策動）

と述べているのは、史実での張昭の意見とかなり近いものだろう。実際、孫呉が漢朝復興を建前としていたことは拙著『三国志―正史と小説の狭間』（白帝社　二〇〇六年）（以下、「拙著一」と略す）三十五頁など諸書で述べられているので参照されたい。

その後、周瑜の意を受けた魯粛が動向を探るために荊州に赴くが、亡くなった劉表の子・劉琮が曹操に降伏し、劉備は劉表の墓を詣でた後、諸葛亮の「劉琮を殺して荊州を奪い取り、籠城せよ」という進言を退け、数十万の民衆とともに逃げて江陵（臆病な劉表が曹操との戦いに

備えて船団・軍需物資・兵糧を備えた基地であったとされている）に向かうことになっている。しかし、劉備軍は曹操軍に追いつかれ、張飛が殿《しんがり》に位置して人々を守る態勢をとるが、劉備は諸葛亮の（この物語での）「配下」たちからの誹謗を受けて落ち込み、自分を見失っていく。そんな中でも張飛は超人的な武勇を見せて曹操軍を防ぎ、長坂橋を切り落とすことにな

『蒼天航路』(10)・(11)・(12)　李學仁・王欣太
(10) 2001年刊　(11)・(12) 2004年刊　講談社

る。

本作品では、劉備自身に、

おいらは情義の人なんかじゃねえ。

（『蒼天航路』その二百十三・下劣な策）

と言わせている。そんな情義の人でもなく逃亡先もない劉備に数十万の民が従うのを見た魯粛は、

あれこそは曹操には絶対服従せぬぞという人の意志の群れ。そして自らの手で天下の主を押し上げようという闘志の行進か！

（『蒼天航路』その二百十六・蒼氓の家族）

と受け取り、その情報を受けた荀彧は、

拠る所もなく逃げ落ちてゆく男に数十万の人間がつき従っているのだ！この中華にかつてそんな男がいたか!?

（『蒼天航路』その二百十五・騎都尉・曹操）

と述べ、民衆の列の殿に張飛がいるのを見た夏侯惇は、

心を一つにした民草を背に癇癖《かんぺき》の武人が健気に己を殺してただひとり。こんな陣を敷かれたらもう攻めようがあるまい。……あのふんばって走る、泣けてくるような後ろ姿は、ありゃ敵なのか？そもそもあの民の群れは、はたしてあれだけの数でとどまるものなのか？劉備玄徳、あの群れの中心にいるのは、はたして俺たちがよく知っているはずのあの男なのか？あの群れの主はすでにあれで天下人ではないのか？

（『蒼天航路』その二百二十・気乗らぬ戦）

と問い、そして、曹操は、

理や法ではとらえきれぬ巨大なる徳。地をひとつに平らげようとするならば、劉備は俺の最大の敵であろう。

（『蒼天航路』その二百十五・騎都尉・曹操）

とまで言ってしまうのである。

確かに本作品の荀彧の言うような意味で、劉備のような人間はこれまでにおそらくいなかっただろう。劉備に付き従った人々が本当にそのような意志・闘志を持っていたかどうかはわからないが、あり得ないとも言い切れない。夏侯惇の言うとおり「すでに天下人」だったのかもしれない。史料からはなんとも言いがたいところを著者が膨らませている以上、これはこれで「歴史書『三国志』を踏まえた劉備像の一つ」ではある。

『三国演義』などでは、長坂橋での戦いの前に趙雲が劉禅を胸に抱いて死闘を繰り広げるが、本作品では長坂の戦いのあとに描かれている。これは「張飛が趙雲を救った」とは書いていない歴史書『三国志』の記述を踏まえたもののようである（拙著一・二五一頁参照）。ちなみに、歴史書『三国志』では「長阪」である。

本作品で描かれている、劉備の逃亡にまつわるエピソードや長坂での張飛が魅せる武勇はほぼオリジナルであり、架空の人物である劉冀《りゅうき》（劉備の長男）も登場している（とはいえ、『三国演義』などで登場する架空の人物である周倉は本作品では登場しない）。

曹操軍から逃げる際、諸葛亮の配下と思われる人々から、

天下をはいずりまわる寄生虫　（『蒼天航路』その二百十七・殿の虎）

と呼ばれたり、

おまえはただみんなから好かれたいと思っているだけの洟《はな》たらしのうつけ者だ。おまえはな、民の笑顔ではなく、自分に笑顔を向けてくれる民を欲しがっているだけだ。

（『蒼天航路』その二百十九・Obsession）

と言われて落ち込み、さらには、

天下にとって最良の道はあんたがここでおっ死《ち》んでくれることとなんじゃが

（『蒼天航路』その二百十九・Obsession）

などと言われて追い詰められた末に見せる、どうしようもないほど情けない劉備像もおそらく架空であり、このような話は「ありえないとも言い切れないが、実際にはなかったであろう」といったところである。乗っていた馬車から子どもを投げ捨てるエピソードは劉邦の話からの転用なのだろうが、このようなエピソードから「天下人・劉備」として覚醒していくところが描かれていくのである。これらの劉備像は、当然『三国演義』のイメージからはほど遠い。

ところで、本作品の劉備・関羽・張飛・趙雲の人間関係の中では、彼らが弱きを助け強きを挫き、義のためには命を惜しまない「俠者《きょうしゃ》」であるということが重視されている。これは歴史書『三国志』の記述を踏まえた上での納得できる面を持つ見解だと思う二四。

スキンヘッドで、顔などの頭全体に傷を何箇所も持っているという人物にされている徐庶も、歴史書『三国志』及び裴松之注の記述からすると、本作品での「俠者」の性格を色濃く有しており、その性質は継承されているようである。また、長坂のあたりまで劉備に付き従っていることも歴史書『三国志』の記述に近く、当然『三国演義』とは異なっている。

「赤壁の戦い」に向かうストーリー展開のなかで、史実を踏まえつつ著者のオリジナルの設定も組み込むことで劉備などの人物像や戦い・事件に対する興味深い解釈を見ることができ、非常に面白い（以上、講談社漫画文庫版『蒼天航路』一〇）。

劉備主従の逃避行では、阿斗救出のシーンなど趙雲の活躍シーンが目白押しとなっており、非常に魅力的である。また、この逃避行の中で劉備は、

おいらがただ生き存らえるだけで乱世は深まり人が死ぬ

（『蒼天航路』その二百三十四・まっすぐに生きる）

ことを自らの「徳」として覚悟したとされている。これはこれで著者の解釈であり、一つの見

解である。なかなか興味深い。

さらに、劉備は自軍や追ってくる曹操軍（その水軍の中には荀彧がいる）に向かって、『蒼天航路』九で諸葛亮が述べている「天下三分の計」にのっとった「宣言」をする。

すでにしておいらの在る処が天下だ！まずは、まずはおいらの民よ！真っ新の天下を切り拓いたのはおめえらだ！こんな所で死ぬんじゃねえぞ！おいらの天下はおめえらの熱い心を燃やし尽くせる処！天寿を全うできる天下だ！そして孫権！おいらはまずおめえの天下と盟を結ぶ！……最後に曹操！中原の天下人に申し渡す！たった今から天下は三分！つまりは天下三倍！この戦ァ、以上の宣言をもって緒戦は劉備の勝ちとすべし！

（『蒼天航路』その二百三十八・劉備宣言）

ここで『蒼天航路』の諸葛亮が説いた「天下三分の計」とこの策が説かれた場面である「三顧の礼」について一応確認しておきたい。

『蒼天航路』における諸葛亮の人物像についてはかなりディフォルメされていて、エロティックでかなり妖しい人物とされており、『三国演義』などとは似ても似つかないものとなっている。『三国演義』や吉川『三国志』などの既存の小説版『三国志』を読んだことのある方々の中には、受け入れがたいと思われる方もおられよう。

講談社漫画文庫版『蒼天航路』九で描かれる「三顧の礼」にしても、正史『三国志』や『三国演義』などとは全く異なったものとして描かれている。まず関羽・張飛とともに諸葛亮を訪ねた劉備は諸葛亮に陰部を見せつけられて逃げ去る。しかし、関羽に連れ戻されて諸葛亮から「天下三分の計」を聞くが、それを受け入れずに立ち去る。戻る途中で考え直し、もう一度一人で訪ねたが諸葛亮は失神していて会えない、という形になっているのである（『蒼天航路』その百九十・淫と麗、その百九十一・冒瀆の計、その百九十二・三顧の礼）。しかし、このような場面設定の中で『蒼天航路』の諸葛亮が説いた「天下三分の計」は、非常に興味深い。

　天下が欲しければ、曹操に天下をくれてやりなさい。ついでに孫家の後継ぎに南の天下を与えてやりましょう。あなたは残ったところを天下だとおっしゃればよい。

（『蒼天航路』その百九十一・冒瀆の計）

とある。また、劉備が三度目に一人で諸葛亮の庵を訪れた際、諸葛亮の「教え子であり、師であり、友である」（『蒼天航路』その百九十二・三顧の礼）人々が、

　次に会う時までによく考えておけ。天下をわかっていないのは君のほうだ。孔明は天下を分けることで天下を増やせと言ったのだ。天下を一つだと決めつけるのは権力者の欲でしかない。民の立場に立つのなら、天下というものを自由に拡げて考えろ。策に血を通わせるのは君の仕事だ。

（『蒼天航路』その百九十二・三顧の礼）

とも述べている。

このような諸葛亮のセリフに見える著者の「天下三分の計」の解釈からすると、本作品での劉備の考えは確かに先の「宣言」のようなものになるが、『蒼天航路』の内容からすると、劉備が「すでにしておいらの在る処が天下だ！」という「覚悟」をしてしまっているところがポイントであろう。

ちなみに、『蒼天航路』の諸葛亮が説いた「天下三分の計」は、史実での「天下三分」の本質をある一面から鋭く突いたものだと筆者は考える。

実際、曹操は二一〇年十二月の令で「劉表を攻略したことで天下を平定したのだ」という公式見解を述べている（『三国志』武帝紀裴松之注所引『魏武故事』、石井仁『曹操―魏の武帝』（新人物往来社　二〇〇〇年）一九四頁、拙著一・一六一～一六二頁参照）。このことは「それまでの「天下」よりは狭い範囲を、曹操は自らの「天下」として規定した」という側面を持つことは指摘できるだろう。

このように見れば、『蒼天航路』での「天下三分の計」は、史実を踏まえた上で話を大きく膨らませたものとしてみることができる。

ただ、『三国志』諸葛亮伝にある「天下三分の計」は、あくまでも劉備が「天下」を一つに統一することを大前提とした戦略であり、セリフから見える『蒼天航路』の「天下三分の計」とは異なっていることを、念のため指摘しておく。『蒼天航路』を最後まで読んでいくと、『蒼天航路』における諸葛亮の「天下三分の計」も最終的には天下統一のための策のように思うのだが、「三顧の礼」の時点でのセリフではそこまで指摘されていない。

当然ながら、『三国演義』第三十七回「司馬徽再び名士を薦め劉玄徳三たび走廬を顧う」などの「天下三分の計」も、基本的には正史『三国志』の諸葛亮伝の内容にのっとっており、『蒼天航路』のような描写は存在しない。

その後、揚州方面に向かう中で劉備は、

荊州はでけえ。中原なんぞすっぽり収まっちまうほどにでけえ。州都と軍事拠点は曹操に押さえられちまったが、三分の二はまだゆうに残ってる。

（『蒼天航路』その二百四十・望膾炙）

と述べているが、歴史地図を見ると確かにこのようなことを言うことができる。なかなか興味深い視点である。歴史書『三国志』での魯粛の「天下三分の計」は、当時の呉の国力からすると荊州を支配しきれないと考えていたためだと見ることもできる[25]が、もしその通りだとすれば、この「荊州の広さ」も理由の一つであろう。ただ、この荊州は異民族も多く、州都と軍事拠点以外では中原とは統治の「質」が異なっていた可能性があるということも考慮しておく必要があるだろう。とすると、単純に面積だけで比較はできず、やはり中原に加えて荊州の州都と軍事拠点をおさえた曹操が有利だったという見方ができるかもしれない。

孔融の処刑を、曹操と「官吏の大多数を占める儒者との戦い」（『蒼天航路』その二百四十一・儒の息づかい参照）の中で位置づけているのは、渡邉義浩の諸研究二六などをおさえた上でのことであろうか。これはこれで興味深い。

ちなみに、陳舜臣『曹操　魏の曹一族』「愛児夭折」の章を見ると、曹操は「病に伏せる曹沖の命ごいのために（孔融を救うための）大赦令を出すべき」との声があるのを踏まえて、孔融を曹沖よりも先に処刑することにこだわったことになっている。この陳氏の考え通りだったのかどうかは、現時点での筆者には速断できないが、考慮の余地のある見解ではあるだろう。『蒼天航路』ではそもそも曹沖が登場していないので、陳氏のような見解は出てくることはない。歴史書『三国志』を読んでいると、曹操にとっての曹沖の存在の大きさが垣間見えるが、筆者としては「なぜ『蒼天航路』で曹沖が全く取り上げられなかったのか」ということに興味がある二七。

荊州平定後の曹操軍の軍議の様子も面白い。主戦論と慎重論の人々が入り乱れてもめているのだが、その中に、

荊州は制圧！この南征の目的はすでに果たされておる！江南攻略はそれに応じた軍議と策謀を十全に整えてからだ！

（『蒼天航路』その二百四十二・Ying & Yang）

というセリフがある。実は、これはある一面では極めて正論であって、南征の目的は（少なく

とも公式には）あくまでも荊州制圧であった。

しかし、あっけなく荊州攻略が終わったので、孫権が劉備を殺し降伏してくるのでは、と思った人物も曹操陣営にいたようであり（『三国志』程昱伝）、もしかしたら荊州平定の〝勢い〟というか〝ノリ〟で攻めてしまったのかもしれない、と考えることもできるのである二八。

慎重論の代表的人物として杜襲《としゅう》が描かれているが、彼のセリフに、

江南に対してはこの地〔江陵―筆者注〕に二〇万の兵を駐屯させて睥睨《へいげい》すればこと足ります！この処方によりすでに降伏論に傾いておるという孫権陣営はさらなる恐慌に陥り、慌てふためき三万の兵を供出してきた益州の劉璋同様、ほどなく恭順の意を表してまいりましょう。

（『蒼天航路』その二百四十二・Ying & Yang）

とある。「孫権陣営では、周瑜・魯粛らの主戦論が降伏論を抑え込んだ」ことを我々は知っているから、この論が結果として見通し違いだったと考えるが、当時としては意外とあり得たかもしれない。

さらに、荊州の学士たちを代表する宋忠の発言を受けて、「中原に続くこの荊州の平定こそは時代の転換点」、「確かに！中華の政事においてはすでに天下はひとつに等しい」（いずれも『蒼天航路』その二百四十二・Ying & Yang）と杜襲・華歆が述べているが、このセリフについては先ほども述べた「劉表の荊州を攻略したことで、天下を平定した」という公式見解も考

慮した方がよいかもしれない。

曹操への抗戦を説得するために諸葛亮が孫権のもとへ向かうが、この後の孫権陣営の議論の動きは『三国演義』や吉川『三国志』とはまるで異なっている。

まず、『三国演義』などでは諸葛亮が孫権陣営の文官を論破したり、孫権を開戦にむけて説得するシーンがあるが、本作品ではそのような状況は全くなく、最初は魯粛と張昭、後には周瑜・魯粛と張昭の論戦となっている。

また、孫権が開戦を決断する際のセリフはほぼ創作であるが、

董卓《とうたく》が本当に皆の言うような史上最悪の逆賊ならば、董卓の立てた今の天子は正しいのか？　そうでないのか？　そうでないなら真の天子はどこにいる？

（『蒼天航路』その二百四十七・孫呉の会堂―人の段―）

というセリフは非常にするどい指摘ではないかと思う。実際、当時の皇帝（我々は「献帝」と呼んでいる）は確かに董卓が立てており、これが問題となっていた可能性があることは、于濤《うとう》〔著〕鈴木博〔訳〕『実録三国志』（青土社　二〇〇八年、于濤『三国前伝―漢末群雄天子夢』〔図文本〕（中華書局　二〇〇六年）の全訳）でも指摘されている。

周瑜が曹操軍対策を立てる場面での、

曹操の降伏勧告の書状の八〇万は虚言。孔明の言う通り南下してきた曹操軍一五万に荊州

の降伏兵七～八万といったところ。出動できる曹操の水軍はゆうに一五万。対する孫権軍は長江流域に配する守備兵を除けば本隊は三万がやっと。しかし三万を精兵で揃え地の利を考えれば、水軍の力量差で補えない数の差ではない。

（『蒼天航路』その二百四十八・八頭の獣たち）

という見解は、史料から見てもあり得るものだと考える。さらに、孫権軍は百戦を戦い抜いてきたとはいえ〝大戦〟を知らず、今の曹操はすでに孫堅《そんけん》や孫策《そんさく》が戦おうとした相手ではないとし、

……兵の数と軍の経験！それ以上に足りぬものこそは、この周瑜と曹操の差ではないのか！

（『蒼天航路』その二百四十八・八頭の獣たち）

と考えているのも、当時の孫権軍の実態や周瑜と曹操の（いろいろな意味での）「格」の違いとしてはあり得る話だと思う。

周瑜が指揮する孫権軍が奇襲のために出撃し、劉備軍と合流どころか一瞥もせずに通過する場面が描かれ、それを見送った劉備のセリフとして、

一応〝盟〟って形だけァとっておいて、うめえところがありゃあ喰いつきゃいいんだからよ。

（『蒼天航路』その二百四十九・POROROCA）

とある。この場面の奇襲自体も創作であるが、それに伴うこの劉備のセリフは、彼らにとって

の同盟の実態を示すものとしてあり得るものと考える。

曹操の水軍が江陵を出発した後、長江沿いの断崖上に現れた蛮族と遭遇する（『蒼天航路』その二百五十・大河の遭遇）。正史『三国志』にはこのような記録はないが、あり得ない話ではない。拙著一・一五七～一五八頁でも述べたが、後漢に江夏蛮《こうかばん》がいたことや赤壁より下流の長江流域にも氐《てい》族がいたからである。ただ、彼らの持つ仮面が三星堆《さんせいたい》出土のものとそっくりなのは、作者の創作なのであろう。

作者による巻末特別寄稿【幻想の赤壁】を読むと、「正史本文からは何もわからない」ということを了解された上でまとめられていることが理解できる。また、作者も指摘されているとおり、『三国演義』で「赤壁の戦い」を語りだす上で重要なのは「呉の地で共に狩りを」という曹操からの脅迫文であり、この文章は陳寿『三国志』本文ではなく裴松之注に引用された『江表伝』にあるが、この内容がまたアヤしいことも作者の指摘通りだと考えている。ちなみに、この『江表伝』のことを作者は「孫呉を讃えた資料」とされている。細かく佚文収集をして分析しきったわけではないので、『江表伝』が孫呉を讃えた史書であったかどうかについては、筆者としては速断を避けておきたいと思うが、少なくとも孫呉に有利な記述が多いことは間違いない（以上、講談社漫画文庫版『蒼天航路』一一）。

これ以降、「赤壁の戦い」で決着がつくまでの話の展開には創作の部分が非常に大きく、筆者としては「このように想像力をふくらませたのか」と感心するばかりで、なんとも言いようがない（詳細な話の展開は、実際にこのマンガをご覧下さい）。

例えば、江陵を出発して長江を軍船で下っていたところ、呉の奇襲に遭い、曹操の乗る船が沈没。（前巻の最後で）曹操は蛮族の持ってきた川魚の膾《なます》にあたって吐いており、高熱を出していたが許褚《きょちょ》が救い出し、賈詡《かく》とともに近くの村に救いを求める、という話になっているが、これは作者の創作である。

曹操の船が沈没した後、劉備が周瑜のところを訪ねてくる場面があるが、ここで劉備が水軍の軍議に加わろうとすると、周瑜は「ご冗談でしょう」と言い、

まずは孫呉の力をてこに曹操という巨大なひとつ岩に割け目を入れる。あなたがこの戦に加わってこられるとすればそこからのはず。そもそも天下三分とはそういう策でしょう。

（『蒼天航路』その二百五十八・描く者たち）

と劉備側の意図を見抜いた発言をする。史料から読み解いていくと、このような見方に至るのは自然なことではないかと思う。

その後の劉備と関羽の会話の中で、周瑜が絶賛されている。

劉備：「関さん。ありゃつくづく素晴らしい男だな。」
関羽：「まるで曹操を畏れることなく、これだけの戦を洞察し軍を統轄する才と胆力と度量。孫氏三代に仕える義心。江南随一の名門が生んだ天下に二人とおらぬ将帥ですな。」
劉備：「おまけにあの風情。一個の人としても蕩けるような魅力を放ってる。」
（『蒼天航路』その二百六十一・本性）

正史『三国志』の記述や孫権陣営における周瑜の存在意義（渡邉義浩『「三国志」軍師三四選』（PHP研究所　PHP文庫　二〇〇八年）二四六頁では「孫権の悲劇は周瑜を失うことからはじまる」とまで評されている）を考えると、このような評価も妥当なのではないかと考える。

この「赤壁の戦い」に至る話の展開の中で、孫権と張昭の意地を張り合うような関係についてまとめたエピソードを挿入しているところが面白い（『蒼天航路』その二百六十四・天下人ふたり参照）。加えて、曹操の死の噂を孫権に報告した張昭が、

曹操による傀儡政治の排除を大義とするわれら孫呉にとって闘うべき対象そのものを失うどころか、曹操なき曹軍が天子の御旗を掲げるだけで孫呉は謀叛の賊！
（『蒼天航路』その二百六十四・天下人ふたり）

といっている。架空の設定ではあるが、この場面で「孫権陣営の大義にとって、曹操はいてくれなくては困る」という状況を浮かび上がらせており、これは史実でも考慮しておいた方がよいと思う。

また、賈詡が長江に流した陰符を手に入れた劉備が、曹操の生死に関する情報を確認するために周瑜のもとを訪れた際に、劉備が、

そいじゃ孫権の大将に伝えてくれるかい？　天下三分はこれでご破算！劉備はまたまた一から出直しだ！ってね。（『蒼天航路』その二百六十四・天下人ふたり）

というが、ここに劉備側から見た天下三分の条件が垣間見える。つまり、（ある意味で当然なのだが）「劉備にとっても、曹操は存在してくれていないと困る」ということである。これも史実について考える際に考慮しておいた方がよいと思う。このようなセリフをこのような形で挿入していることは興味深い。

周瑜・魯粛・吾粲《ごさん》が戦術の打ち合わせをしているが、そこで火攻めの話が出てきており、この時期は南からの風が吹かないことも魯粛のセリフの中で指摘されている（『蒼天航路』その二百六十九・帰還者の暴威参照）。また、この作品のこの時点で黄蓋の偽装降伏の話は出ておらず、敵の篝火《かがりび》を使うための敵陣の奥への侵入や「もう一つの火攻め」と渡河作戦の組み合わせが示されている。この作戦の組み合わせの記述は陳寿『三国志』周瑜伝裴松之注所引『江表

伝』の記事によっているのかもしれない。ちなみに、吾粲は正史『三国志』にも登場するが、彼の伝を見てもこの時期の彼に関する記録はない。

周瑜のもとに曹操が生きているとの報告が入った後、諸葛亮と出会った劉備は、

　孔明、もしよぉ、その異形の才でも手に負えねえと思ったならかまうこたぁねえぞ。タレと饅頭の契りなんざおっぽりだして、いつでもあの桃源郷に帰りゃいいんだからな。

（『蒼天航路』その二百七十・天下人の領域）

と言ってのける。当然史実ではないのだが、劉備と諸葛亮は緊張関係にあったとする渡邉義浩の説[二九]も踏まえると、これはこれで「あり得ないわけではない」という面白い場面であろう。戻ってきた曹操が執務する場面で、蔡邕《さいよう》の娘・蔡文姫《さいぶんき》が匈奴から戻ってきたことや王粲が蔡邕の蔵書を全て受け継いでいたという話を盛り込んでいること、また有能な地方官として梁《りょう》習《しゅう》・劉馥を挙げていることも非常に興味深い（『蒼天航路』その二百七十一・激なる丞相の時間）。蔡文姫の話が「赤壁の戦い」に至るこの場面で描かれているのも、『三国演義』との違いの一つであろう。劉馥は『三国演義』にも登場するが、『蒼天航路』とは描かれ方が異なる。梁習の話は『三国演義』では出てこない。

『蒼天航路』での「赤壁の戦い」のきっかけは、吾粲から策を聞き出した黄蓋が自ら「苦肉の計」を実行し、周瑜は吾粲からそれを聞いて、

君の愚想と黄蓋殿の義勇に神算を加え、孫呉の鬼謀とする。
（『蒼天航路』その二百七十二・修羅の断）

と決断したことにある。その後、黄蓋は曹操に降伏する旨の書状を届け、夜になって降伏するフリをして敵陣の奥に侵入し、火攻めをしかけることになっている。

ちなみに、『蒼天航路』では連結艦隊と称して軍船を鉄鎖でつないだことになっており、曹操自身は「これを採用していいのかな？」と少し疑問を呈している。この策を進言したのは、すでに亡くなっている郭嘉から烏丸《うがん》への北伐の際に聞いていた張遼だということになっているが、先に述べたように陳寿『三国志』では鎖でつないだとは書いていない。

『三国演義』には描かれており、正史『三国志』では存在しない「苦肉の計」がここでは採用されている。また、黄蓋と会見した曹操のセリフで、

黄蓋、よくぞ培ったな、その威風。ただおるだけで郡のひとつふたつは統べることができるものだ。
（『蒼天航路』その二百七十四・赤き壁―0《ゼロ》―）

とあるが、これは正史『三国志』黄蓋伝の内容（威厳があり、有能な県令であったとされる）を踏まえてのものであろう。

『蒼天航路』では、黄蓋の偽装降伏からの火計に始まる孫権陣営の攻撃によって曹操軍が撤退に追い込まれ、曹操本人も逃げていくシーンを描いた（『蒼天航路』その二百七十四・赤き

壁—〇—〜その二百七十五・赤き壁—極点—参照）あとで、正史『三国志』周瑜伝・呉主伝・劉馥伝・武帝紀・先主伝の内容をまとめ、「赤壁の戦い」の後一年ほどの動きを文章として示している（『蒼天航路』その二百七十六・赤き壁—昇華—参照）。ただ、マンガである『蒼天航路』において、ここまで多くの文章で「赤壁の戦い」後の経過を説明されていることは意外であった。

その上で、作者は「赤壁の戦い」の意義を以下のように非常にうまくまとめている。

後年〝赤壁の戦い〟と称される建安十三年（二〇八年）末のわずか二ヶ月足らずの戦闘は、その戦の経緯がほとんど不明であるにもかかわらず、以下の三点において中国史上きわめて重要な事象として位置づけられる。

一、孫権の曹操に対する叛旗
一、曹操の敗北と撤退
一、劉備の荊州四郡の接収

すなわち三国鼎立の時代の幕が上がったのである。

（『蒼天航路』その二百七十六・赤き壁—昇華—）

マンガにおけるこのような文章の「量」と上記の「意義」を見ると、作者も「赤壁の戦い」を描くにあたっていろいろと苦労されたのではないかと推測する。

最後に、作者は正史『三国志』武帝紀に諸・葛・亮・孔・明のどの字もない、と指摘している（『蒼天航路』その二百七十六・赤き壁―昇華―）。これは単なる偶然かもしれないが、なかなか興味深い。

『蒼天航路』では、赤壁で敗れた曹操が逃げていく途中で趙雲、張飛、そして関羽に待ち受けられて、関羽にかつての恩義を持ち出して命乞いをし、関羽が見逃してしまうといった『三国演義』に見られる場面は存在しない。『三国演義』よりは正史『三国志』をかなり参照して書かれたと思われる『蒼天航路』で、この話が取り上げられないのは当然かもしれない。

ここまでまとめてきたことを踏まえると、『蒼天航路』での「赤壁の戦い」は陳寿『三国志』を著者なりにアレンジし、想像力で膨らませて描いたものである。『三国演義』の影響を全く受けていないわけではないが、それまでの小説や漫画などと比較しても非常に独創的だと言えるだろう。

五　『BB戦士三国伝　英雄激突編』での「赤壁の戦い」

『機動戦士ガンダム』シリーズのモビルスーツを二～三頭身で表現したSDガンダムのプラモデルシリーズをBB戦士と呼ぶそうであるが、そのBB戦士誕生二十周年を記念した作品が、『三国演義』を題材とする『BB戦士三国伝』である。二〇〇九年三月末の時点で、単行本としては『SDガンダム三国伝　風雲豪傑編』（一）・（二）、『BB戦士三国伝　英雄激突編』（一）・（二）が出版されている〔三〇〕。

本書では、三璃紗《ミリシャ》という大陸（しかし、地名から見ると明らかに後漢時代の中国をモデルとしている）を舞台として、『三国演義』の登場人物に扮したモビルスーツたちが群雄割拠の争いを繰り広げることになるようだが、「SDガンダムたちによる『三国演義』をモチーフとした芝居」という設定のマンガのようである（例えば、『SDガンダム三国伝　風雲豪傑編』（一）のカバーに描かれた劉備ガンダムを見ると、「CAST：RX-78-2 GUNDAM」と紹介されている）。

●『SDガンダム三国伝　風雲豪傑編』概説

まず、公式ホームページにある「三国伝年表」を踏まえながら、『SDガンダム三国伝　風雲豪傑編』の内容を簡単に見ていきたい。

黄巾《こうきん》の乱を平定した功績により董卓ザク（ザクI）が政権を握るが、暴虐な政治を行う。そんな中、黄巾の乱以前に宮廷軍師から引退していた盧植《ろしょく》ジムキャノンは幽州《ゆうしゅう》で公孫瓚《こうそんさん》イージーエイトや劉備ガンダム（いわゆる「RX-78・ガンダム」）を教え鍛えていた。盧植を馬元義《ばげんぎ》ザク（ザクI）率いる董卓軍に処刑されたのを契機に、劉備は董卓軍の暴虐に苦しむ祖国・三璃紗の民を救うために立ち上がる。この際、盧植が霊帝《れいてい》ガンダムから賜っていた宝剣・龍帝剣《りゅうていけん》を受け継いだ。その後、劉備ガンダムは志を同じくする豪傑を探す旅に出る（ここまで「龍帝を継ぐ者　劉備立つ！」の巻）。

董卓は呂布《りょふ》トールギスに霊帝を暗殺させて玉璽を奪取し太師《たいし》を名乗る。そんな時、劉備は仏《ぶつ》

『ＢＢ戦士三国伝　英雄激突編』１・２　原作：矢立肇・富野由悠季
構成：岸本みゆき　著：矢野健太郎（出版：角川書店）　Ⓒ創通・サンライズ

土《ど》の村で関羽ガンダム（ZZガンダム）・張飛ガンダム（Zガンダム）と出会い、黄巾賊の張角《ちょうかく》パラスアテネ・張宝《ちょうほう》ポリノークサマーン・張梁《ちょうりょう》メッサーラ（合体して黄天ジ・オになる）との戦いや暴威を振るう呂布との壮絶な死闘を経て、いわゆる「桃園《とうえん》の誓い」に進んでいくことになる（ここまで「関羽・張飛！宿命の出会い」の巻・「桃園結義　生まれた時は違えども！」の巻）。

その翌年、霊帝暗殺が発覚し、曹操ガンダム（ガンダムダブルエックス）が董卓打倒のため兗州で挙兵。さらにその翌年、曹操の呼びかけで長沙の孫堅ゼフィランサス、西涼の馬騰などが参加する反董卓連合軍が結成され、冀州《きしゅう》の袁紹バウが盟主となる。そして、首都・雒陽《らくよう》（あえてこの「雒」の文字を使うというところは、『三国志』文帝紀裴松之注所引『魏略』などに学んだ部分なのだろう）を守る虎牢城《ころうじょう》をめぐって、反董卓連合軍は曹操配下の司馬懿サザビーが立てた作戦に従って戦いを挑み、曹操軍の典韋《てんい》アッシマーや董卓軍の華雄《かゆう》ザンネック・張遼ゲルググらが入り乱れて死闘を繰り広げ、その中でライバルとなる曹操と劉備が出会うことになる（ここまで「その名は曹操　紅蓮の覇将軍！」の巻）。

虎牢城に孫権ガンダム（ガンダムGP03）・孫尚香《そんしょうこう》ガーベラ（ガンダムGP04）が参戦して

くるが、孫権は「正義が人の命よりも大事なのか」と疑問を持っている。そんな中、呂布と孫堅が戦っているところに劉備・関羽・張飛が加わる。呂布の攻撃を避けようとした孫堅は、見境もなく突っ込んでくる孫尚香を止めようとして呂布の攻撃をもろに受けてしまい絶命。父と重臣・祖茂《そも》パワードジムの死に衝撃を受けた孫権が虎牢城に隠されていた天玉鎧《てんぎょくがい》・弩虎《どうこ》を呼び覚まして合体し、董卓軍らをなぎ倒して虎牢城も崩壊させる。虎牢城を落とされた董卓は李儒《りじゅ》シャッコーの進言を受け入れて雒陽を住民ごと焼き払って郿宇城《びうじょう》まで撤退。その惨状に衝撃を受けた孫権ガンダムは正義の名のもとでの戦場での殺戮に涙するが、曹操ガンダムの「天玉鎧を董卓ザクが手に入れたら貴様の故郷も民もこの廃墟のようになる」との言葉を聞いて戦うことを決意する（ここまで「静かなる猛虎　孫権出陣！」の巻）。

反董卓軍は郿宇城に向かい、孫権と合体した天玉鎧・弩虎の攻撃で傷を負った呂布は、戦いを求めて郿宇城から出陣。曹操・孫尚香・劉備・孫権らと死闘を繰り広げるが、李儒は弩を乱射して反董卓軍・呂布軍を無差別攻撃し、その結果貂蝉《ちょうせん》キュベレイなどが戦死。李儒の傍若無人ぶりを見かねた董卓軍の徐晃《じょこう》サーペントは李儒を殺害するが、董卓も無差別攻撃を開始。そのような中でも呂布は純粋に龍帝剣を持つ劉備との戦いを望むが、「お前を倒すのは俺だ」と言って董卓の攻撃から劉備を守って倒れる。劉備は董卓との直接対決に向かうと、玉璽が董卓のもとから飛び去り、劉備は天玉鎧・蒼龍《そうりゅう》とともに鄖宇城を崩壊させる。秘密通路を逃げる董卓は戻ってきた呂布に殺されて戦いは終わり、玉璽は袁紹のもとへ。呂布は行方不明、張遼・徐晃は曹操に仕えることになり、劉備たちはさらなる旅に出るところで終わる（ここまで「終わりなき死闘の果て！」の巻）。

ちなみに、「三国伝年表」によると、盧植の処刑が三八八年、桃園の誓いが三八九年になっており、いわゆる『三国志』の年代から約二〇〇年遅れていることになる（当然、陳寿『三国志』・『三国演義』では盧植は処刑されていない）。しかも桃園の誓いの部分ではご丁寧に、桃園結義、もしくは桃園の誓いとして有名な場面。ただし、三国伝内の創作とする説が有力である。正史における劉備の出自は不明だが、筵《むしろ》を売って三璃紗を旅していたという説もある。

と述べられているなど、陳寿『三国志』や『三国演義』と比較して見ても非常に「芸が細かい」のも特徴である（ということは、三璃紗の正史があるという設定なのだろう）。

その後、特別編としてオリジナルストーリーの「江東の弓腰姫《きゅうようき》　孫尚香！」が載せられている。董卓軍を倒して数ヵ月後、長沙付近で水賊が長江流域の村を襲った。孫堅が退治した胡玉《こぎょく》ハイドラが董卓の死を受けて活動し始めたのである。周瑜ヒャクシキがわざと水賊に捕まり、周瑜の捨て身の作戦に気づかない孫尚香は見習いの陸遜《りくそん》ゼータプラスを連れて水賊の船に入り込み、周瑜と大暴れ。周瑜の作戦に気づいた孫策サイサリス（ガンダムＧＰ02）は孫権とともに戦闘態勢を整え、周瑜が陸におびき出した水賊を叩き、父・孫堅の死を乗り越えた孫尚香が胡玉にとどめを刺した、という話になっている。

●『ＢＢ戦士三国伝　英雄激突編』（一）概説

この「英雄激突編」は董卓を倒してから七年たったところから始まる。その間にも群雄たちが割拠して戦いを続け、世の中はますます乱れていた。

そんな中、故郷・幽州に戻ってきた劉備一行は異民族・烏丸に襲われていた関平《かんぺい》ガンダムを助け、烏丸を撃退する。しかし、そのために趙雲ガンダム率いる国境警備隊に捕らえられそうになる。烏丸との和平条約を破ったことになるためであった。それを許せない劉備たちは趙雲らと刃を交えそうになるが、幽州の将軍（つまり趙雲の上司）となっていた公孫瓚が間に入って止める。この件をきっかけに烏丸は条約を破棄して侵攻を開始し、趙雲たち国境警備隊が防ぐが不利になる。その時、劉備たちが加勢し、趙雲を公孫瓚のもとに戻らせる。趙雲が公孫瓚のもとに駆けつけると、公孫瓚はこの日のために訓練してきた白馬陣を趙雲に託し、趙雲は白馬陣を率いて「鋒矢」の陣形で突撃し、危機に陥っていた劉備たちを救い、烏丸を蹴散らして単于《ぜんう》・蹋頓《とうとん》を斬る。劉備は白馬陣の戦い方に驚くが、公孫瓚は盧植から託された伏竜の兵法書に書かれていたと語る（ここまで「英雄！三璃紗に激突す！」）。

烏丸を撃退し一息ついていた幽州に、冀州の袁紹が百万の兵を率いて攻め込んでくる。対する幽州軍は一万しかおらず、劉備たちと協議の結果、兵法書を書いた伏竜を荊州で捜し出して助けを求めると同時に曹操にも援軍を求めることにし、劉備・張飛が伏竜を探しに荊州へ、関羽が曹操の拠点・許昌に赴くことになる。劉備・関羽・張飛が黄河《こうが》の港からそれぞれの目的地に向かおうとすると、積み荷の食糧を盗み食いして捕まっていた孤児の関平を関羽が救い、許昌に連れていく。許昌へたどり着いた関羽一行は曹操と面会し救援を依頼するが、曹操は龍帝剣を持つ劉備が配下になることを要求する。それに対して、関羽は劉備が龍帝を継ぐ者で誰の軍門にも降らないと述べ、自身の「力」を提供しようと述べる。それを聞いた郭嘉ヴァサーゴはこの関羽が本物かどうかを疑い、それを受けた司馬懿が腕試しを提案。死刑になるはずだった山賊の周倉ドーベンウルフに「関羽を倒せば無罪放免」と言って戦いを挑ませるが、関羽は指一本で周倉をすくませて見せ、曹操に出撃を決意させる。一方、荊州に向かった劉備・張飛は、張飛が武者修業時代に知り合った水鏡《すいきょう》先生を尋ねるが、ようやく見つけた時に水鏡ガンタンクの家が火事になっていた。張飛は水をかぶって燃え盛る炎の中を助けに向かい、劉備は星龍斬《せいりゅうざん》（技の名）で炎を消し飛ばそうとするが、通りかかった男から「その技は炎どころか二人の命まで消し去る」と言われ、大木を切るように指示される。半信半疑であったが劉備がその通りにすると、大木が周囲の木を巻き込んで倒れ、庵の炎ごと押しつぶして水鏡先生と張飛を救うことができた。指示をした男を探すと、どこかに消え去っていた（ここまで「幽州を救え！それぞれの使命」）。

劉備・張飛が水鏡先生に伏竜のことを尋ねると、十年前に自ら命を絶ったと聞かされ、とぼとぼと引き揚げる。そんな中、冀州の官渡では、袁紹軍の沮授《そじゅ》Rジャジャの罠と顔良《がんりょう》ガズアル・文醜《ぶんしゅう》ガズエル兄弟の活躍により、曹操軍の先遣隊が全滅していた。郭嘉は少数の決死隊を送り込んで罠を全て受けてもらうことを提案。程昱ワイズワラビーは「死にに行くような役目につかせられる武将はいない」と言うが、郭嘉は関羽一人を決死隊として指名し、関羽は「侠《おとこ》にはどんなに怖くても決して逃げてはならぬ時がある」と関平に言い残して出撃していく。関羽は河を泳いで渡り、火計の罠を突破。炸裂弾をたたき落とし続けていたが、そのために落とし穴にはまり万事休すというところで、呂布から受け継いだ赤兎馬《せきとば》に乗った張遼が救出し、「同じ旗印の下で戦う以上我らは仲間。戦友がむざむざ死地にむかうのを黙って見ていられるものか」といって共に突撃し、どんどん罠を突破する。その間に夏侯惇ギロス・夏侯淵《かこうえん》ダラス兄弟が烏巣《うそう》の弾薬庫を襲撃し、顔良・文醜兄弟を倒す。関羽・張遼を恐れて逃げようとする沮授を関羽が追い詰めるが、影武者と落石の罠にはまる。しかし、関羽はその罠をものともせず沮授を斬る（ここまで「官渡の戦い、決死の奇襲作戦！」）。

一方、幽州では公孫瓚と趙雲が白馬陣を用いて袁紹軍を防ぐが、冀州軍筆頭軍師・田豊《でんほう》ガルスＪが手足のように操る百万の大軍に追い詰められ、本拠地・易京楼《えききょうろう》に撤退。公孫瓚は民を道連れにしないため、袁紹に降伏することを決断。さらに趙雲に伏竜の兵法書を劉備に渡すよう頼み、脱出させる。公孫瓚は城門を開いて降伏し、袁紹側の指示通り兵に武器を捨てさせるが、袁紹は「貴様らは兵も領民も皆殺しじゃあ」と言って矢を乱射させて公孫瓚や幽州の兵たちを虐殺。援軍としては間に合わなかった曹操軍は惨い現場を見て出撃しようとするが、曹操は「余が裁く！」と言って一人で冀州軍の陣に向かう。袁紹軍は火矢を浴びせるが、紅蓮の炎に身を包んだ曹操には効かない。袁紹のもとにあった玉璽が袁紹の手から飛び去り、曹操は天玉鎧・炎鳳《えんほう》となり袁紹軍を全て焼き尽くす。その後、玉璽は曹操のもとから飛び去ったが、曹操は「玉璽とは天の意志そのもの。いずれ向こうから来る」と言ってのける（ここまで「幽州燃ゆ！」）。

劉備・張飛は水鏡先生の庵の火事の際に劉備に指示を出した「男」を捜し出し、三度家を訪れて協力を要請するが拒否される。しかし、「会わせたい人がいる」と家に招き入れられると傷ついた趙雲が横たわっていた。張飛はすぐに幽州に帰ろうと言うが、劉備は「自分たちでは伏竜の代わりにはなれず、勇気を力に変える優れた智力を持つ侠が必要」だとし、「男」に協力を求める。しかし、「男」は大いなる力は大いなる悲劇をもたらすとし、「兵法を使った者は皆地獄の業火でその身を焼かれる運命なのです」と述べる。そんな時、つららから滴ってきた水が肩に落ちてきたことから「男」は血相を変えて飛び出していく。劉備・張飛も後を追うが、その際来る時には凍っていた川が温かいことに気づく。さらに先に向かうと、滝つぼが煮えたぎっており、「男」はここが異常事態の中心だと言う。中州に取り残された子どもたち（ＧＭ《ジム》）を見つけ、劉備・張飛が救おうとするが、水の龍がそれを阻む。劉備は「男」に子どもたちを救う方法を教えてほしいと訴え、「兵法を使うことを恐れるな。俺がお前のすべてを背負ってやるッ！」と叫ぶ。その声は「男」の心を動かし、「男」は爆凰扇《ばくおうせん》を変形させて鳥の状態にした爆凰機を活用して原因を探り、滝の上に攻撃をかけ、劉備にも追撃を指示する。劉備が攻撃すると、玉璽が姿を現し、それが飛び去ると水の龍は崩れ、子どもたちと劉備を飲み込んだ。「男」が愕然として膝をついたその時、劉備が子どもたちを抱えて水の中から飛び出してきた。劉備から「人は運命に屈せず」という道を示された「男」は、ついに劉備にすべてを賭ける決意をして、自らが伏竜であることをあかして仕えることとなった。「男」の名は諸葛亮孔明（孔明リ・ガズィ）である（ここまで「三顧の礼・天才軍師の決意！」）。

●『BB戦士三国伝　英雄激突編』での「赤壁の戦い」

ここまでの内容を踏まえた上で、『BB戦士三国伝　英雄激突編』での「赤壁の戦い」についてまとめてみたいと思う。『三国演義』と比較すると、内容が前後している部分や『BB戦士三国伝　英雄激突編』での創作が多く、「赤壁の戦い」として取り上げる際にどこから紹介するかを考える際に困るところではあるが、ここでは『BB戦士三国伝　英雄激突編』（一）以降を取り上げて内容をまとめてみたいと思う。ただし、「赤壁の戦い」は二〇〇九年一月末の時点で雑誌『ケロケロエース（角川書店）』には連載されているものの単行本としてはまだ刊行されていない部分も含んでおり、ここでは『BB戦士三国伝　英雄激突編』（二）と『ケロケロエース』二〇〇八年十二月号～二〇〇九年四月号に依拠してまとめることとする。

豫州《よしゅう》に加え、袁紹を破って冀州・幽州を手に入れた曹操は、三璃紗統一を目指し南方攻略を開始。最初に荊州に狙いを定め、夏侯兄弟を先頭に十万の大軍を差し向けた。劉備は「正義感の強い曹操が三璃紗征服に出たことが信じられない」と語るが、「たとえ相手が曹操将軍でも、民に犠牲を強いる者とは戦うまで」とも言い切り、孔明や趙雲を感動させる。張飛は「たった四人だが、曹操軍にひと泡吹かせる」と言うと、孔明は「曹操軍に立ち向かうのは、張飛さん一人で充分です」と述べて不敵な笑みを浮かべる。張飛は長坂坡《ちょうはんは》で夏侯兄弟率いる十万の曹操軍を待ち受けていたが、いざ曹操軍に出くわすといきなり逃げ始める。「森の中に逃げ続け、八つの石塔にたどり着くたびに北斗七星を背に走れ」との孔明の指示通りの行動であった。孔明はもともと森の地盤がゆるい上に雪解けの季節でさらにぬかるみ兵士が足をとられて大混乱に陥ることを計算していた（そんな森から抜け出すための石塔であり、張飛への孔明の指示であった）。しかも、その森の地層が硫黄と磁鉄鉱を大量に含んでいることも把握しており、十万の大軍で踏み荒らすことで天然の火薬となって、そこに張飛の技による稲妻を落とせば、森が大爆発を起こすと読んでいたのである。孔明の計算通りの事態となり大混乱に陥った長坂橋に、曹操側の武将として関羽が現れる（ここまで「我こそは張飛！激震・長坂橋！」）。

張飛は関羽に訳を問うが、関羽は「問答無用」と言って張飛と向かい合う。張飛は「アニキを裏切る奴は許さない」と叫び、お互いに闘気をたぎらせ今にも刃を交えようかという時に劉備が現れ、関羽に「これは一体どういうことだ‼」と問いかける。この様子を見ていた夏侯淵は張飛ともども劉備を倒そうとするが、夏侯惇は一人でも多くの兵を救出する方が先決として関羽にも撤退を指示。関羽は劉備の呼びかけにも「すみませぬ」としか答えず、張飛の「あの誓いは何だったんだ」との叫びを背にしつつ去っていく。夏侯兄弟と関羽が戻った許昌では、程昱が夏侯惇に怒りをぶつけるが、郭嘉は「作戦失敗は内通者がいたため」として関羽を疑う。張遼や徐晃は子ども（関平）を人質にとられた関羽が内通はできないと弁護するが、司馬懿は関羽の罪を問うことにする。郭嘉は必ず劉備のもとへ去るであろう関羽を始末するために濡れ衣を着せたのであった。関羽は牢屋敷に入れられ、そこで周倉と話をする。そこで周倉から「死にたいぐらい辛い時に這いつくばってでも生きるのが侠」などと言われて心を動かされ、脱獄を決意。周倉も連れて逃げだす。狙撃隊に囲まれ万事休すかという時に、武器を持った関平が現れて関羽とともに狙撃隊を倒し、気を失ってしまう。そこに張遼が現れ、「なぜ曹操将軍ではだめなのだ。私は曹操将軍に太陽を見た」などと問うが、関羽は「我が兄は海、命を育む海なのだ」と答える。それを聞いた張遼は赤兎馬を関羽に譲って逃がしてやる。その様子を見ていた曹操は「余に小細工はいらぬ。互いの正義が相容れぬなら戦うまで」と言ってのける（ここまで「裏切りの関羽！明日なき千里行！」）。

曹操軍から逃れる荊州の民を引き連れた劉備たちは、荊州水軍が支配する長江流域の要衝・江陵を目指して歩いていた。しかし、先に曹操が江陵に乗り込む。すると、黄祖ゾゴックと蔡瑁アッグガイが平伏していた。司馬懿が劉表の居場所を問うと、黄祖は「知りませんなぁ、そのような過去の人物は……」としらを切り、我が荊州の主君は曹操将軍のみとして水軍艦隊三十万、陸戦隊二十万を差し出す。曹操が蔡瑁に望みを聞くと蔡瑁は「全て」と答え、曹操は「その野心の炎で己の身まで焼かぬことだ」と述べる。そこに劉備たちを発見したとの報が入り、黄祖が出撃する。江陵からやってきた荊州軍が曹操軍の旗を掲げているのを見て、孔明は曹操の狙いが最初から荊州軍だったとし、劉表は故郷を売るような人物ではないが蔡瑁は違うとも述べ、裏切られた劉表の死も示唆している。この状況を受けて孔明は江東に援軍を求めることを提案。劉備は民を残して自分一人この場を離れることを嫌がるが、孔明はその民を救うためだとして劉備を説得する。追ってきた黄祖の目の前に劉備と名乗る武将が現れるが、実は影武者の趙雲であった。趙雲が技を出すと敵兵を倒すだけではなく川も割れ、劉備はその川底を馬で駆け抜けて江東に向かう（まるで映画『十戒』でチャールトン・ヘストン扮するモーセが神に祈って紅海を二つに割った、あのシーンのようである）。黄祖は「一人で逃げた」として劉備の悪口を言うが、趙雲は劉備が『希望』という想いを背負っていると述べ、愛馬・飛影《ひえい》閃《せん》とともに黄祖率いる陸戦隊を単騎で駆け抜け、劉備を守る盾となる（ここまで「龍牙一閃！不屈の単騎駆け！」）。

江東にたどり着いた劉備を孫権・孫尚香が迎える。孫策を中心とする孫家は長沙から領地を発展させ江東に進出し、長江下流域を治める勢力となっていた。劉備の訴えを聞いた孫策は江東の民を家族だと述べ、その被害を考えて援軍を出せないと言うが、劉備は自分にとっても荊州の民は家族だと訴え、孫策も援軍派遣を了承。孫権に傭兵を集めた独立部隊である強襲水軍と虎錠刀《こていとう》を預ける。強襲水軍の呂蒙ディジェ・甘寧ケンプファーは孫権が自分たちを使いこなせるのかとなめてかかっていたが、孫権の怒りを受け、その本気を見せてもらおうと言って、孫権と劉備を基地に連れ去る。強襲水軍の秘密兵器である飛行艇に乗り込み、強襲射出装置で発射され荊州へ飛び、荊州上空で飛行艇を分解して落下していく。その頃、孔明たちは黄祖軍に追い詰められ、黄祖軍が総攻撃しようとした時に、空から強襲水軍が着水する（ここまで「強襲水軍！荒らぶる侠たち！」）。

強襲水軍は黄祖軍に襲い掛る。黄祖軍は陸上におびき出して反転攻撃しようとするが、強襲水軍は陸上でも高速で動き、水上からの部隊とはさみ討ちにする。呂蒙と甘寧がもと黄祖の部下であったことが語られるが、彼らは一旦黄祖を倒す。しかし、黄祖は闇の力を用いて敵味方を問わない無差別攻撃を敢行。孫権と劉備は怒りに燃え、合体攻撃で黄祖を倒す。そこに生身の体を強襲射出装置に入れて飛んできた孫尚香と陸遜がやってきて、孫策と周瑜・太史慈ドムらが曹操軍の最前線基地・合肥《がっぴ》を攻めたことを告げる。黄祖の敗北に怒った曹操は蔡瑁の腕を斬り落とし、水軍で陸戦隊の失態を取り返せと告げる。そんな中、曹操のもとにも孫策の合肥襲撃の方が伝えられ、程昱が「司馬懿は何をやっておる!?」と言うと、司馬懿は調査のため廃墟となっていた雒陽へ向かったと報告される。合肥へ援軍に向かおうという意見が出ると、曹操はすでに手を打っていると述べ、泰然自若としている。孫策らは合肥を攻撃し、「何か」を探し出せと指示を出すが、郭嘉がその攻撃に備えて準備をする。また、孫策に対しては張遼が出撃し、一騎討ちを挑んでいく（ここまでは「刮目せよ！江夏の戦い！」、『BB戦士三国伝英雄激突編』（二）参照、以下は『ケロケロエース』二〇〇八年十二月号～二〇〇九年四月号を参照）。

孫策・周瑜・太史慈と曹軍衛将騎団《そうぐんえいしょうきだん》（張遼・徐晃・張郃ザクⅢ）が激突する。曹軍衛将騎団はもともと曹操に牙を剥いた者たちであったが、曹操が正義という名の光を照らしてくれたと考え、それをさえぎろうとする者と命を賭けて戦うのであった。しかし、孫策は曹操という太陽の輝きに目を奪われ足元に忍び寄る影に気づかないと語る。そこに余計なことを吹き込まれては困ると言いつつ郭嘉が現れ、曹軍衛将騎団は驚き、孫策は騙されていたこと、すなわち探し出そうとしていた「何か」が合肥にはないことに気づく。郭嘉はなぜか玉璽を持っており、その力で合肥城塞の石垣の石で自らの巨大な石像を作り悪の化身となって暴威をふるう。郭嘉は「すべては預言に刻まれた天の宿命」と言い、孫策も何かに気づく。一方、雒陽の宮殿跡では司馬懿が発掘を指揮しているが、そこに復讐の心を持った龐統ヤクト・ドーガが現れ、「預言の到来に遅れが生じては困る」と言って郭嘉のことを心配する。しかし、司馬懿はそのための玉璽だと述べる。合肥には劉備や孫権たち、さらに関羽・関平・周倉も現れて孫策たちを助けるが、郭嘉の石像はさらなる力を発揮して敵味方関係なく無差別攻撃を敢行する。劉備は「天の名を語る外道から玉璽の輝きを取り戻す」と叫び、そのために孫策らは自らが盾になろうとし、本来曹操軍であるはずの曹軍衛将騎団もともに盾となって郭嘉に立ち向かおうとする。劉備と孫権が攻撃しようとするが、郭嘉の石像がすでに動いており、劉備の身代わりとなって孫策が胸を貫かれる。瀕死の孫策は郭嘉本人に、関羽や張遼らは石像の足にしがみつき、劉備・孫権の合体攻撃で石像を崩壊させる。しかし、孫策は崩壊する巨石に巻き込まれ、孫権に「その勇気で人々を癒す月になれ」と言い残し、埋もれてしまった（ここまで「合肥動乱！小覇王の挑戦！」）。

孫策の死を知った曹操は好機と見て秘策を実行しようとし、赤壁に水上要塞を築きあげ、司馬懿は要塞戦の専門家である新しい軍師として龐統を曹操軍に紹介する。夏侯惇は「弟子の郭嘉が死んだばかりで新しい軍師か」と批判するが、そこに郭嘉が現れ夏侯惇・張遼・徐晃らは驚く。司馬懿・龐統・郭嘉は神火飛鳳《しんかひほう》を含めて準備を全て整えたとし、龐統は相手の出方次第だと述べる。一方、江東軍に劉備が合流したが、荊州難民は夏口に取り残されたまま百万の曹操軍が迫り、江東軍は崩壊寸前となっていた。そんな江東軍本陣に曹操から「降伏しなければ江東に向けて神火飛鳳を撃つ」と書かれた書簡が届く。神火飛鳳とは何かという疑問が湧いてきたところへ黄月英《こうげつえい》ガンイージが現れ、彼女の父である黄承彦《こうしょうげん》Gキャノンが曹操軍に捕らえられて無理やり開発させられた液体火薬を満載した、すべてを焼き尽くす最終兵器だと教える。そんなものが撃ちこまれたら江東は火の海になり、すべてが終わると皆が愕然とする中で、周瑜は「何も終わっていない。ようは発射させなければいい」と述べ、曹操軍が発射する前に孫家伝来の弩弓砲・天雷火砲《てんらいかほう》に液体火薬を装填して発射することを提案。射程距離が短い天雷火砲の発射は命懸けだが、周瑜が自らその任につくと宣言。孔明は全力で、天雷火砲の進路を確保すると述べる。江東軍では不眠不休の準備が始まるが、黄月英が持ってきた液体火薬では二発の弾頭しかできなかったものの、周瑜は一発で充分だと言ってのける。孔明は作戦参謀となり、曹操軍を水陸から突破するための布陣を武将たちに指示し、劉備は別動隊を率い対岸から投石器を用いて焙烙玉《ほうらくだま》を赤壁水塞に向けて発射し攻撃することになった。焙烙玉は孔明が考えたもので、中に油が仕込まれており、火をつけて敵にぶつければ油と一緒に炎が飛び散るものだった。そこで関羽は張飛に話しかけようとするが、張飛は「話は関平から聞いた。侠《おとこ》なら行動で示せ」と関羽に言う。明け方、江東軍は出撃して長江をさかのぼり、神火飛鳳の破壊を目指す。対する曹操軍では龐統が鉄甲船団を連環の布陣へ入れる指示をし、曹操は荊州艦隊に出撃命令を下す。江東軍では強襲水軍が荊州艦隊を蹴散らそうとするが、連環させた鉄甲船団に手も足も出ず、劉備軍の焙烙玉も効かない。そんな劉備軍に張遼ら曹軍衛将騎団が攻め込んでくる。一方、強襲水軍の苦戦を見た黄蓋グフは、予備の液体火薬弾頭を鉄甲船に仕掛けるために特攻をかけ、周瑜は劉備隊に焙烙玉発射の合図を出す。張遼は発射させないように投石器を壊すが、周倉が焙烙玉を抱えて鉄甲船にむけて放り投げ、鉄甲船に乗り込んだ黄蓋がその焙烙玉に弾頭をぶつけて自爆し、鉄甲船団を爆発させる（ここまで「長江は燃えているか！」）。

三璃紗の明日を信じて逝った黄蓋の働きを無駄にしないため、周瑜の雷撃艇が出撃し天雷火砲を発射。赤壁水塞を炎上させ、一気に突撃しようとするが、孔明は神火飛鳳が「生きている」と指摘。実は神火飛鳳を乗せた赤壁要塞自体が鉄甲の要塞艦だった。その神火飛鳳の上に、司馬懿が雒陽で発掘した神話の三侯の宝剣の一つ・星鳳剣を持った曹操が現れ、周瑜や大史慈は驚く。彼らが曹操の手に渡さないために合肥で探していたものはこれだったのである。

曹操軍が突撃を開始し矢を乱射してくると、江東軍は態勢を立て直そうとするが、周瑜は流れ矢にあたり倒れる。孔明は「強襲水軍の機動部隊を呼び戻し、楼船艦隊を左翼に展開させつつ主力闘艦を軸に中央一点突破」という指示を出すが、連環の鉄甲船団に要塞母艦という戦い方から、曹操軍に「あの侠」がついたのかと疑う。劉備は関羽・張飛の力を借り三位一体の星龍斬で曹操軍に迫ると、曹操本人が登場し一騎討ちとなる。劉備は「侵略のどこに正義がある」と叫ぶが、曹操は「統一は侵略にあらず」と返し、「誰かがやらねばならぬ、たとえどれほどの犠牲が出ようと」と語る。劉備は「だからといって民を踏みにじることが許されるものか」と叫ぶが、曹操の大紅蓮斬《だいぐれんざん》（技の名）により龍帝剣が折れ、劉備は爆発する。曹操は龍帝剣が滅びたこと、これ以上の犠牲をよしとしないなら降伏せよと宣言し、江東軍は静まり返る。劉備は長江に沈んでいくが、そこで「望みは何か」と問う声が響く。劉備が三璃紗の民の笑顔と答えると、龍の光（龍帝の魂）から「命をもってわが前に示せ」という声が聞こえる。劉備は「命はくれてやるからみんなを守る力をくれと叫ぶ」と、龍の光とともに神話の時代の三侯の一人・龍帝の魂を受け継ぐ翔烈帝《しょうれつてい》劉備ガンダムとして姿を現した（ここまで「赤壁に翔ける龍の輝き！」）。

翔烈帝劉備は曹操に襲い掛かり翔龍双星斬《しょうりゅうそうせいざん》（技の名）を繰り出す。翔烈帝劉備は曹操に対して「あなたのやっていることは正義ではない」と語り、これ以上民に犠牲を強いるならば曹操を倒すと宣言。それに対して曹操は翔烈帝劉備の信念は認めるが負けるわけにはいかないと述べ、翔烈帝劉備の正義は森羅万象の片側だけだが天はすべてを知っていると叫んで玉璽を呼び出し、天玉鎧と合体して翔烈帝劉備と激突する。そんな中、関羽・張飛は曹軍衛将騎団（張遼・徐晃・張郃）と激突するが、関羽は張遼らの剣の迷いを指摘する。孔明は翔烈帝劉備と曹操の闘気の嵐を利用しようとし、周瑜に対して命令を催促。周瑜は孫権が太史慈と共に夏侯兄弟を牽制し、孫尚香は家老たちと負傷兵の看護にあたっていたとき陸遜から報告を受けると、荊州水軍の残存艦隊と要塞艦を撃滅するための指示を出すよう陸遜に命ずる。陸遜は江東艦隊に対して荊州艦隊への突撃を指示。荊州艦隊の兵は混乱し、蔡瑁は強引にそれを鎮めようとするが、そこに甘寧・呂蒙が襲いかかる。蔡瑁は黄祖が使った無差別攻撃の武器（腕と一体化している）・呪文を使おうとするが、矢が飛んできて腕に当たり、闇の力が逆流したところを甘寧・呂蒙がとどめを刺す。矢を放ったのは劉表の恨みを晴らそうとする荊州水軍中郎将・黄忠《こうちゅう》ガンダムであった（ここで魏延マークⅡも登場）。荊州艦隊の旗艦が沈み、司馬懿は曹操側の不利で大勢は決したと判断し、預言の実現の「詰め」を龐統に託す。龐統は神火飛鳳を真上に向けて発射。この時点で孔明は「あの侠」、すなわち龐統が関わっていると確信し、翔烈帝劉備と戦う曹操は司馬懿をにらみつける。実は、司馬懿と龐統の狙いは、神火飛鳳を上空で自爆させ、液体火薬が炎の雨となって三璃紗全体に降り注ぐようにし、すべてを焼き尽くすことだったのである（ここまで「炎に消えゆく未来」）。

神火飛鳳を発射した龐統のもとに孔明がやって来て問い詰めるが、龐統は破壊の中にこそ再生があるとし、「世界は灰の中から生まれ変わるのだ！」と言ってのける。孔明は龐統に「私への恨みを大義名分にすり替えるなッ！」と叫ぶが、そこに司馬懿が現れ伏竜でもとめられない預言の成就を宣言し、それが天の意志だと述べる。さらに郭嘉は『G記』の最終章にある『黙示録』の実現が自分たちの使命だと語るのであった。「人はただ宿命に殉ずるのみである！」と言う司馬懿の鳳翼斬《ほうよくざん》と「人は宿命などに屈しない！」という孔明の爆鳳烈羽《ばくおうれっぱ》（ともに技の名）がぶつかり爆発すると、孔明の目の前から司馬懿・郭嘉・龐統の三人は姿を消した。一方、曹操は飛んでいく神火飛鳳を見て「司馬懿め！」と言いつつも、「本当の正義は一つのはず」という劉備と戦い続ける。「綺麗事をほざくなッ！」という曹操は炎鳳獄焔燐《えんほうごくえんりん》を放つが、「綺麗事の何が悪いッ！」という劉備の天翔真龍斬《てんしょうしんりゅうざん》（ともに技の名）が曹操にあたり、曹操の角を折る。曹操は劉備の曇りなき瞳に真の正義を見て、劉備との戦闘を放棄し神火飛鳳を止めるために飛び上がり、それを見て劉備も力を合わせて止めようとする。その時、玉璽が光り、天玉鎧が分解して劉備と曹操にそれぞれ装着され、劉備が龍、曹操が鳳の光を発しながら神火飛鳳に激突すると、オーロラのような光が頭上にきらめき、天空からは龍帝剣が降って来て地上に突き刺さった。曹操軍の軍船が大炎上する中、張飛の叫び声が赤壁にこだました。

時は流れ、洛陽では曹操の息子・曹丕ガンダムが皇帝となって機驁《ぎが》の建国を宣言。その傍らには司馬懿や郭嘉らがおり、司馬懿は不気味な笑みを浮かべていた。江東では孫権が孫堅・孫策の墓に詣でて新国家・轟《ごう》の建国を報告。孫堅・孫策の墓の背後には無数の墓が作られていた。孫権の傍らでは車いすに乗せられた周瑜が亡き孫策に心の中で語りかけていたが息絶える。四川では劉備の志を継いだ孔明・関羽・張飛・趙雲・孫尚香らによって理想郷が形作られつつあり、その玉座には龍帝剣が置かれていた（ここまで「天下三分　三国の志」）。

ガンダムについては、筆者は「逆襲のシャア」ぐらいまでしか見ていないので、本書に出てくるモビルスーツはよくわからないものが多い。それに、言うまでもないことだが、ストーリー展開も正史『三国志』・『三国演義』とは全くと言って良いほど異なっている（個人的には、「赤壁の戦い」で曹操と劉備が亡くなってしまう（?）のにはびっくり仰天してしまった）。

しかし、正史『三国志』や『三国演義』などを踏まえた上で、ガンダムのキャラクターを生かしてここまでのストーリーを作り上げたことには、素直に脱帽するしかない。しかも、『三国演義』での人物設定もそれなりに流用して生かしており（例えば、水鏡先生の口癖が「良きかな、良きかな」とされている）、筆者などは「よく考えられている」と感心しきりである。

特に筆者の五歳の長男は夢中になっており、このマンガとプラモデルのおかげで少なくとも「りゅうび」・「かんう」・「ちょうひ」・「りょふ」・「こうめい」・「しばい」は覚えてしまった。ご近所の子どもたちも「大三国志展」に展示されたこのシリーズのプラモデルにかなりハマっているところからすると、子どもたちへのガンダムの威力は絶大である。おそらくは子どもたちの間で『三国志』のファンも、ガンダムのファンも増えていくことだろう。

東京富士美術館「大三国志展」では、この『三国伝』のジオラマが展示されていた。そのジオラマの側で主題歌を流しているビデオが上映されているが、日本語版と中国語版がある。BB戦士のガンダムシリーズと『三国志』を組み合わせた目的の一つとして、「ガンダムシリーズをこれまで以上に中国で普及させる」ということがあるのだろう。この「三国伝」は、そのための最高の切り札ではないかと思う。

正史『三国志』や『三国演義』などと細かく比較せず、これはこれで現代日本における『三国志』の受容と展開の一例だと思えば、非常に面白く読むことができるだろう。小さな子どもたちも交えて、家族で読むことができる『三国志』をモチーフにした物語としておススメである。

一　立間祥介「吉川『三国志』の魅力」〔以下、「立間前掲論文」と略す〕・小玉武志「『三国志』」〔ともに『国文学解釈と鑑賞』六六—一〇　至文堂　二〇〇一年〕、竹内真彦「泣かずに魏延を焼き殺す—吉川英治の読んだ三国志」〔『アジア遊学』一〇五　二〇〇七年〕などを参照。

二　立間前掲論文では、吉川氏が底本として主に用いたものは湖南文山訳の『通俗三国志』だと推測されている。

三　このことは、立間前掲論文でも指摘されている。

四　例えば、『三国演義』では荊州の守備担当として鄧義《とうぎ》・劉先《りゅうせん》という具体的な人名が出てきた上に、劉琦や劉備に劉表の葬儀を行ったことなどを知らせなかったことが述べられているが、吉川『三国志』ではそのような記述はない。

五　例えば、曹操軍が進撃してきたとの情報が劉琮側に伝わった際の協議で軍に主戦論があるとされている（「許都と荊州」）が、『三国演義』にはそのような記述はない。

六　例えば、劉琮に非戦論を主張する「東曹《とうそう》の掾公悌《えんこうてい》」が登場するが、『三国演義』では「東曹の掾傅巽《ふそん》」とあり「公悌」は彼の字《あざな》であることがわかるようになっている。また、公悌や王粲の降伏を勧める進言が箇条書きになっているが、『三国演義』と比較すると王粲の発言内容が異なっており、蒯越の進言は吉川『三国志』には存在せず、傅巽の発言も箇条書きにはなっていない（「許都と荊州」）。さらに、『三国演義』の蔡中が蔡仲となっている（「風を呼ぶ杖」）。

七　曹操が荊州に到着した際、対面した曹操から荊州の軍馬・銭糧・兵船の量について聞かれた蔡瑁は「騎兵八万、歩卒二十万、水軍十万」と答える（「亡流」）が、『三国演義』では「騎兵五万、歩兵十五万、水軍八万」とあり、数字が異なっている。

八　例えば、劉表が亡くなり、偽の遺言状によって劉琮が後継者になると、劉琮は「兄（劉琦）や叔父（劉備）が兵を挙げ、罪を問うてきたらどうする」と語る。その際、李珪《りけい》が兄君（劉琦）を立てて劉備を補佐とするべきだと直言し、蔡瑁との言い争いの後、蔡瑁が李珪の首を斬り落とす（「許都と荊州」）が、李珪と蔡瑁のセリフについては『三国演義』との間に異同があり、『三国演義』では蔡瑁が左右の者に命じて李珪を斬らせたことになっている。

九　吉川『三国志』では、趙雲が阿斗を抱えて逃げてくる際に張飛に助けを求めて絶叫した後で文聘が迫ってきていたと描かれる（「長坂橋」）が、『三国演義』では先に文聘が迫ってくることが描かれ、その後なんとか張飛に助けを求めて叫んでいる。

一〇　『三国演義』ではもと袁紹配下の馬延《ばえん》・張顗《ちょうぎ》・焦触・張南が阿斗を抱えた趙雲を囲んだが、青釭の剣を振り回して追い払ったと詳しく述べられている。しかし、吉川『三国志』にはそのような話がなく、趙雲が千軍万馬の中を翔け去ったとされるのみである。

一一　『三国演義』に朱子学《しゅしがく》の影響が見られることについては、拙著一・四六～四七頁参照。また、金文京『三国志演義の世界』（東方書店　一九九三年）一三二頁や『中国の歴史』〇四　三国志の世界（講談社　二〇〇五年）三四九～三五一頁では、朱子の『通鑑綱目《つがんこうもく》』の正統観が『三国演義』の思想的バックボーンとなっていると指摘されている。また、北方謙三《きたかたけんぞう》〔監修〕『三国志読本　北方三国志別巻』（角川春樹事務所　二〇〇二年）四七頁では、北方氏本人が「劉備という人間は、日本の皇国史観を象徴するような人間として書いたんですよ」と語っている。

一二　金文京『三国志演義の世界』（東方書店　一九九三年）・『中国の歴史』〇四　三国志の世界（講談社　二〇〇五年）のほかに、二階堂善弘・中川諭〔訳注〕『三国志平話』（光栄　一九九九年）参照。

一三　本書では、『秘本三国志』（前）・（後）（集英社　陳舜臣中国ライブラリー一三・一四　一九九九年）・『秘本三国志』（上）・（下）（毎日新聞社　二〇〇四年）を参照している。

一四　陳寿『三国志』周瑜伝などを参照されたい。

一五　吉川幸次郎『三国志実録』（筑摩書房　ちくま学芸文庫　一九九七年）、李殿元・李紹先〔著〕和田武司〔訳〕『三国志考証学』（講談社　一九九六年、原著は『《三国演義》中的懸案』四川人民出版社　一九九三年）などを参照されたい。

一六　本書では、『諸葛孔明』（上）・（下）（中央公論社　一九九一年）を参照している。

一七　拙著一・一五一～一五二頁参照。

一八　『秘本三国志』「丞相、奔走す」を参照されたい。

一九　本書では、『曹操　魏の曹一族』（上）・（下）（中央公論社　一九九八年）を参照している。

二〇　拙著一・一五二頁参照。

二一　本章については、稲畑耕一郎『境域を越えて　私の陳舜臣論ノート』（創元社　二〇〇七年）なども参照している。

二二　文庫版『蒼天航路』一〇は、『蒼天航路』一九巻（講談社　モーニングKC（六七九）二〇〇〇年）・二〇巻（講談社　モーニングKC（六九五）二〇〇〇年）（初出は『モーニング』一九九九年五二号、二〇〇〇年一号～四・五合併号、七号～二五号）、文庫版『蒼天航路』一一は『蒼天航路』二一巻（講談社　モーニングKC（七一六）二〇〇〇年）・二二巻（講談社　モーニングKC（七四五）二〇〇一年）（初出は『モーニング』二〇〇〇年二六号～三二号、三五号、三六号、三九号、五三号、二〇〇一年一・二合併号～一四号）、文庫版『蒼天航路』一二は『蒼天航路』一三巻（講談社　モーニングKC（七六六）二〇〇一年）・一四巻（講談社　モーニングKC（七四五）二〇〇一年）をまとめた文庫版である（初出は『モーニング』二〇〇一年一五号、一六号、一八号、一九号、一一・一二合併号～一四号、三一～三五号、三八～四一号、四三～五〇号）をまとめたものである。

二三　これ以降、本書で引用した『蒼天航路』のセリフにおける句読点は、ほぼ筆者が付したものである。

二四　劉備と関羽・張飛・趙雲の関係については、拙著一・七六頁などを参照されたい。

二五　拙著一・一五九～一六〇頁などを参照されたい。

二六　渡邉義浩「三国時代における「文学」の政治的宣揚―六朝貴族制形成史の視点から―」（『東洋史研究』五四―三　一九九五年、渡邉義浩『三国政権の構造と「名士」』〔以下、「渡邉義浩前掲書」と略す〕（汲古書院　二〇〇四年）第四章第三節などを参照されたい。

二七　曹沖については、拙著一・一四九～一五一頁や拙著『三国志万華鏡　英雄たちの実像』（未来書房　三国志リブレット①　二〇〇八年五月三日改訂補填版）第五章・曹沖―曹操の「幻の後継者」も参照されたい。

二八　拙著一・一五一～一五二頁などを参照されたい。

二九　渡邉義浩前掲書第二章、渡邉義浩『諸葛亮孔明　その虚像と実像』（新人物往来社　一九九八年）などを参照されたい。

三〇　矢立肇・富野由悠季〔原作〕岸本みゆき〔構成〕ときた洸一〔漫画〕『SDガンダム三国伝　風雲豪傑編』（一）（講談社　KCデラックス　二〇〇七年）・（二）（講談社　KCデラックス　二〇〇八年）、矢立肇・富野由悠季〔原作〕岸本みゆき〔構成〕矢野健太郎〔漫画〕『BB戦士三国伝　英雄激突編』（一）（角川書店　角川コミックス・エース二一三―一　二〇〇八年）・（二）（角川書店　角川コミックス・エース二一三―二　二〇〇八年）。

第二節　史書上での「赤壁の戦い」

「赤壁《せきへき》の戦い」は歴史上の三国時代の中でもきわめて有名な戦いで、建安《けんあん》十三年（西暦二〇八年）十二月、赤壁において孫権《そんけん》・劉備《りゅうび》連合軍が曹操《そうそう》の大軍を水上戦で破ったとされる。ということは、二〇〇八年は「「赤壁の戦い」一八〇〇周年」であり、これにあわせて「赤壁の戦い」を扱った「レッドクリフ（中国名はその名も「赤壁」）」という映画も製作され、日本では二〇〇八年十一月にパートⅠが、二〇〇九年四月にパートⅡが公開されている。

さて、歴史書『三国志《さんごくし》』で「赤壁の戦い」が描かれている部分を探すと、これが困ったことになる。『三国志』魏書《ぎしょ》・呉書《ごしょ》・蜀書《しょくしょ》（以下、それぞれ『魏志《ぎし》』・『呉志《ごし》』・『蜀志《しょくし》』と略す）を比べると、それぞれの内容がかなり違っているのである。あえて共通点を探すと、「二〇八年、曹操が赤壁から撤退した」ということぐらいしかない。

ここで、『魏志』・『呉志』・『蜀志』の本文における「赤壁の戦い」についてまとめ、裴松之《はいしょうし》注も含めて分析し、ポイントをまとめてみたいと思う。

一　『三国志』魏書から見た「赤壁の戦い」

まず、『魏志』武帝紀（曹操についての年代記）を見てみよう。そこには次のようにある。

建安十三年（西暦二〇八年）の七月に曹操は劉表《りゅうひょう》を討伐するために出陣。八月には劉表が亡くなり、その子・劉琮《りゅうそう》が後を継いで襄陽《じょうよう》に、劉備は樊《はん》に駐屯。九月に曹操は新野《しんや》に至ると、劉琮は曹操に降り、劉備は夏口《かこう》に走った。曹操は江陵《こうりょう》に進軍し、荊州《けいしゅう》の官民に令を下し、彼らとあらためて新たに始めることにした。荊州を服従させた功を論じて十五人を侯とし、劉表の大将・文聘《ぶんぺい》を江夏《こうか》太守としてもとの荊州の兵を統率させ、荊州の名士である韓嵩《かんすう》・鄧義《とうぎ》らを取り立てて用いた。益州牧《えきしゅうぼく》の劉璋《りゅうしょう》が始めて役の徴発を受け入れ、兵を派遣して軍に提供した。十二月に孫権が劉備のために合肥《ごうひ》を攻撃。曹操は江陵から劉備征伐に出撃して巴丘《はきゅう》まで至り、張憙《ちょうき》を派遣して合肥を救援させた。孫権は張憙が至ると聞いて逃走した。曹操は赤壁に至って劉備と戦ったが、不利となった。この時疫病が大流行し、官吏・兵士の多くが死んだため、軍を引いて帰還した。劉備は遂に荊州江南《こうなん》の諸郡を手に入れたのである。

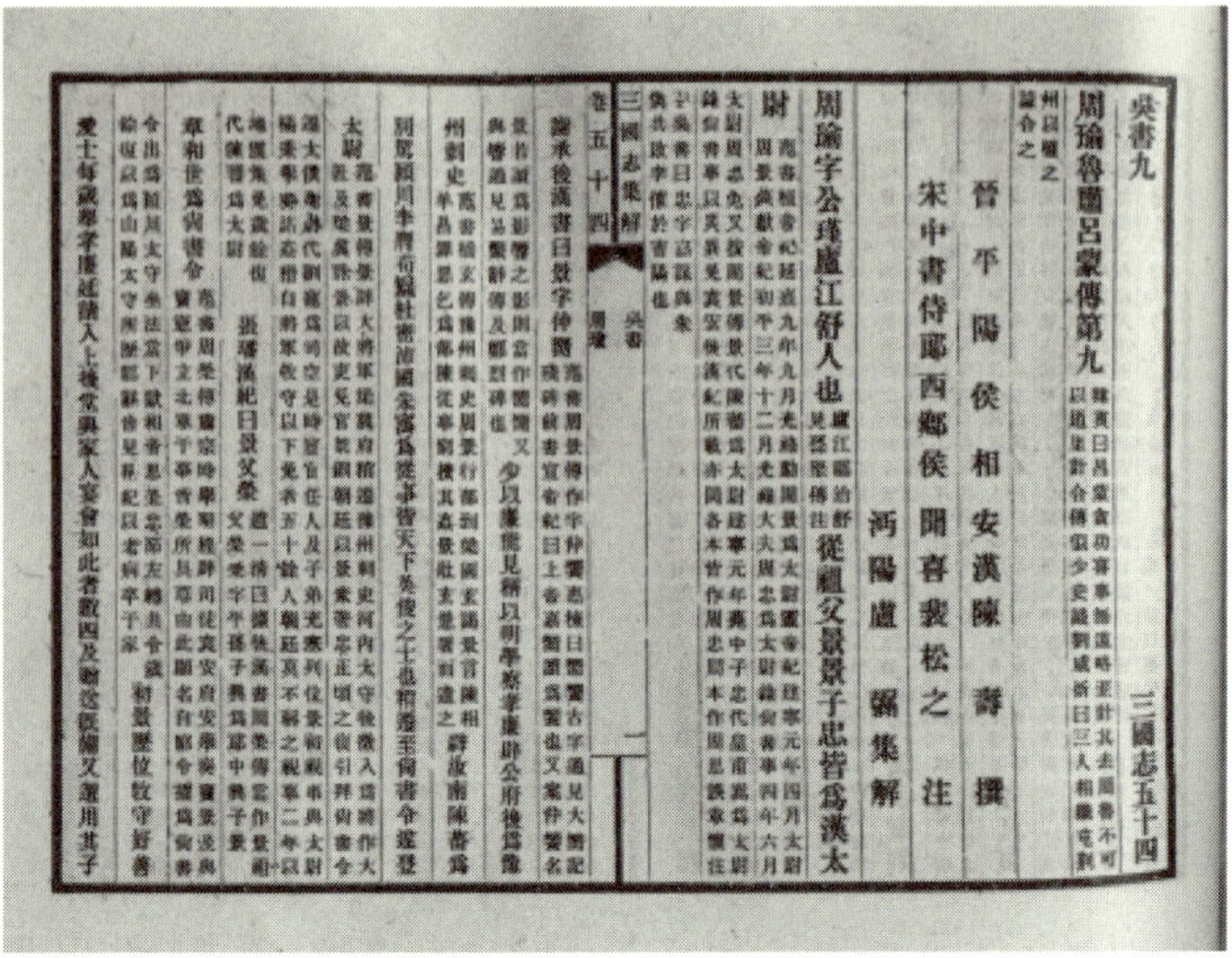
吳書九
三國志五十四
周瑜魯肅呂蒙傳第九
晉平陽侯相安漢陳壽撰
宋中書侍郎西鄉侯聞喜裴松之注
沔陽盧弼集解
周瑜字公瑾廬江舒人也　從祖父景景子忠皆爲漢太尉
三國志集解
卷五十四

『三国志集解』西晋・陳寿〔撰〕盧弼〔著〕

この文章を見ると、いろいろと気になる部分がある。まず、曹操が赤壁で戦った相手は劉備であり、孫権は劉備のために合肥を攻めたとされていることである。吉川《よしかわ》『三国志』や『三国演義《さんごくえんぎ》』などに慣れ親しんだ人々は、かなり驚かれるのではないかと思う。大半の小説版『三国志』でも、赤壁で実際に戦ったのは周瑜《しゅうゆ》をはじめとする呉の人々が中心であったと描かれている。「赤壁での曹操の相手は劉備で、孫権は劉備のお手伝いをしたのだ」と言われても首をひねらざるを得ないだろう（ちなみに『魏志』本文の赤壁に関する文章に諸葛亮《しょかつりょう》は出てこない）。

また、武帝紀では、曹操は赤壁で劉備と戦ったが「不利」になり、加えて疫病が発生して官吏・兵士が多く死んだので撤退した、と書かれてある。つまり、魏《ぎ》の公式見解では「曹操自身の判断で撤退したのだ」とされており、あくまでも「曹操は敗れていない」のである。

さらに、孫権が合肥を攻めたのは「赤壁の戦い」の前だということになっているが、『呉志』呉主伝《ごしゅ》（孫権の伝記）では「赤壁の戦い」の後になっており、『魏志』武帝紀裴松之注（以下、「裴注《はいちゅう》」と略す）所引孫盛《そんせい》『異同評《いどうひょう》』では呉主伝の方が正しいとされている。これについては、後ほど確認したい。

ちなみに、益州牧の劉璋が曹操軍に兵を派遣していることにも注意が必要である。この時期には、劉璋が曹操側になびきつつあった。これについても、後ほど『蜀志』劉璋伝の記述を確認することにしたい。

『魏志』劉表伝には、曹操による建安十三年の劉表征伐以降の荊州の動向が記されている。

建安十三年、曹操が劉表討伐に向かうと、まだ到着しないうちに劉表が病死。劉表とその妻は年下の子の劉琮を愛して後継者にしようとし、蔡瑁《さいぼう》・張允《ちょういん》も後押しをしたので、長男の劉琦《りゅうき》を出して江夏太守とし、人々は劉琮を奉って後継者とした。劉琦と劉琮は遂に仇敵となった。蒯越《かいえつ》・韓嵩《かんすう》と東曹掾の傅巽《ふそん》らは曹操に帰順せよと劉琮に説いたが、劉琮は「今諸君と楚《そ》全土に拠って、先君の事業を守り、天下の情勢を観よう。どうしてできないことがあろうか」と言った。傅巽が答えて「ものの順逆にはその本質があり、強弱には定まった勢いがあります。人臣が人主を拒むのは逆らうことであり、新たにできた楚が国家に抵抗することは、その勢いから見てできません。劉備を曹操に敵対させることも、またできません。三者が皆劣っているのに、天子の兵の鋒に抵抗しようとするのは、必ず滅んでしまうという道につながります。将軍はご自身を劉備と比べてみてどう思われますか?」と言うと、劉琮は「私は及ばない」と言った。傅巽は「誠に劉備をもってしても曹操を防ぐことができないのならば、楚の地を保つことができても、自力で存在することはできないでしょう。誠に劉備が曹操を防ぐことができれば、劉備は将軍の下にはおりますまい。願わくは将軍はお疑いにならないように」と言った。曹操軍が襄陽に到ると、劉琮は州を挙げて降伏し、劉備は夏口に奔った。曹操は劉琮を青州刺史《せいしゅうしし》に任じ、列侯とした。蒯越をはじめ侯となった者は十五人、蒯越は光禄勲《こうろくくん》、韓嵩は大鴻臚《だいこうろ》、鄧義は侍中《しちゅう》、劉先《りゅうせん》は尚書令《しょうしょれい》となり、その他大勢が大官となった[三二]。

この文章には劉表が亡くなってから劉琮が曹操に降伏して青州刺史となり、もと劉表の配下が曹操に取り立てられるまでの状況が書かれているが、まず『三国演義』との違いを指摘すると、まず劉表本人とその妻が長男・劉琦ではなく年下の劉琮を後継者にしようとしており、「偽の遺言状」の話もなく、そもそも劉備の出る幕はなかったということである。

さらに個人的に興味深いのは、劉琮が劉表の後を継いで（意外と積極的に）「天下の様子を観る気でいた」とされていることである。それを劉表の配下（ここでは特に傅巽）が説得して降伏させたことになっている。この話については、とりあえず文章通りに信じておくしかないと考えるが、少し注意しておく必要があるとも思っている。

少し前の官渡《かんと》の戦いの頃の話ではあるが、『魏志』劉表伝本文を見ると、劉表配下が「曹操が袁紹《えんしょう》を滅ぼすはずだから曹操に従うべきだ」と述べ、劉表はその意見を聞きいれず結果的に形勢を様子見しているのである。この官渡の戦いの際には、「曹操陣営の士大夫や武将たちですら、敗戦後の身の安全を考え、袁紹に内通していたほど」三三だったことからすれば、「曹操が袁紹を破るはずだ」などとはそうそう簡単に言えないはずであり、むしろ「形勢を様子見する」という劉表の判断の方が自然であったと見るべきではないか、と筆者は考えている。このようなことを踏まえると、『魏志』劉表伝の本文や同伝裴注所引『傅子《ふし》』にある韓嵩の発言も、本当にその時点で言ったのかどうか、疑問である。石井仁も『魏志』劉表伝本文の記事のように劉表の配下が「曹操を支持したというのは、荊州が降伏したとき、口裏を合わせた偽のアリバイなのだろう」三四と述べているが、その通りであろう三五。

ここまで述べてきたことを踏まえると、「曹操軍が迫って来てもなお自立し続けようとする劉琮を配下が説得して降伏させた」とする方が、これから曹操に降伏しようとする劉表配下の

「功績」を強調することができて良かったため、まさしく「口裏合わせ」をしていたのだとする見方もできるのである。筆者としては、残された史料からすると、このような「口裏合わせ」があったと断定はできないが、可能性としては充分にありえたと考えている。したがって、先に「この内容には少し注意が必要」と述べたのである。

『魏志』曹仁《そうじん》伝附曹純《そうじゅん》伝には、

荊州征伐に従って、劉備を長阪《ちょうはん》で追撃し、劉備の二人の娘を捕え輜重を獲得し、敗残兵を手に入れた。

とある。この文章によると、劉備の逃走劇は二人の娘を捕えられるなど、悲惨なものだったことがよくわかる。

『魏志』荀彧《じゅんいく》伝を見ると、

曹操が劉表を討伐しようとし、荀彧に策を問うと、荀彧は「華夏がすでに平定され、南方は困った状況になったと自覚しているでしょうから、公然と宛《えん》・葉《しょう》に軍を進めると同時に間道づたいに軽装の兵を進めて不意を突くのが良いでしょう」と言った。遂に曹操は出兵した。たまたま劉表が亡くなり、曹操は荀彧の計の通り宛・葉までまっすぐ赴くと、劉表の子・劉琮が州を挙げて降伏した。

とある。これによると、曹操の荊州征伐の際の進路がわかるが、荀彧の言う通り「南方が困った状況になったことを自覚している」のであれば、いくら若いとはいえ劉琮本人も自覚しており、より早く対策をたてていたのではないか、という見方もできるが、さて実際はどうだったのであろうか。

『魏志』賈詡《かく》伝には、荊州平定後の戦略について、以下のように記されている。

建安十三年、曹操は荊州を破り、流れに順って江東《こうとう》に下ろうとした。賈詡は諫めて「明公は昔袁氏を破り、今、漢水の南を収め、威名は遠くあらわれ、軍勢は既に大きくなっております。もし旧楚の豊かさに乗じ、吏士をねぎらい、百姓を慰撫し、その土地に安んじて彼らの業を楽しませれば、労せずして江東が頭を下げて降伏してくるでしょう」と述べたが、曹操は従わず、軍は遂に利を得られなかった。

これを見ると、少なくとも賈詡は荊州平定直後の江東遠征には反対だったことがわかる。「赤壁の戦い」直前の孫権陣営で降伏論と主戦論が対立していたことは後で見る『呉志』でも『三国演義』でも出てくるが、荊州平定直後の曹操配下でも主戦論と慎重論が存在していたのである。ちなみに、裴松之は注をつけてこの賈詡の計略は誤りだと述べているが、これは後ほど確認することにしたい。

『魏志』程昱《ていいく》伝にも荊州平定後の動向について、次のように記されている。

曹操が荊州を征圧すると、劉備は呉に奔った。論者は孫権が必ず劉備を殺すにちがいないとしたが、程昱は「孫権が新しく位につき、まだ海内《かいだい》に憚られる所にまではなっていない。曹操は天下に敵無く、初めて荊州を挙げ、威は江表《こうひょう》を震わせており、（対する）孫権は謀があるが、単独で敵に当たることはできない。劉備には英名があり、関羽《かんう》・張飛《ちょうひ》は一万人に匹敵する。孫権は必ず彼らを助けとして我々を防ごうとするだろう。しかし、困難が解ければ勢力は分裂する。劉備はこのような状況を助けとして成功し、殺すことはできなくなるだろう」と考えた。孫権は果たして多くの兵を劉備に与え、曹操を防がせた。

程昱は「孫権が劉備を殺すだろう」という一種の楽観論に対して反対の見解を持っており、君主としての孫権の立場を読み切っていたと言えるだろう。結果論としては正しいことを言っていたことになる。

『魏志』郭嘉《かくか》伝には、赤壁から撤退する際の次のようなエピソードが紹介されている。

後に曹操が荊州を征伐して帰還し、巴丘で疫病にあって船を焼いた際、歎息して「郭奉《ほう》孝《こう》がいれば、私をこんな状態にはあわせていなかっただろうに」と言った（奉孝は郭嘉の字）。

注目すべきこととして、このエピソードの中に、『魏志』の他の部分にはない「帰還する際に船を焼いた」という話をすべりこませていることを指摘しておきたい。また、「荊州を征伐して帰還し、巴丘で疫病にあって」という非常に不自然な話の流れになっていることにも注意、といったところであろうか。

『魏志』蔣済《しょうせい》伝には「赤壁の戦い」と同時期の合肥での戦闘について次のようにある。

建安十三年、孫権が軍を率いて合肥を囲んだ。時に大軍は荊州を征伐していたが、たまたま疫病がはやった。ただ将軍の張喜《ちょうき》（おそらくは張憙のこと）に単身千騎を率いさせて遣わし、汝南《じょなん》を過ぎた際にその兵を領して囲みを解こうとしたが、その軍でも疫病がはやった。蔣済は乃ち密かに偽って張喜の「歩兵・騎兵あわせて四万がすでに雩婁《うろう》に到っている」という手紙を得たから、主簿を遣わして張喜を迎えるように、と刺史に書き送った。三組の使者が手紙を齎して城中の守将に語ろうとし、一部は城に入ることができたが、二部は賊の得る所となった。孫権はこの手紙を信じ、にわかに囲みを焼いて逃走し、城は無事にすんだ。

『魏志』武帝紀にも記載されている内容であるが、合肥を囲んだ孫権軍を蔣済らがどのようにして撤退させたかが詳細に記されている。蔣済は援軍がやってくるという偽の情報をわざと敵につかませるという策略をめぐらして孫権を撤退させるが、合肥籠城のための下準備は次の劉馥伝に関する解説で述べるように劉馥が成し遂げていたのである。

『魏志』劉馥《りゅうふく》伝には、合肥の防備を整えた劉馥に関する次のような話がある。

建安十三年に亡くなった。孫権は十万の軍勢を率いて合肥城を百余日にわたって攻撃包囲した。その時、連日雨が降り、城が崩れようとしていた。そこで、苫蓑《せんさい》でこれを覆い、夜は魚の脂で城外を照らし、賊の動きを見て防備を整えたので、賊は敗れて逃走した。

実は、この前の部分で劉馥が揚州《ようしゅう》刺史の任命を受けた後、合肥の空城に単身で赴任し、州庁の設置に始まり、周辺の勢力を手なづけて、数年のうちに流れ込む流民は五桁にのぼったこと、そして学校を建て、屯田を拡大し、堤防を築いたり修理したりして田を灌漑したので官民に蓄積ができたこと、城壁・土塁を高く築き、木や石を多く積み上げ、草むしろ数千万枚を編み、魚膏を数千石備蓄して戦に備えたことが記されている。蔣済の策もこのような劉馥の地道な準備の上に成り立っていたのである。

『三国演義』では、曹操が「短歌行」を吟じた際に、詩の内容が不吉だと言った劉馥は殺されてしまっている。歴史書『三国志』とは全くと言ってよいほど異なっており、同時期に亡くなっているということ以外に共通点はない。

『魏志』楽進《がくしん》伝には荊州平定から曹操の帰還に至るまでの楽進の動向が記されている。

のち荊州平定に従い、留められて襄陽に駐屯。関羽・蘇非《そひ》らを攻撃して彼らを皆敗走させた。南郡《なんぐん》の諸県の山谷にいる蛮夷は楽進のもとに行って降伏した。また劉備の臨沮《りんしょ》の長の杜普《とふ》や旌陽《せいよう》の長の梁大《りょうだい》を討ち、皆大破した。後に孫権征伐に従い、楽進に節が仮された。曹操が帰還すると、楽進を張遼《ちょうりょう》・李典《りてん》とともに合肥に留めて駐屯させた。

荊州平定の際に関羽を破っていることも面白いが、南郡の山谷に蛮夷が存在していて降伏してきたというところが非常に興味深く、後で紹介する張遼伝などの内容にも少し関連しているように思われる。ちなみに、この『魏志』楽進伝にあるような話は『三国演義』には登場しない。

『魏志』徐晃伝には荊州平定に関する次のような記述がある。

荊州征伐に従って、別軍として樊に駐屯し、中廬《ちゅうろ》・臨沮・宜城《ぎじょう》の賊を討伐した。また満《まん》寵《ちょう》とともに関羽を漢津《かんしん》で討ち、曹仁とともに周瑜を江陵に攻撃した。

徐晃が荊州平定の別軍として動き、各地の賊（劉備側の人々か）を討伐したこと、関羽や周瑜と戦ったことがわかる（少なくとも周瑜との戦いは「赤壁の戦い」の後である）。このような話も『三国演義』には登場しない。

『魏志』文聘伝には、荊州平定の際の曹操の人事の妙が示されている。

劉表が亡くなり、その子の劉琮が立った。曹操が荊州を征伐し、劉琮は州を挙げて降伏し、文聘を呼んでともに行動しようとしたが、文聘は「私は州を保つことができませんでしたので、罪を待つのみです」と述べた。曹操は漢水《かんすい》を渡ると、文聘はようやく曹操のもとに行った。曹操は「どうして来るのが遅れたのだ」と問うと、文聘は「先日劉荊州を輔弼して国家に奉ずることができませんでした。荊州は没したと言っても、常に漢川《かんせん》に拠って守り領土を保全し、生きてはみなしごを裏切らず、死しては地下に愧じることがないように願っておりましたが、計《はかりごと》やむを得ず、ここに至りました。実に悲痛と慚愧の思いを抱いており、早くお目通りする顔もなかったのです」と言い、遂にすすり泣いて涙を流した。曹操はこれを聞いてしんみりして「仲業《ちゅうぎょう》、卿は真の忠臣である（仲業は文聘の字）」と言って厚い礼をもって待遇した。文聘に兵を授け、曹純とともに劉備を長阪に追討させた。曹操は先に荊州を定めると、江夏が呉と接しており、民心が不安定であったため、文聘を江夏太守とし、北方の兵をつかさどらせ、国境地帯の事を委ね、関内侯《かんだいこう》の爵位を授けた。楽進とともに関羽を尋口《じんこう》で討って功績があったので、進めて延寿亭侯《えんじゅていこう》に封じ、討逆将《とうぎゃく》軍を加えた。また、関羽の輜重を漢津で攻め、その船を荊城で焼いた。

荊州平定の際の文聘の誠実な態度を見て感動した曹操は文聘を厚遇し、すぐに江夏太守に任命して重要な任務を任せている。この文章の内容は、かなりの部分が『三国演義』でもほぼそのまま用いられている。

『魏志』王粲《おうさん》伝には劉琮降伏の経緯について、次のような話が残されている。

劉表が亡くなると、王粲は劉表の子・劉琮に勧めて曹操に帰順させた。曹操は召し寄せて丞相掾《じょうしょうえん》とし、関内侯の爵位を賜った。曹操が漢水の濱で宴会を開いた際に王粲は杯を捧げてお祝いを述べた。（後略）

この文章によると、劉琮に降伏を勧めて侯となった人物として、『魏志』劉表伝に登場する人物だけでなく、王粲の名も追加しないといけないことになる。このような内容は『三国演義』にも出てきている（王粲の祝いの発言は「赤壁の戦い」とは直接関係がないので、ここでは略した）。

『魏志』趙儼《ちょうげん》伝を見ると、

曹操は荊州を征伐する際、趙儼に章陵《しょうりょう》太守を兼任させ、官職を都督護軍《ととくごぐん》にうつし、于《う》禁《きん》・張遼・張郃《ちょうこう》・朱霊《しゅれい》・李典・路招《ろしょう》・馮楷《ふうかい》の七軍を統括させた。

とあり、これによると「赤壁の戦い」の頃の于禁・張遼・張郃・朱霊・李典・路招・馮楷の軍を管轄していたのが趙儼だったことがわかる。趙儼が管轄していた軍の一部は「赤壁の戦い」の直後あたりで非漢族とたたかっているが、これについては後でまとめて見てみたい。ちなみに、『三国演義』にはこのような話はない。

『魏志』満寵伝には、

建安十三年、曹操に従って荊州を征伐した。大軍が帰還する際、満寵を留めて行奮《こうふん》威将軍とし、当陽《とうよう》に駐屯させた。

とある。曹操が赤壁から撤退する際に劉備・孫権対策の一環として満寵を配置したことがわかる。『三国演義』にはこのような話はない。

さらに、「赤壁の戦い」の頃ではないかと思われるが、陳蘭《ちんらん》（もと袁術《えんじゅつ》の配下）・梅成《ばいせい》が氐《てい》の六県で反逆しているのである。これに関する『魏志』本文の記述をまとめておきたい。

陳蘭・梅成が氐の六県をもって反逆した。曹操は于禁・臧覇《ぞうは》らを遣わして梅成を討たせ、張遼が張郃・牛蓋《ぎゅうがい》らを指揮して陳蘭を討伐させた。梅成は表向き于禁に降伏し、于禁は帰還。梅成はそのまま陳蘭のもとに赴き、灊山《せんざん》に入った。灊山の中に天柱山《てんちゅうざん》があり、高くけわしい山が二十余里あり、道は狭く危険で歩ける小道がようやく通じており、陳蘭はその上にとりでを築いた。張遼が進もうとすると、将軍たちが「兵は少なく道は危険で、深く入ることは難しいです」と言うと、「これはいわゆる一対一の戦いで勇者は前に進むのみだ」と述べ、進んで山の下に陣営を置き、攻撃して陳蘭・梅成の首を斬り、その軍勢を捕虜にした。曹操は諸将の功を論じて「天山に登り、峻険を踏み越え、陳蘭・梅成の首を取ったのは、賊を討った功績である」と言い、領地を加え、仮節とした。曹操は孫権征討から帰還すると、張遼に命じて楽進・李典らとともに七千余人を率いて合肥に駐屯させた。（張遼伝）

後に臧覇らと梅成を攻め、張遼・張郃らは陳蘭を討った。于禁が到ると、梅成は軍勢三千余人をあげて降った。既に降ってからまた叛き、その軍勢は陳蘭に奔った。遼らは蘭と相い対峙していたが、兵糧が少なく、于禁は兵糧を運搬して前後がうまくつながったので、張遼は遂に陳蘭・梅成を斬った。二百戸を加増され、前と并せて千二百戸になった。

（于禁伝）

また張遼とともに陳蘭・梅成らを討ち、これを破った。（張郃伝）

張遼が陳蘭を討った時、臧霸は別に使わされて皖《かん》に至り、呉の将軍・韓当《かんとう》を討ち、孫権による陳蘭救援ができないようにしようとした。韓当は兵を遣わして臧霸を迎え撃ち、臧霸は逢龍《ほうりゅう》で戦った。韓当はまた兵を遣わして臧霸を夾石《きょうせき》で迎え撃ち、臧霸は戦ってこれを破り、帰還して舒《じょ》に駐屯した。（臧霸伝）

ここで注目しておきたいことがいくつかある。まず『魏志』張遼伝によると、陳蘭・梅成を討ったのは張遼が楽進・李典らとともに合肥に駐屯する前だということである。先に引用した『魏志』楽進伝や『資治通鑑《しじつがん》』巻六十六・『三国志集解《さんごくししっかい》』巻十七の内容なども踏まえると、張遼らが合肥に駐屯したのは曹操が孫権征討から引き揚げる二〇九年と見られることから、この戦いは「赤壁の戦い」の後（おそらくは直後）の時期だったと考えられる。

次に灊山は現在の安徽省霍山《あんきしょうかくざん》とされ、合肥の西南、現在の大別山《たいべつ》脈にある山であることからすると、荊州よりも東の地域に氏族がいたということになる。「赤壁の戦い」に非漢族が何かしらの形で絡んでいたことが『三国志』からも見ることができる、ということになるので、これはこれで興味深い[三六]。

ちなみに、『後漢書《ごかんじょ》』南蛮《なんばん》伝によると、四七年と一〇一年に巴郡南郡蛮《はぐんなんぐんばん》（廩君蛮《りんくんばん》）が反乱して、江夏に移されており、一六九年・一八〇年には江夏蛮が反乱し、これを陸康《りくこう》が討伐していることがわかる。また、『隋書《ずいしょ》』地理志中や王誼《おうぎ》伝から、隋《ずい》の頃までには巴蛮（秦漢時代の板楯蛮《ばんじゅんばん》）が漢水《かんすい》流域から広がって北は商州《しょうしゅう》・洛陽《らくよう》から南は長江《ちょうこう》・淮水《わいすい》に至るまでの地域に進出していた[三七]こともわかる。

このような『後漢書』・『隋書』の記事を踏まえると、「赤壁の戦い」で活躍した兵にはかなりの数の蛮がいた可能性があると指摘できる。さらに先に紹介した『後漢書』・『隋書』の記事から推測すると、灊山の近くに氐族の居住地があったのは、巴蜀方面にいた氐族が三国時代に入る頃には長江の中・下流域にまで進出していたためだという可能性もある。現時点ではここまでしか筆者には言えないが、このような非漢族の動向についてはこれからも研究が必要であろう。

最後に、ここまでの見解と先に引用した『魏志』趙儼伝を踏まえると、この時期の張遼らの軍を管轄していたのが趙儼だという可能性がある。ただし、これについては史料からは断定ができないので、あくまでも「可能性がある」ということになるだろう。

ここまでまとめてきた「赤壁の戦い」に関連する『魏志』本文を見てみると、戦いの経過については、本当に『魏志』武帝紀以外は大したことが書かれていないことは一目瞭然である。ということは、『魏志』本文での「赤壁の戦い」については、「曹操は劉備と戦って不利になり（孫権はあくまでも劉備の「お手伝い」）、しかも疫病もあって自ら撤退したのであって敗れたわけではない」という見解しかわからないのである。郭嘉伝には「撤退する際に巴丘で船を焼いた」とあるが、これは前後関係が錯綜した記述となっている。

あとは賈詡が荊州平定後の江東征伐に慎重論を述べていること、程昱が「孫権は劉備を殺すだろう」という楽観論を否定していること、荊州平定の際に南郡の山谷にいた蛮夷が楽進に対して降伏してきたことが興味深い記述として挙げられるが、これも「赤壁の戦い」の経過に関する記述ではない。

その他の記述としては、荊州平定に関するもの（これは魏の立場からまとめる歴史書編纂者から見れば曹操の功績として取り上げやすいものである）や合肥での戦いに関するもの、陳蘭・梅成の討伐に関するものということになり（これらを総合すると、「赤壁の戦い」は曹操にとって総力戦ではなかったことがわかる）、こちらの方が意外に存在しているのである[三八]。

二　『三国志』呉書から見た「赤壁の戦い」

ここでもまず『呉志』呉主伝《ごしゅ》（孫権についての伝記ではあるが、年代記の形式をとっている）を見てみたい。そこには次のようにある。

荊州牧劉表が亡くなると、魯粛《ろしゅく》は命令を奉じて劉表の二人の子を弔問し、且つ情勢の変化を観てきたいと乞うた。魯粛が到着する前に、曹操はすでに荊州との境界に臨んでおり、劉表の子の劉琮は軍勢を挙げて降伏した。劉備は南下して長江を渡ろうとし、魯粛と出会った。そこで孫権の意向を伝え、計画について述べた。劉備は進んで夏口に落ち着くと、諸葛亮を孫権のもとに行かせた。孫権は周瑜・程普《ていふ》らを遣わして行かせた。この時曹操は新たに劉表の軍勢を得て、形勢は甚だ盛んだった。孫権のもとで議論をしている人々はみな「風向き」（形勢）を見て畏懼し、多くは孫権に曹操を迎えるように勧めた。ただ周瑜と魯粛が曹操を拒むという意見に執着し、その意見は孫権と同じだった。周瑜・程普が左右の督となり、それぞれ一万人を指揮して、劉備とともに進軍させ、赤壁で曹操軍と遭遇し、大いに曹操軍を破った。曹操は残った船を焼いて撤退したが、士卒は飢えて疫病にかかり、大半が死んでいった。劉備・周瑜らはまた追撃して南郡に至り、曹操は遂に北へ帰還し、曹仁・徐晃を江陵に留め、楽進に襄陽を守らせた。その時甘寧《かんねい》は夷陵《いりょう》にいて、曹仁の一党に囲まれたが、周瑜は呂蒙《りょもう》の計を用いて、淩統《りょうとう》を留めて曹仁をふせがせ、半分の軍勢で甘寧を救い、軍は勝って引き上げた。孫権は自ら軍勢を率いて合肥を囲み、張《ちょう》昭《しょう》に九江の当塗を攻撃させた。昭の兵は不利となり、孫権は城を攻めて一月を越えているのに下すことができなかった。曹操が荊州から帰還し、張喜に騎兵を率いさせて合肥に赴かせた。まだ至らないうちに、孫権は撤退した。

この「呉主伝」における「赤壁の戦い」の特徴としては、まず「孫権は劉備と協力して曹操を打ち破った」とされていることが挙げられる。これは「曹操は赤壁で劉備と戦ったが「不利」になり、加えて疫病が発生して官吏・兵士が多く死んだので撤退した」とする『魏志』武帝紀とは大きく異なっている。さらに、「この戦いの結果、曹操は残った軍船を燃やして撤退し（これは『魏志』郭嘉伝と同じである）、さらに曹操軍は飢えて流行病も広がり大半が死んだ」とされている。加えて、「赤壁の戦い」の後で孫権が合肥に出撃したことになっており、これも『魏志』の内容とは異なっているのである。

このような「呉主伝」の記録によると、曹操の撤退の主な原因は孫権・劉備連合軍に敗れたためだということになる。そして、曹操側の疫病の流行は、あくまでも孫権・劉備連合軍に敗れた後であることを記すことで、魏の側の公式見解を否定しているのである。これはおそらく呉国が編纂を命じた呉の公式見解を示す（加えて、呉がいかに正統な王朝であったかを示す）歴史書であった韋昭《いしょう》『呉書《ごしょ》』に拠って、陳寿《ちんじゅ》が『呉志』をまとめたためだと筆者は考えている。ちなみに、『三国演義』の内容と比較すると、この『呉志』呉主伝が『三国演義』の「赤壁の戦い」のベースの一つになっていることが、すぐに見て取れることも指摘しておきたい。

『呉志』張紘《ちょうこう》伝には孫権が合肥を攻めた時の情勢について、次のようにある。

のちに孫権は張紘を長史《ちょうし》として合肥征伐に従わせた。孫権は軽騎兵を率いて敵に突撃しようとした。張紘は諫めて「そもそも兵器は凶器であり、戦いは危険なことです。今、麾下は盛んな意気を恃んで、彊暴な敵を軽んじておられますが、三軍の者どもで心を寒からしめない者はいないのです。敵の将を斬り、旗を奪って、戦場で威を震わせたとしても、それは一部将の役目であって、総司令官のやることではございません。願わくは孟賁・夏育の勇は抑えていただいて、覇王の計をお持ちください。」孫権は張紘の発言を受け入れてとりやめた。

「赤壁の戦い」と同時期の合肥の戦いで、孫権が自ら軽騎兵を率いて出撃しようとしたのを張紘が諫めて引き留めたという話である。戦闘の進行状況には直接関係のない話ではあるが、この文章の裴注に引用された『呉書』などを含めて考えると、孫権の「焦り」が垣間見えるようにも思われる（後述する）。

『呉志』周瑜伝には次のような詳細な記事がある。

十三年……その年の九月、曹操は荊州に入り、劉琮は軍勢を挙げて降り、曹操はその水軍を得て船兵と歩兵は数十万となり、将士はこれを聞いて皆恐れた。孫権は群下にまみえ、計策を問うた。意見する者はみな次のように言った。「曹操は豺虎《さいこ》ですが、名目上は漢の丞相であることにかこつけて、天子を擁して四方を征伐し、ややもすれば朝廷の意向だと称し、今日これを拒みますと、事は更に順調にはいかなくなります。且つ将軍に有利な条件で曹操をふせぐことを可能にするのは長江ですが、今曹操は荊州を得て、たちまちその地を手にしました。劉表は水軍を治め、蒙衝《もうしょう》・鬪艦《とうかん》は数千を数えましたが、曹操はそれらを悉く長江に沿って浮かべ、歩兵も動かして水陸ともに攻め下りますれば、長江の険はすでに我々と敵が共有することになります。しかも勢力の多少はまた言うまでもありません。愚考しまするに大計としては曹操を迎えるにこしたことはございません。」周瑜は言った。「そうではございません。曹操は名目上漢の丞相であることにかこつけておりますが、その実は漢の賊であります。将軍は神武雄才をもって父兄の烈をあわせてたのみとし、江東に割拠しておられ、地方は数千里を有し、兵は精鋭で用いるに足るものであり、英雄は業を楽しみ、なお天下をほしいままに歩き、漢王朝のために悪人を除き、穢れを取り去るべきでございます。まして曹操は自ら死地にやってきましたのに、迎えるべきなのでしょうか？将軍のために計を立てさせていただきますと、今北方をすでに安定させ、曹操には内憂が無く、能く長期間安定を持久して、戦争のために境界にやって来たとしても、我々と水軍で勝負することができましょうか？まして今北方はまだ安定せず、加えて馬超《ばちょう》・韓遂《かんすい》はなお関西《かんせい》におり、曹操の後方の患いとなっております。且つ馬を捨て舟によって呉越《ごえつ》と争うのは、本より中国の者の長ずるところではありません。また今は寒さが厳しく、馬には草も無く、中国の軍勢を駆りたてて遠く河や湖の間を渉らせているのですから、風土に慣れず、必ず病気が発生しましょう。ここで数え上げた点は、用兵の患いであり、しかも曹操はそれらを全て犯して軍を行かせております。将軍が曹操を捕えられるのは、今日であるに違いありません。周瑜は精兵三万人をいただき、軍を夏口に進めさせていただければ、将軍のために破ってごらんにいれます。」孫権は「老賊は漢を廃して自立しようとすることを久しく考えてきたが、ただ二袁（袁紹・袁術）・呂布《りょふ》・劉表と私をはばかってきただけだ。今幾人かの英雄がすでに滅ぼされ、私だけが残っている。私と老賊の勢力は両立しない。君は撃つべきと言うが、非常に私の意見と合っている。これは天が君を私に授けてくださったのだ」と述べた。ちょうどその時劉備は曹操によって敗れ、引いて南下し長江を渡ろうとしていたが、魯粛と当陽で出会い、遂に共に計略を図ろうとして軍を進めて夏口にとどまり、諸葛亮を派遣して孫権のもとに行かせた。孫権は遂に周瑜・程普らを派遣して劉備と力を合わせて曹操に対抗させ、赤壁で遭遇した。その時曹操の軍勢にはすでに疫病がはやっており、初めて一戦交えると、曹操の軍は敗退し、引いて長江の北側に布陣した。周瑜らは南岸にいた。周瑜の部将の黄蓋《こうがい》は「今敵の軍勢は多く我々は少ない状況で、持久戦は難しいです。然るに曹操の軍船を見ますと戦艦の船首と船尾が接しており、焼けば逃走させられます」と言った。そこで蒙衝・闘艦数十艘を取り、薪や草をつめ、膏油をその中に灌ぎ、帷幕で覆い、上に牙旗を建てた。先に手紙で曹操に降伏したいと偽って連絡した。また走舸《そうか》を準備して、それぞれ大船につなげた後、次々に引いてともに前に進めた。曹操の軍の官吏・兵士も皆首を伸ばして観望し、指さして黄蓋が降ると言い合った。黄蓋は船を放って同時に火もつけた。その時、風は非常に激しく吹き、岸の軍営もことごとく延焼した。この頃、煙や炎は天にみなぎり、人や馬は焼死したり溺死したりする者が非常に多く、軍は遂に敗退して帰還し南郡を保った。劉備と周瑜らはまた共に追撃し、曹操は曹仁らを留めて江陵城を守らせ、まっすぐに自らは北へ帰った。

この周瑜伝は呉主伝の内容を踏まえた上で、孫権のもとでの降伏論と主戦論の議論の内容や「赤壁の戦い」の軍略、実際の戦闘の様子などを補足するものとなっている。劉備と協力したことも書かれてはいるが、当然ながら劉備らよりも周瑜・黄蓋らの火計をはじめとする呉の武将たちの活躍が描かれている。諸葛亮などは孫権のもとに派遣されてきたことしか書かれていない。

先ほども指摘したように、『呉志』の主な典拠となった書籍は呉の正統性を主張していたと思われる韋昭『呉書』であった。この「赤壁の戦い」が曹操の天下統一を挫折させた孫権陣営の活躍を描く上でも、また呉の正統性にとっても非常に重要な戦いであったことは間違いない。その記述をそのまま引き継いだため、『呉書』の特徴が『呉志』に現れていると考えられる。また、『呉志』周瑜伝の内容を見ると、『三国演義』や吉川『三国志』などの小説と比べて極端に違うという印象を持つことは少ないはずである。『呉志』の面白い部分をかなりの割合で採用しているからであろう。ただし、苦肉の計は存在していない。

『呉志』魯粛伝には次のような記述がある。

劉表が亡くなった。魯粛は進み出て説いて言った。「荊楚《けいそ》は我が国と隣接し、水流は北につながり、外は長江・漢水を帯び、険阻な山や丘陵があり、金城の固さがあります。沃野は万里にひろがり、士人や民衆は豊かで、もし拠りてここを保有すれば、ここは帝王の資本であります。今劉表が亡くなったばかりで、二人の息子は素より仲が悪く、軍中の諸将はおのおの別れております。加えて劉備は天下の梟雄であり、曹操とうまくいかず、劉表を頼って身を寄せたが、劉表はその能力を憎んで用いることができませんでした。もし劉備が彼らと心を合わせ、上下心を同じくすれば、則ち手なずけ安んじて同盟を結び、好を深めるとよいでしょう。もし心が違い離れていれば、別れて彼らに対する計略を立て、大事を成せばよいでしょう。粛に劉表の二子への弔問をお命じください。その軍中で事を治める力のある者を慰労し、劉備には劉表の軍勢を慰撫させ、心を一つにして、共に曹操に対処すべきだと説きます。劉備は必ず喜んで命に従うでしょう。もしそれを整えることができましたら、天下を定めることができます。今急いで往かねば、恐らくは曹操の先んずる所となるでしょう。」孫権はすなわち魯粛を派遣して行かせた。夏口に到ると、曹操がすでに荊州に向かったと聞き、晨夜兼行で道を急いだ。南郡に至った際、劉表の子の劉琮がすでに曹操に降ったと聞き、劉備は恐れ慌てて奔走し、南下して長江を渡ろうとした。魯粛はまっすぐこれを迎えようとして、当陽の長阪に至って劉備と会い、孫権の意向を伝えると同時に、江東の地は強固となっていることもあり、劉備に孫権と力を合わせるように説いた。劉備は非常に喜んだ。その時諸葛亮は劉備に随っていたが、魯粛は諸葛亮に「私は子瑜《しゅ》どのの友人です（子瑜は諸葛瑾の字）」と言うと、すぐに交わりを結んだ。劉備は遂に夏口に到ると、諸葛亮を孫権のもとに遣わし、魯粛もまた戻って復命した。たまたま孫権は曹操が東方を欲しているというたよりを得て、諸将と議論し、皆孫権に曹操を迎えるように勧めたが、魯粛はただ一人何も言わなかった。孫権が手洗いに起ち、魯粛が軒下まで追いかけると、孫権はその意を察して魯粛の手を取って「あなたは何が言いたいのか？」と言った。魯粛は答えて言った。「人々の議論をだまって聞いておりましたが、もっぱら将軍を誤らせようとするもので、ともに大事を図るに足らぬものがあります。今魯粛の場合は曹操を迎え入れるだけでいいのですが、将軍のような方にはそれはできません。なぜかと申しますと、今私が曹操を迎えますと、曹操は私を郷党に還付するでしょうが、その名位を評価した場合、下曹従事《かそうじゅうじ》より下になることはなく、牛車に乗り、官吏や士卒を従え、人士と交游し、官職を歴任すれば州の刺史か郡の太守となれます。将軍が曹操を迎えますと、帰るところをどこに求められるのでしょうか？願わくは早く大計を定めて、人々の議論を用いられませんように。」孫権は歎息して言った。「人々の持っている意見は私を非常に失望させていた。今あなたの大計を示してくれたが、正に私の考えと同じであった。これは天があなたを私に賜ったのだ。」その時周瑜は使者となる命令を受けて鄱陽《はよう》に至ったが、魯粛は（別の）使者に追いかけさせて周瑜を召還するように勧めた。遂に周瑜に総指揮を任せて事を行わせ、魯粛を賛軍校尉《さんぐんこうい》として、策略立案を助けさせた。曹操が敗れて逃走すると、魯粛は真っ先に帰還し、孫権は諸将に魯粛を迎えさせた。魯粛が宮門に入ろうとして拝礼すると、孫権は起ちあがって答礼をして言った。「子敬《しけい》どの、私が鞍を持って馬から下ろしてあなたを迎えたら、あなたを顕彰するに足りるだろうか（子敬は魯粛の字）？」魯粛は小走りで進み出て「まだ不十分です」と言った。人々はこれを聞いて、愕然としない者はいなかった。座について、おもむろに鞭を挙げて言った。「願わくは至尊の威徳が四海に及び、九州を総括し、帝業を完成させ、更に安車蒲輪《あんしゃほりん》で魯粛を召し出して下さいますならば、始めて私を顕彰してくださったことになるのです。」権は掌を打って喜び笑った。

この魯粛伝は呉主伝の内容を踏まえた上で、魯粛が献策して劉表の二人の子の所へ弔問に赴き、劉備との同盟を成立させたことや諸葛亮とともに帰還し、孫権がお手洗いに行く際に個人的に主戦論を述べて孫権に戦いを決断させたことなどを補足するものとなっている。「劉備に孫権との同盟を結ぶよう説得した」とされている点やここでも諸葛亮は孫権のもとに派遣されてきたということしか書かれていないことなどを見ると、明らかに孫権陣営、ひいては魯粛を主人公として描かれていることがわかる。

ちなみに、周瑜伝を見ると、周瑜が主戦論を述べて孫権が決断したとあるが、これは公式の場での議論である。魯粛伝で魯粛が主戦論を孫権に述べたのは非公式な場でのことであり、周瑜伝と魯粛伝の内容はかぶっていない。以上のようなことから考えると、少なくとも『呉志』本文の中では内容の整合性が取れているようである。このような内容になったのは『呉志』がやはり韋昭『呉書』の影響を色濃く反映していることと、陳寿が『呉志』の中での整合性を取ろうという意志を持って編集したからであろう。

また、この文章についても『三国演義』や吉川『三国志』などの小説と比べて極端に違うという印象を持つことは少ないはずだ。

ここまでの『呉志』の内容を踏まえると、「とにかく『魏志』とは真逆と言ってもいいくらい異なっている」というのがポイントである。呉主伝には「孫権は劉備と協力して曹操を打ち破った」とあり、周瑜伝などからも周瑜・黄蓋らの火計をはじめとする呉の武将たちの活躍が描かれている。呉主伝では『魏志』郭嘉伝と同様に曹操軍が撤退の際に船を燃やしたとされ、周瑜伝では戦闘の際に曹操軍の船へ火計をしかけたとあるが、火計をくぐり抜けて残った船を曹操軍が自分たちで燃やしたと考えれば一応矛盾しない。

これには、まず「なんといっても、『呉志』の主な典拠（タネ本）が、呉がいかに正統な王朝であるかを示す役割を担った韋昭『呉書』だった」という理由が考えられる。したがって、『呉書』の特徴が『呉志』に現れている。

次に「陳寿が『呉志』の中での整合性をとる編纂をした」という理由が考えられる。ということは、『魏志』と『呉志』の内容の違いは陳寿が意図的に作り出したということになる三九。

また、『呉志』の内容を見ると、吉川『三国志』などの小説と比べて極端に違うという印象を持つことは少ないはずである。小説では『呉志』の面白い部分をかなりの割合で採用しているからだ。

最後に、「赤壁の戦い」とは直接の関係はないが、当時の孫権陣営の状況を示すものとして、孫賁《そんふん》伝を見てみたい。

建安十三年、使者の劉隠《りゅういん》が詔勅を奉じて賁を征虜《せいりょ》将軍とし、予章《よしょう》太守の職務はもとの通り行わせた。官にあること十一年で亡くなった。

この詔勅は当然後漢朝廷からのものであろう。ということは、必然的に献帝《けんてい》をいただいている曹操からの任命でもある。つまり、「赤壁の戦い」の直前に孫権の一族が曹操側から官職の任命を受けているということになる。これは曹操側からの懐柔策と見るのが自然である。

同様に、孫輔《そんほ》伝には、

孫策《そんさく》が孫輔を立てて廬陵太守とし、郡に属する城を宣撫して定め、分けて長吏を置いた。平南《へいなん》将軍に遷り、仮節領交州《りょうこうしゅう》刺史となった。

とある。孫輔が「領交州刺史」の任命を受けた（おそらくは「赤壁の戦い」以前）のも、曹操の影響下にある後漢《ごかん》朝廷からである。これも孫氏一族への懐柔策の一環という意味があるだろう[四〇]。

このように見ると、孫権陣営も非常に不安定な中で「赤壁の戦い」に突入していったことがよくわかるのである。

三　『三国志』蜀書から見た「赤壁の戦い」

さて、『蜀志』では「赤壁の戦い」についてどのように記録されているのであろうか。記述を一つ一つ確認してみたい。

『蜀志』劉璋伝を見ると、荊州平定から「赤壁の戦い」前後の劉璋政権の動向がよくわかる。

> 劉璋は曹操が荊州を征伐し、すでに漢中《かんちゅう》を定めたと聞き[四一]、河内《かだい》の陰溥《いんほ》を遣わして曹操に敬意を表させた。曹操は劉璋に振威《しんい》将軍を、兄の劉瑁《りゅうぼう》に平寇《へいこう》将軍を加えた。劉瑁は精神病で亡くなった。劉璋はまた別駕従事《べつがじゅうじ》の蜀郡《しょくぐん》の張粛《ちょうしゅく》を遣わし叟《そう》兵三百人と色々な御物を曹操に贈ると、曹操は張粛を拝して広漢《こうかん》太守とした。劉璋はまた別駕の張松《ちょうしょう》を遣わして曹操のもとに行かせたが、曹操はこの時すでに荊州を定め、劉備を敗走させていたので、張

松をぞんざいに扱い、張松はこれを怨んだ。たまたま曹操の軍は赤壁で不利となり。加えて疫病による死者が増えていた。張松は帰還して曹操の悪口を言い、劉璋に曹操との絶交を勧め、さらに劉璋に進言して「劉予州（劉備）はとのの親類で、交わりを通じるべきです」と言った。劉璋は皆その通りだと思ったので、法正《ほうせい》を遣わして劉備と好を通じさせ、ただちにまた法正と孟達《もうたつ》に兵数千を送らせて劉備の守備を援助させ、法正は遂に帰還した。

これを見ると、荊州平定の動きを知った劉璋が曹操に好を通じようとしており、かなり慌てているようにも見える。また、この史料から曹操側の動向を見ると、荊州侵攻までは劉璋政権の動きが気になっていたようであるが、荊州平定のめどがつき劉備を敗走させる頃になると、かなり強気な外交姿勢に出ていたことになる。適当にあしらわれた張松は「赤壁の戦い」での曹操の「不利」などの状況を利用して曹操との関係を断ち、劉備と好を深めることを勧め、劉璋もそれを受け入れることになる。

ただ、このような話もどこまで本当なのかはよくわからない。劉璋政権は結果的に曹操と勢力を争っただけではなく、劉備によって倒された政権である。つまり、魏・蜀漢《しょくかん》の双方にとって「倒されるべき相手」だったのである。実は、陳寿『三国志』は魏を正統として書かれているだけでなく、「曹操のライバルは劉備」と位置づける傾向がある四二。「曹操のライバルである劉備」を強調して高く評価したいのであれば、「曹操・劉備以外の人物」である劉璋について高い評価をする必要がない。したがって、「劉備のために働いた張松や法正の発言に左右される愚物・劉璋」というイメージが作られている可能性もあるのである。その意味では、劉表と劉璋の歴史書『三国志』での立場は似ているものがある四三。このように考えると、少なくとも劉璋本人や劉璋政権の評価は簡単にはできないということが言えるだろう（近いうちに考えて、論文などにして発表したいと思っているところである）。

ちなみに、この文章でも「赤壁の戦い」での曹操はあくまで「不利」になった上に疫病による死者の増加に悩まされたということになっており、その点では『魏志』の記述に近い。

『蜀志』先主《せんしゅ》伝（劉備についての伝記・年代記）には、荊州平定から「赤壁の戦い」に至るまでの様子が詳しく描かれている。

曹操が南下して劉表を征伐すると、たまたま劉表が亡くなり、子の劉琮が代わって立ち、使者を遣わして降伏を請うた。劉備は樊城に駐屯していたが、曹操が不意に攻撃してきたことを知らず、曹操が宛に至ってからはじめてこのことを聞いて、遂に自分の軍勢を率いて去った。襄陽を過ぎるとき、諸葛亮は劉備に劉琮を攻めれば荊州を領有できると進言した。しかし、劉備は「私は忍びない」と言った。そこで馬を留めて劉琮を呼んだが、劉琮は懼れて立つことができなかった。劉琮の左右の人々及び荊州の人の多くは劉備に帰順した。当陽に到った頃、十余万の人々、輜重〔荷物など〕は数千両、一日に十余里しか行くことができず、別に関羽を派遣して数百艘の船に分乗させ、江陵で会うことにした。ある人が劉備に「速く行動して江陵を保つべきです。今大勢の人々を擁するといっても、武装している者は少ないので、もし曹操の兵がやってきたら、どうやってふせぐのですか？」と言うと、劉備は「大事を成すには必ず人を根本とすべきである。今人々は私に帰順してくれている。私は棄てて去るのは忍びないのだ」と言った。曹操は江陵に軍需物資があることから、劉備がここに拠ることを恐れ、輜重を切り離して軽装になった軍で襄陽に到った。劉備がすでに過ぎ去ったことを聞き、曹操は精鋭の騎兵五千を率いて急いで追撃し、一日一夜で三百余里を行き、当陽の長阪で追いついた。劉備は妻子を捨て、諸葛亮・張飛・趙雲《ちょううん》ら数十騎と逃走し、曹操は人々や輜重を大いに捕獲した。劉備は逃げ走って漢津に至り、関羽の船と出会い、沔水《べんすい》を渡ることができた。たまたま劉表の長子の江夏太守・劉琦の軍勢一万余人と遭遇し、ともに夏口に到った。劉備は諸葛亮を派遣して孫権と手を結んだ。孫権は周瑜・程普らの水軍数万を派遣し、劉備と力をあわせて曹操と赤壁で戦い、大いに曹操軍を破ってその船を焼いた。劉備と呉の軍は水陸並んで進み、曹操軍を追って南郡に到った。その時また疫病が流行し、北軍は死者が多く、曹操は撤退して帰った。

これを見ると、戦いの流れ自体については、「劉備と孫権が曹操を防いだので、曹操は撤退した」と書かれており、「曹操軍が「不利」になり、疫病もはやったので撤退した」という『魏志』武帝紀よりは『呉志』呉主伝に非常によく似ている。もしかすると、典拠となった歴史書が韋昭『呉書』である可能性もある。

ただ、内容は『呉志』呉主伝とは微妙に異なっている。例えば、「孫権が周瑜らの水軍を派遣し、劉備と協力して曹操を打ち破った」とあるのは共通しているが、その際に『呉志』呉主伝では曹操が残った曹操軍の船を燃やしたとあるのに対し、この『蜀志』先主伝では劉備・孫権連合軍が曹操軍の船を焼いたとされている。また、『呉志』呉主伝では赤壁から撤退した曹操軍は飢えて流行病も広がり大半が死んだとされ、その後劉備・孫権連合軍が荊州の南郡に軍を進めたとある。しかし、『蜀志』先主伝では、「赤壁の戦い」の後、劉備・孫権連合軍が南郡に進出した時に曹操軍の中で流行病が発生し撤退したとされているのである。

また、この先主伝では劉備が夏口に逃げてくるまでの話がほとんどを占めており、諸葛亮を孫権のもとへ派遣した後、「赤壁の戦い」で曹操が敗退し退却するまでの記述は非常に簡潔にまとめられている。

以上のような点を踏まえると、『蜀志』先主伝の記述は『呉志』呉主伝の内容に近いが、より劉備が活躍しているような内容を持っていることがわかる。

この先主伝の内容は『三国演義』にかなり用いられており、劉備が逃走する部分の描写のベースとなっているように思われる。


『蜀志』諸葛亮伝には劉表の死から「赤壁の戦い」に到る経緯が次のように記されている。

俄かに劉表が亡くなり、劉琮は曹操が征伐にやって来ると聞き、使者を遣わして降伏を請うた。劉備は樊城でそのことを聞き、軍勢を率いて南に向かった。諸葛亮と徐庶《じょしょ》は並んで従ったが、曹操に追撃されて敗れ、徐庶の母が捕らえられた。徐庶は劉備に別れを告げ、胸を指して「本より将軍と共に王覇の業を図ろうとしておりましたのは、この方寸の地でした。今すでに老母を失い、方寸は乱れております。事をはかるのに利益がありませんので、ここでお別れいたしたいと存じます」と述べた。遂に曹操のもとに赴いた。劉備が夏口に至ると、諸葛亮は「事は急を要します。ご命令を奉じて孫将軍に救援を求めたいと存じます」と述べた。孫権は軍勢を擁して柴桑《さいそう》におり、事の成敗を様子見していた。諸葛亮は孫権に説いて言った。「海内は大いに乱れ、将軍は兵を起こして江東に拠り、劉予州はまた漢水の南で軍勢を収め、曹操と並んで天下を争っております。今曹操は大難をきり従え、ほぼすでに平らげており、遂に荊州を破り、威光は四海を震わせております。英雄も武を用いるところなく、故に予州は逃げ遁れてここに至っております。将軍もご自身の力を量って対処なさいませ。もし呉越の軍勢で中国と対抗できるならば、早く国交を断絶されるに越したことはありません。もし当たることができないのであれば、どうして兵器甲冑をまとめ、北面して仕えないのですか。今将軍は外では服従の名に託するも内には猶予の計を抱いております。事は急を要するのに決断しないならば、禍いは日ならずしてやってくるでしょう。」孫権は「君の言うとおりならば、劉予州が遂に曹操に仕えたりしないのはどうしてか?」と言うと、諸葛亮は「田横《でんおう》は単なる斉《せい》の壮士だったのに、義を守って屈辱を受けませんでした。まして劉予州は王室の末裔で、英才は世を蓋い、多くの士が仰いで慕うのは、水が海に帰するがごときものです。もし事がうまくいかないのならば、これは天命です。どうしてまた曹操の下につけましょうか」と言った。孫権は怒りをあらわにして「私は全呉の地と十万の軍勢を挙げて人から掣肘されるわけにはいかない。私の計は決まった!劉予州でなければ曹操と当たることはできないが、予州は曹操に敗れた直後であり、どうしてこの困難に対抗することができるのか?」と言うと、諸葛亮は「予州の軍は長阪で敗れたとはいえ、今戦士の帰還する者及び関羽の水軍の精兵は一万人、劉琦の江夏の戦士を合わせればまた一万人はくだりません。曹操の軍勢は遠くからやって来て疲弊しており、聞けば予州を追撃する際に軽装騎兵は一日一夜で三百余里を行ったとのこと。これはいわゆる『強い弩で射た矢も、最後は魯《ろ》の縞《こう》さえ貫けない』ということです。故に兵法ではこれを忌み嫌い、『必ず上将軍が倒される』と言います。且つ北方の人は、水上戦に慣れておりません。また、荊州の民で曹操になつく者は、その兵の勢いに迫られただけであり、心服してはおりません。今将軍は誠に猛将に命じて数万の兵を統率させ、予州と謀をともにし力を合わせられるならば、必ず曹操の軍を破ることができます。曹操の軍が敗れれば、必ず北に帰還します。そうなれば荊州と呉の勢力は強大となり、鼎足の形が成立します。成功か失敗かというきっかけは今日にあります。」孫権は大いに悦び、すなわち周瑜・程普・魯粛らの水軍三万を派遣し、諸葛亮に従って劉備のもとに行かせ、力を合わせて曹操をふせいだ。曹操は赤壁で敗れ、軍を引いて鄴《ぎょう》に帰った。

『蜀志』先主伝と比較すると、話の流れはほぼ同じであり、むしろ先主伝に書かれていない内容（徐庶が劉備のもとを去る件や諸葛亮が派遣された後の孫権陣営との交渉に関する具体的な内容など）がこの諸葛亮伝で記されている。また、交渉の末、孫権に出兵を決断させた後の「赤壁の戦い」に関する記述は非常に簡潔にまとめられている。先主伝の記事も踏まえると、「実は「赤壁の戦い」では劉備軍はほとんど活躍していない」ということを暗に示しているようにも思われる。

諸葛亮が派遣された後の孫権陣営との交渉に関する具体的な内容については、『三国演義』

の内容と似ている部分が多く、諸葛亮伝のこの部分が『三国演義』の内容のベースの一つとなっているのであろう。

『蜀志』関羽伝には、

劉表が亡くなり、曹操は荊州を定め、劉備は樊城から南下して江を渡り、別に関羽を派遣して船数百艘に分乗させて江陵で会えるようにすることを命じた。曹操は追って当陽の長阪に到り、劉備は逃げて漢津に赴き、たまたま関羽の船と出会い、共に夏口に至った。孫権は兵を遣わして劉備を助け曹操をふせぎ、曹操は軍を引いて撤退した。

とあるが、内容の大半は先主伝とほぼ同じであり、関羽に関係するところだけが書かれたものである。

ただ、この関羽伝には注意すべき記述がある。それは「孫権が劉備を救援し曹操を防いだので、曹操は軍を引いて撤退した」という部分である。これは先ほど確認した『魏志』武帝紀と似ている。ということは、この部分についての典拠となった歴史書が『魏志』と同じであった可能性があるということである。そのタネ本としては、王沈《おうしん》の『魏書』や魚豢《ぎょかん》の『魏略《ぎりゃく》』などが考えられる。加えて、陳寿が『三国志』を執筆していた当時、実は蜀漢に関する歴史書が非常に少なかったことも確かである[四四]。また、劉備・諸葛亮らはもともと蜀の人物ではないため、劉備の蜀漢征服以前に関する史料が蜀漢には少なかったと考えるのも自然であろう。『蜀志』の典拠が『魏志』とカブったとしても、不思議ではないのである。

『蜀志』張飛伝には、

劉表が亡くなり、曹操が荊州に入ってくると、劉備は江南に奔った。曹操はこれを追撃し、一日一夜して当陽の長阪で追いついた。劉備は曹操がついにやってきたと聞き、妻子を捨てて逃走し、張飛に二十騎を率いて背後を防がせた。張飛は川に拠って橋を切り落とし、目をいからせて矛を横たえて「わしが張益徳《えきとく》だ、共に死を決するものがあればかかってこい（益徳は張飛の字）！」と言った。敵は皆敢えて近づかず、そのため遂に免れることができた。

とある。話の流れとしては先主伝と類似しており、張飛に関係するところだけが書かれているところは関羽伝と同様である。

この部分は『三国演義』での長坂橋《ちょうはんきょう》（「阪」が「坂」になっており、異なっている）での張飛の活躍のベースになっていると思われるが、比較するとかなり潤色されていることもよくわかる。たとえば、『蜀志』張飛伝では橋を切り落としてから「かかってこい」と言うが、『三国演義』では橋の上で叫び、曹操軍を撤退させた後で橋を切り落としているのである。

『蜀志』趙雲伝には、

劉備が曹操によって当陽の長阪まで追撃され、妻子を棄てて南に逃走した際、趙雲は身に幼い子を抱いた。すなわち後主《こうしゅ》である。甘夫人《かんふじん》を保護した。すなわち劉禅《りゅうぜん》の母である。（結局）皆困難を免れることができた。

とある。曹操軍によって長阪で追撃を受けた際に、趙雲が甘夫人を護り、劉禅を身に抱いて助けたことだけが記されており、甘后《かんこう》伝の内容と共通しているだけでなく、『蜀志』先主伝の内容に趙雲に関する話を補足するようなものとなっている。この文章の裴注に引用されている『趙雲別伝』の内容も交えると、『三国演義』での趙雲の活躍する文章の内容に近づいていくことになる。

ここまでまとめてきた「赤壁の戦い」に関連する『蜀志』本文を見ると、まず先主伝などに「赤壁の戦い」自体に関する具体的な記述がほとんどないということが指摘できる。これは『魏志』武帝紀などと類似しているが、これは劉備陣営にとって都合の悪いことが隠されているようにも感じられる。すなわち、戦闘では全く活躍していないことを暗示しているようにも思われるのである。

また、関羽伝で孫権は劉備を救援したとされており、この記述は先ほど確認した『魏志』武帝紀と似ている。加えて、先主伝で「劉備と孫権が曹操を防いだので、曹操は撤退した」と書かれている点では、『呉志』呉主伝に似ている。

このように見ると、『蜀志』の大きな特徴として、『蜀志』の記録上の立場は『魏志』と『呉志』の中間に位置しているということが挙げられる四五。

さらに、劉璋伝を見ると、劉璋政権と曹操政権との関係のあり様が浮かび上がってくる。劉璋政権側としては曹操の南下に慌ただしく援軍を送り込むという状況にあったこともわかるし、曹操政権の側でも最初のうちは劉璋政権との関係をそれなりに重視していたが、荊州を平定すると「協力は必要ない」とばかりに適当にあしらうという状態になっていたことも見えてくるのである。これはこれで『蜀志』の特徴の一つなのかもしれない。

ここまで述べてきたことを踏まえて、陳寿『三国志』本文での「赤壁の戦い」の特徴を指摘すると、ごく当たり前な表現になるかもしれないが、まず「『魏志』・『呉志』・『蜀志』それぞれの描き方がある」ということになる。おそらく陳寿としても、もとの史料での記述のあまりの違いに、『魏志』・『呉志』・『蜀志』ではそれぞれの国の立場からの記述をして、それぞれの中での整合性を取ることにしたのだと筆者は考えている。

そのことを踏まえた上で、以上のような『魏志』・『呉志』・『蜀志』の記載を考えると、少なくとも『魏志』や『蜀志』では明確に曹操の「お気に入りのライバル」として劉備が位置づけられていることがわかる。また、呉を中心に描こうとしているように見える『呉志』呉主伝でも「孫権と劉備が協力して曹操を破った」とあり、「孫権が（中心となって）曹操を破った」などとは書かれていない。このように見ると、陳寿『三国志』の中ではそれなりに整合性を保とうとしたようにも見受けられる。

確かに、『魏志』では曹操の敗戦を覆い隠すかのように「不利」などと書かれている。しかし、実際に『魏志』武帝紀本文を見ていると、曹操が赤壁で大敗したとは思えないような記述もある。実は、曹操は二〇八年十二月に赤壁で敗れ、二〇九年三月に譙《しょう》に帰還したが、なんと二〇九年七月には再び合肥に出陣しているのである。石井仁によると、この出陣は淮南《わいなん》の人心を安定させ、孫権との持久戦の体制を構築するための出陣だと見られる四六が、本当に赤壁で大敗していたのであれば、たとえ出陣した軍の実態がどうであれ驚くべきことである。

また、『呉志』のような、呉の武将たちの大活躍の記事にも少々注意が必要である。先ほども述べたが、そもそも『呉志』のタネ本と目される韋昭『呉書』は、呉がいかに正統であるかを示すために呉国が編纂させたものである。このような性格を持つ韋昭『呉書』にとってこの戦いは、戦果を強調してもしきれないものだった。実は呉国の人々は自分たちの正統性に関して自信がなかったと見られる四七。しかし、「赤壁の戦い」を「後漢の朝廷で我が物顔に振る舞う曹操を撤退に追い込んだ戦い」と位置づければ、孫堅以来「漢王室を正し、支えること」を初期の建前としていた孫氏の勢力の正統性を強調できる。これほど素晴らしいことはない。したがって、当然この戦いの『呉書』の主役はあくまでも呉の周瑜などの武将であり、さらに言えば彼らを使いこなした孫権なのである。とすると、『呉志』の記述を全て真に受けることは難しいことをご理解いただけるだろう。

『蜀志』の記録は、『魏志』と同様に劉備を曹操のライバルと位置づけて構成されている。これは陳寿が『魏志』の典拠となった王沈『魏書』などの性格を引き継ぎながら、蜀漢の正統性を『三国志』に忍び込ませようとしたためだと考えられる。ただ、『三国志』本文と王沈『魏書』や『魏略』の文章を比較して、〝魏の「お気に入りのライバル」―蜀漢〟という設定を持つという意味で共通しているのは、『三国志』本文と王沈『魏書』の二つである。ただし、王沈『魏書』も『魏略』も書籍としては残っておらず、部分的に残った文章を集めてその性格を考えるしかないことからすると、『魏書』や『魏略』の性格を簡単には断定することはできないことに注意が必要である。

このように見ると、「「赤壁の戦い」について、確実にわかっていることは何ですか？」と問われた際に、陳寿『三国志』本文のみに依拠した場合、「二〇八年に、劉備・孫権連合軍（といっても中心は孫権軍であるが）とにらみ合っていた曹操軍が撤退したこと」としか答えようがないのである。

四　『三国志』裴松之注における「赤壁の戦い」

ここまで見てきた陳寿『三国志』本文の内容に裴注の記事も加えて見てみると、どのようになるであろうか。また、裴注の記事も加えたものと、陳寿『三国志』本文のみとを比較した場合の共通点・相違点はどのようになるのであろうか。以上のような点を、裴注の記事の大まかな内容をおさえたうえで確認してみよう。

【『魏志』裴注】

まず、荊州を服従させた功を論じて十五人を侯とし、劉表の大将・文聘を江夏太守としても との荊州の兵を統率させ、荊州の名士である韓嵩・鄧義らを取り立てて用いたとある『魏志』武帝紀の裴注に衛恆《えいこう》『四体書勢《したいしょせい》』の序と皇甫謐《こうほひつ》『逸士伝《いつしでん》』が引用されている。

衛恆の『四体書勢』の序には荊州平定の際に曹操に降った梁鵠《りょうこく》の逸話が記され、皇甫謐『逸士伝』には荊州平定後に曹操が長江に臨んで遺体を迎えたとされる王儁《おうしゅん》の話が載せられているが、「赤壁の戦い」については直接の関係がない。

曹操が劉備と赤壁で戦って不利となって撤退し、劉備が荊州江南の諸郡を手に入れたという『魏志』武帝紀の裴注には『山陽公載記《さんようこうさいき》』と孫盛『異同評』が引用されている。

『山陽公載記』には以下のように記されている。曹操が劉備のために軍船を焼かれ、軍を華容道《かようどう》から徒歩で引き上げたが、泥濘に遭遇し、道は不通で、天候は大風であり、悉く弱兵に草を負わせこれを埋めさせ、騎兵は通ることができた。弱兵は人馬によって踏みつけられ、泥中に落ち、死者は非常に多かった。軍が既に脱出できた時に、曹操は大いに喜んだ。諸将が問うと、曹操は言った。「劉備は自分と同等の人間だが、ただ計略を思いつくのが少し遅い。早く放火させれば、われらはみな全滅だったろう。」劉備はやはり放火したが及ばなかった。孫盛の『異同評』によれば、『呉志』を調べると、劉備は先に曹操軍を破り、その後で孫権が合肥を攻めているが、ここ（武帝紀本文）では孫権が先に合肥を攻め、後に赤壁の事があったとされる。二者は異なっているが、『呉志』が正しいとしている。

『山陽公載記』の著者は楽資《がくし》であるが、彼については『史通《しつう》』六家篇左伝家や『隋書』経籍志史部雑史類などから晋代の人物であることが分かる。陳寿がこの書を見ていたかどうかはわからないが、裴松之は「穢雑虚謬」と酷評している。

この『山陽公載記』と陳寿の本文は矛盾していないが、陳寿はこのような内容を全く参照していない。類似した記録も他にはなく、事実かどうかの史料批判もできず、とりあえず参考史料としておくしかないが、裴松之の評価を考慮すると、やはり信憑性には注意が必要だと考える。裴松之は本文を補足するためか、異説を示すために引用しているのだろうが、筆者は異説を示そうとしたのではないかと考えている。

孫盛は『魏志』武帝紀本文と『呉志』を比較して『呉志』の方が正しいと判断しているが、その理由は示されていないので、留保が必要であろう。

長男の劉琦が出されて江夏太守に、人々は劉琮を奉って後継者になり、劉琦と劉琮は遂に仇敵となったとされる『魏志』劉表伝の裴注では『典略《てんりゃく》』が引用されている。

劉表が病に倒れると、劉琦は見舞いに戻ってきたが、劉琦が親孝行なので、蔡瑁・張允は劉琦と劉表父子が会うことで劉表の気が変わることを恐れ、「将軍は江夏を鎮撫することを命じられ国の東藩としたのであり、その任務は重いのに、今軍を捨てて来られると、必ず怒られるでしょう。親の歓心を傷つけ病を重くするのは、孝敬ではない」と述べて、遂に戸外に留めて合わせず、劉琦は泣きながら立ち去ったとされる。

この『典略』の記事は陳寿の本文の内容と矛盾していないが、陳寿は劉琦が江夏太守として出された後に関するこのような内容を全く参照していない。陳寿がこのような話を逸話の類だとして省いたためであろうか。ただ、『後漢書』劉表伝にもほぼ同じ内容の文章が存在しており、そちらはこの『典略』の記事を典拠の一つとした可能性がある。とりあえず事実なのだろうと見ておくしかない。裴松之は本文の補足として引用していると考えられる。

ちなみに、『典略』（五十巻）については、魏の魚豢が書いた後漢までの歴史をまとめた通史であり、同じ魚豢による『魏略』（三十八巻、もしくは三十九巻）はその『典略』の続編に当たると考えられている四八。

劉琮が傅巽の意見を受け入れて降伏を決断し、劉備が夏口に逃げたという『魏志』劉表伝の裴注には『傅子』と『漢晋春秋《かんしんしゅんじゅう》』、『捜神記《そうじんき》』が引用されている。このうち、『傅子』には傅巽の伝が記されているが、「赤壁の戦い」には直接の関係はない。『傅子』自体は陳寿『三国志』の典拠の一つである王沈『魏書』の編纂にも関わった傅玄《ふげん》の著作であり、陳寿は参照した可能性がある。

『漢晋春秋』には王威《おうい》が劉琮に対して「油断している曹操を奇襲すれば討てる」と進言したが劉琮は聞き入れなかったとある。このような記事は陳寿の本文と矛盾していないが、陳寿はこのような内容を全く参照していないし、そもそも『漢晋春秋』は東晋《とうしん》の時代にできた書籍である（著者は『晋書《しんじょ》』巻八十二に伝がある習鑿歯《しゅうさくし》）四九。類似した記録も他にはなく、事実かどうかの史料批判もできないが、このような記事が事実であった可能性も完全には否定しきれないので、参考史料としておくしかないだろう。

『捜神記』には劉表や李立に関する不思議な話が記載されているが、「赤壁の戦い」には直接の関係はなく、さらに『捜神記』も東晋の干宝《かんぽう》が書いたもので、陳寿は参照できない。

曹操が劉琮を青州刺史に任じ、列侯にとりたてたという『魏志』劉表伝の裴注には『魏武故事《ぎぶこじ》』が引用されており、そこに採録されている令には、後に劉琮の青州帰任を認め、諫議大夫《かんぎたいふ》・参同軍事《さんどうぐんじ》に任命するとある。当然ながら「赤壁の戦い」には直接の関係はない。

蒯越が光禄勲とされたという『魏志』劉表伝の裴注には『傅子』が引用され、蒯越の伝記が記されている。「赤壁の戦い」には直接の関係はないが、荊州平定の際に曹操が荀彧に手紙を送り、そこに「荊州を手に入れたことはうれしくないが、蒯異度《いど》を手に入れたのがうれしい」と書いたとされる（異度は蒯越の字）。

韓嵩が大鴻臚とされたという『魏志』劉表伝の裴注には『先賢行状《せんけんぎょうじょう》』が引用され、韓嵩の伝記が記されている。「赤壁の戦い」には直接関係はないが、荊州平定の際には病に倒れており、自宅で印綬を拝受したとされる。『先賢行状』という書籍についてはよくわからない。

鄧義が侍中とされたという『魏志』劉表伝の裴注では、鄧義が章陵郡の人だと裴松之が書いている。当然、「赤壁の戦い」には直接関係はない。

劉先が尚書令となり、その他多くが大官に至ったという『魏志』劉表伝の裴注には『零陵先賢伝《れいりょうせんけんでん》』、『先賢伝《せんけんでん》』、摯虞《しぐ》『文章志《ぶんしょうし》』、『世語《せご》』が引用されている。

『零陵先賢伝』では劉先の伝記が記され、『先賢伝』（『零陵先賢伝』のことか）や摯虞『文章志』には劉先の甥の周不疑《しゅうふぎ》の話が載っており、『世語』には劉表の墓を開くと劉表と妻は生きているようであり、よい香りがただよったとの記録があるが、これらはすべて「赤壁の戦い」には直接の関係はない。

また、『零陵先賢伝』についてはよくわからないが、『説郛《せっぷ》』（一二〇巻本）巻五十八では晋の司馬彪《しばひょう》の撰とされており、これが正しければ陳寿は見ることができなかったことになる[五〇]。摯虞（?～三一一年）は西晋の人であり、『文章志』は文学者略伝とその作品目録であると見られるが、陳寿はおそらく参照していない五一。『世語（魏晋世語）』は晋の郭頒《かくはん》の著作であるが、裴松之の評価は「鄙劣」とあり、かなり厳しいものとなっている。著述年代については、『三国志』鄧艾伝附裴注所引『世語』に永嘉《えいか》年間（元年は三〇七年）の記事があることから少なくとも永嘉年間以降であり、陳寿は参照できなかったと考えられる。

『魏志』賈詡伝本文では、旧楚の豊かさを利用しつつ、吏士をねぎらい、百姓を慰撫し、その土地に安んじて彼らの業を楽しませれば、労せずして江東が頭を下げて降伏してくると述べているが、この部分の裴注では裴松之の見解が示されている。

そこでは、賈詡の戦略を否定し、当時馬超・韓遂が関右にいて中原を狙っていたことから曹操が荊州に居座って呉を威光で手なづける余裕がなかったとした上で、荊州は孫権・劉備の争奪の的であり、長期にわたって劉備を慕い孫権を恐れていて、曹氏の諸将が防ぎきれるものではなく、実際曹仁が江陵を守った時に敗北しており、どうして慰撫することができ、孫権を帰服させることを期待できるだろうか、としている。そして劉表の水戦の武具と荊楚の水夫の手を借りることが大きな機会であり、赤壁での敗戦は疫病と南風が原因で、東に下って攻撃したことは曹操の失策ではないとし、後の張魯《ちょうろ》征服時に蜀内部が混乱したが、曹操が蜀を攻撃しようとしなかったのは同質の失敗だったとしている。

これは裴松之の見解であるが、曹操もおそらくは南方の決着を一気につけたかったので、(裴松之と同じようなことを考えて)賈詡の言うことをきかなかったのだと思われる。ここでの裴松之はある意味で曹操の側に立ったものの見方をしている。ただ、我々に残された史書などの少ない情報から曹操の戦略や賈詡の戦略が誤っていたかどうかを速断することは危険であろう。

『魏志』郭嘉伝では巴丘で疫病にあって船を焼いた際、歎息して「郭奉孝がいれば、私をこんな状態にはあわせていなかっただろうに」と言ったとされるが、裴注に引用された『傅子』にはさらに「哀しいかな奉孝!痛ましいかな奉孝!惜しいかな奉孝!」と言ったとされる。同郭嘉伝本文では、品行が収まらない郭嘉を陳群《ちんぐん》が弾劾していたが、曹操はどちらも気に入っていたとあり、その裴注に引用された『傅子』には郭嘉を悼んだ曹操から荀彧への手紙が二つある。その後半のものでは「南方に流行病があることから『私が南方に行けば生還できない』と言っていたが、計略を論ずると先に荊州を定めるべきだと言っていた」とある。

これらの『傅子』の記述は陳寿の本文と矛盾しておらず、おそらくは陳寿が参照していた史料の一つであると考えられることから、それなりの信憑性もあると考えられるが、注意も必要である。裴松之は本文の補足として用いたのであろう。

『魏志』文聘伝本文には、曹操が荊州を定めると文聘を江夏太守とし、北方の兵をつかさどらせ、国境地帯の事を委ね、関内侯の爵位を授けたとあるが、その裴注には孫盛の見解が引用されている。

そこでは、忠孝の道は一つであり、臧覇は若くして孝烈と称せられ、文聘は垂泣して誠を示し、曹操は二人に同じ態度をとり方面を任せたが、武勇のある者が慌ただしい戦闘の中で認められただけではない、としている。孫盛（『晋書』巻八十二に伝あり）は東晋の人で、当然陳寿はこの見解を参照できない。

『魏志』王粲伝には王粲が劉琮に降伏を勧めて曹操に帰順させたとあるが、その裴注に『文《ぶん》士伝《しでん》』が引用され、劉琮への進言が載せられている。

そこでは、王粲が劉琮に対して「ご自身と曹操を比べてどうですか」と聞くと、劉琮は答えられず、さらに王粲は「曹操は人傑で、雄略智謀は抜きんでており、袁氏を官渡で打ち砕き、孫権を江外に駆逐し、劉備を隴右《ろうゆう》に追いやり、烏丸《うがん》を白登《はくとう》で破り、その他掃滅・平定された者は数えることができず、（曹操は）神のようです。曹操に帰伏することこそ万全の策です」（趣旨）などと進言し、劉琮は受け入れたとされる。

それに対して裴松之は、この時点で孫権はまだ一度も曹操と戦ったことがないのに「孫権を駆逐した」とし、劉備は生涯で一度も隴右を通ったことがないのに、「劉備を隴右に追いやり」などというのはおかしいし、白登を曹操は通ったことがないことからすると、張騭《ちょうしつ》はにせの言葉をでっちあげており、それが露呈していることに気づいていないと酷評している。『文士伝』は文学によって著名であった者たちの伝で、『魏志』管寧伝裴注所引『文士伝』には何充（『晋書』巻七十七、東晋期の人）の名前があることから、それ以降の著作と思われる。

【『呉志』裴注】

まず、呉の人々が孫権に対して曹操の指図を受け入れるように勧めていたという呉主伝本文の裴注に『江表伝《こうひょうでん》』が引用されている。

そこには曹操から孫権に送られてきた書簡の内容が載せられているが、そこには「近頃罪状を数えて罪びとを討伐しようと軍旗が南に向かうと、劉琮が抵抗せずに降伏した。今度は水軍八十万を整え、将軍と呉で狩猟をしたいと思う」という趣旨が記されており、孫権はこれを受け取ると群臣に示したが、震えあがり顔色を変えない者はいなかったと記録されている。

曹操から孫権への書簡の話はこの『江表伝』にしか記されていないが、「水軍八十万」という数字は簡単には信じられない。このような規模の数字はここにしかないのである。呉の人々からすれば、「このような大軍を背景にして脅しの書簡を送ってきた曹操を破ったのだ」ということを強調したいのであろう。また、当時の孫権は呉方面ではなく長江中流域にいたと考えられる[五二]ことなどからすると、やはりこの『江表伝』の記事は信じがたいのである。以上のように見ると、『江表伝』は呉の人々の立場から記されている史書だと思われる。

合肥を攻めた際に、軽騎兵を率い先頭にたって出撃しようとした孫権を張紘が引き留めるという『呉志』張紘伝本文の裴注には『呉書』が引用されている。

そこでは、合肥の城をなかなか落とせずにいた際に、張紘が「完全に包囲すると敵は必死になるので、敵の援軍が来る前に包囲をゆるめ、敵の動きを見ましょう」と献策をしたが、反対の意見が出て動けないうちに敵の援軍の騎兵が到着し、包囲している孫権軍のそばまでやって来て馬を走らせつつ戦いを挑んだとある。

この話は孫権が軽騎兵を率いようとしたという話の直前に引用されており、裴注所引『呉書』と合わせて読むと、『呉書』で登場する援軍としてやってきた敵の騎兵に対応するため、軽騎兵で出撃しようとしたと見ることができる。孫権には、急いでいるにもかかわらず不利になってきた状況に対する焦りがあったようにも見受けられる。

裴松之は、陳寿が『呉書』をもとにして『呉志』張紘伝を編集する際にカットしてしまった部分を『呉書』から補ったのであろう。

降伏論が大勢を占める中で、周瑜が「必ず曹操を打ち破る」と述べ、その発言を受けて孫権は周瑜に「天があなたを私に授けてくださった」という『呉志』周瑜伝の本文の裴注には『江表伝』が引用され、裴松之の意見が付されている。ここでは『江表伝』の内容を示しておくことにする。

孫権は刀を抜き、前にあった奏案を斬って「諸将や官吏で再び曹操を迎えるべきだと言う者があれば、この案と同様だ！」と言った。会議が終わった後の夜、周瑜は目通りを願い出て言った。「諸人は曹操からの手紙に水兵・歩兵八十万とあったのを見て恐れてしまい、その虚実を見極めもせず、降伏だという意見を述べるのですから、全く謂れがありません。今実際に考えてみると、彼が率いている中国（中原）の人は十五、六万人を超えない上に、軍はすでに疲れ果てており、獲得した劉表の軍勢も最大で七、八万に過ぎず、まだ疑いを抱いております。疲れきっている兵を率い、疑っている軍勢を制御しようというのですから、軍勢は多くても全く畏れるに足りません。精兵五万をいただければ、充分防ぐことができます。将軍にはご心配なさいませんように。」孫権は背をなでて「公瑾どの、あなたのそんな言葉は全く私の心と一致している。子布《しふ》（張昭）・文表《ぶんひょう》（秦松《しんしょう》）などの人々はそれぞれ妻子を顧みて個人的な心配をしており、深く失望していた。ただあなたと子敬（魯粛）だけが私と同じであり、これは天があなたたち二人に私を支えさせているのだ。五万の兵をすぐに集めるのは難しいが、すでに三万人を選び、船や兵糧、兵器も準備してあるので、あなたと子敬・程公《ていこう》（程普）はすぐに先鋒として出発してほしい。私は続いて軍勢を集め、多くの物資・兵糧を載せてあなたの後援となろう。あなたが能く処理できるなら誠に勝負を決してほしいし、曹操軍と遭遇して思い通りにいかなければ、私のところに戻ってこい。私が孟徳《もうとく》（曹操）と決着をつけよう。」

裴松之は曹操を拒絶するという方針を最初に示したのは魯粛であり、その時周瑜は鄱陽にいたが、魯粛は孫権に周瑜を呼び戻すように勧めて、周瑜を鄱陽から戻らせ、魯粛と意見が同じであったので、よく共に大きな勲功を成すことができたとし、『呉志』周瑜伝では、孫権が群臣を集めて計策を問い、周瑜は人々の議論をおしとどめてただ一人抵抗すると言ったとあり、魯粛に先に謀があったことを言っておらず、ほとんど魯粛の善いところを盗んだようなものである、としている。

この『江表伝』の文章については、『呉志』周瑜伝本文と異なっている部分や重ならない部分がほとんどである。たとえば、天が授けてくれた人物として『呉志』周瑜伝本文では周瑜一人を、『呉志』周瑜伝裴注所引『江表伝』では周瑜と魯粛の二人が挙げられていることや周瑜が希望した兵の数（『呉志』周瑜伝本文では公開の場で三万と言い、同裴注所引『江表伝』では夜に個人的に会った場で五万と言っている）が異なっており、同裴注所引『江表伝』の奏案を斬る話などは『呉志』周瑜伝本文にはない。陳寿はこの『江表伝』のような資料を採用していないのであろう。

裴松之の意見についてであるが、魯粛が周瑜より先に方針を示していたとするのはその通りだと思われる。ただ、陳寿は「功績はそれぞれの個別の列伝で示し、欠点などの否定的な内容はそれぞれの列伝では書かない」という方針[五三]を持っていたと見られることからすれば、陳寿には問題がなく、裴松之の批判は的外れのように見受けられる。

曹操に前もって降伏したいという手紙を送ったとされる『呉志』周瑜伝の裴注には『江表伝』が引用されており、黄蓋が送った手紙の全文とそれに対する曹操の反応が載せられている。

黄蓋の手紙には、まず黄蓋が孫氏の厚遇を受けてきたことが記され、江東と山越《さんえつ》の者たちで曹操に対抗しようとしてもかなわないとみんなわかっているのに、周瑜と魯粛だけが承知しないので（黄蓋が）曹操に身を寄せようと考えたとある。さらに、周瑜の軍は容易に破れるとし、戦闘が始まる際に黄蓋が先鋒となること、そして彼が寝返ることが記されている。曹操は黄蓋からの使者に会うと細かく質問し、親しく勅して黄蓋たちの降伏が偽りではないかということだけを気にしていること、もし本当に降伏してくれれば例がないほどの爵位と恩賞を与えることを伝えた。

この『江表伝』では周瑜伝本文にある偽りの申し入れの具体的な模様を示しているが、陳寿の本文などとの比較のしようがないので、これが本当のことなのかはよくわからない。ただ、『江表伝』には呉を持ち上げるような偏りがあるように見受けられることから、注意が必要である。


赤壁で曹操軍が火計により敗れ、南郡まで撤退したとある『呉志』周瑜伝の裴注には再び『江表伝』が引用されている。

戦いの日に黄蓋が十艘の軽装の船を選び、乾燥した荻《おぎ》や枯れた柴を中に積み、魚膏を潅ぎ、赤い幔幕《まんまく》で覆い、旌旗《せいき》や龍の幡《はん》を艦上に建てた。その時東南の風が激しかったので、十艘の船を先頭にし、長江の真ん中で帆を挙げ、黄蓋は火を掲げて諸将校に命令し、兵士たちに大声で「降伏」と叫ばせた。曹操軍の者は皆軍営を出て立って見ていた。北軍から二里余り隔てたところで同時に火をつけると、火も風も猛烈な勢いとなり、船は箭のように突っ込むと火の粉が飛び火焔も上がり、北軍の船を焼き尽くし、延焼して岸辺の軍営に及んだ。周瑜らは軽装の精鋭を率いて延焼の後に続いて攻撃し、鼓を雷のようにならして大いに進軍すると、北軍が壊滅して曹操は敗走した。

『呉志』周瑜伝本文などと比較すると、火計に用いた船の種類や数、建てた旗の種類、そして船が突入するまでの経緯が異なっており、陳寿はこの『江表伝』の記事は典拠としていないように見受けられる。裴松之は補足のための引用か、異説として示そうとしたと思われるが、筆者は後者だと考えている。

周瑜は大らかで度量があり、多くの人々の心をつかんだが、程普とだけは仲が悪かったという『呉志』周瑜伝の裴注にはさらに『江表伝』が引用されている。

その中で、「赤壁の戦い」に関する内容としては、周瑜が魏軍を破った際に、曹操が「（周瑜に敗れたのだから）私は逃げることを恥ずかしいとは思わない」と言ったこと、のちに孫権に送った手紙に「「赤壁の戦い」では疫病が流行したため船を焼いて撤退したら、周瑜に虚名を得させてしまった」と述べており、これは周瑜の威名が遠くまで聞こえていたので、孫権と周瑜の信頼関係を崩そうとした悪だくみであるとしている。

「周瑜に敗れて逃げることを恥ずかしいとは思わない」などと曹操が言ったとは考えにくい、と思うのは筆者だけであろうか。さらに、「赤壁の戦いでは周瑜に虚名を得させた」などということを、孫権と周瑜の仲を裂くために曹操が手紙に書いて送るだろうか。しかも、それを「悪だくみ」だなどと評している。他の部分の『江表伝』の性格を考慮すると、このような文章を完全な誤りだとまで断言はしないが、少なくとも周瑜を称揚しようとしている『江表伝』の「偏り」を示すものだと筆者は考える。陳寿はこのような記述を典拠とはしておらず、裴松之は補足のための引用か、異説として示そうとしたと思われるが、ここでも筆者は後者だと考えている。

ちなみに、この『江表伝』には曹操が周瑜の才能を聞きつけて揚州の役所に命令を出し、説客として蔣幹を派遣したが、周瑜は全く動じなかったという話がある。内容をよく見ると、『三国演義』における「赤壁の戦い」での話に類似しているが、この文章では「赤壁の戦い」以前のように見えるが、時期は明記されていない（『資治通鑑』巻六十六では建安十四年（二〇九年）のこととされる）。

『呉志』魯粛伝で劉備が諸葛亮を孫権のところに派遣し、同時に魯粛も戻ったとされる部分で、裴松之の意見が付されている。ここでも裴松之は曹操を食い止めるというのは魯粛のもともとの計画であったとし、加えて諸葛亮に「私は子瑜どのの友人です」と言っていることから諸葛亮も早くから魯粛の意見を聞いていたとの見解を示している。しかし、『蜀志』諸葛亮伝で「諸葛亮が謀を孫権に説くと、孫権が大いに喜んだ」とあることから、『蜀志』によると孫権と劉備の連合の計画は諸葛亮から出たことになり、書き方に矛盾があると指摘。『呉志』と『蜀志』が同一人物の手でできているのに、まるで二つの国の史官がそれぞれの伝聞を記し、自国の立派さを称揚しようとしているようであるのは歴史記述の根本に反する、と述べている。

先にも見てきたように、『魏志』・『呉志』・『蜀志』のそれぞれで「赤壁の戦い」の描かれ方が異なっていることから見ても、この裴松之の指摘はある意味で正しいものである。拙著一でも記したように、筆者は陳寿が『三国志』の典拠となった史書をほぼ丸写ししたか、「切り貼り」したためにこのような特徴を持つようになったと考えており、これは陳寿が短期間で執筆したという事情や執筆当時の政治情勢によるものだと考えている五四。

曹操軍への対応を協議する会議中に孫権が手洗いに立った際、軒下まで追ってきた魯粛の発言を聞いた孫権は「天があなたを私に授けてくださったのだ」といったとする『呉志』魯粛伝の裴注には『魏書』と『九州春秋《きゅうしゅうしゅんじゅう》』が引用され、さらに孫盛の見解が示されている。

そこでは、曹操軍が荊州征伐に向かうと、孫権は大いに恐れをいだいたとされ、魯粛は曹操を拒絶させるためにわざと曹操軍の強さと勢いを述べ、兵をおくって援助すると同時にご家族を鄴に送らないと立場が危うくなると述べた。孫権は腹をたてて魯粛を斬ろうとすると、魯粛は「帰順したくないのであれば、なぜ劉備を助けずに私を斬ろうとされるのか」と述べて、周瑜を派遣し劉備を助けさせたとある。

孫盛は『呉志』・『江表伝』で魯粛が孫権に会うとその場で曹操を拒絶すべきだと説き、劉表が亡くなった時にも事の成り行きを見定めるようにと述べたのであって、『魏書』・『九州春秋』のように逆説的な表現を使うことはあろうはずもなく、しかも曹操を迎え入れるように勧めた人間が大勢いたのに魯粛だけ斬ろうとするのはおかしな話だとしている。

陳寿はこの『魏書』・『九州春秋』を典拠としておらず、むしろ魏の側の「公式見解」が見てとれるものであろう。孫盛の見解も非常にもっともな指摘であるが、彼は『江表伝』を信憑性のあるものだと評していたようにも見受けられる。

『呉志』黄蓋伝本文には、曹操の軍を赤壁でくいとめ、火攻めを進言したことが周瑜伝にあるとされ、この本文の裴注には『呉書』が引用されている。

「赤壁の戦い」で黄蓋は流れ矢にあたり、寒い中で水に落ち、味方に救いあげられたが黄蓋だと気づかれず便所に放置された。黄蓋は力を振り絞り一声韓当を呼び、それに気づいた韓当が彼を見つけると涙を流して服を取り換え、これによって黄蓋は命を救われたという。

この記述は『呉志』本文と内容が矛盾しておらず、陳寿が（『呉書』を典拠としながらも）

削除した内容を示しているのであろう。陳寿は逸話の類をできるだけ記載しないようにする傾向がある五五ので、この『呉書』のような記事は削られてしまったと見受けられる。

『呉志』裴注における「赤壁の戦い」に関する記事は以上であるが、ここで『呉志』孫皓《そんこう》伝裴注に引用された陸機《りくき》「弁亡論《べんぼうろん》」上篇における「赤壁の戦い」の描写も参照しておきたい。

かつて魏氏が戦勝の勢いを借りて百万の軍勢を率い、鄧塞の舟を浮かべて漢陰の軍勢を下らせた。軽く速い船が万を数え、龍が躍るように流れにのり、精鋭の騎兵の千にものぼる部隊が虎のように高地も低地も歩み、謀臣が室に満ち武将は連なって、ため息をつけば江滸を呑む志があり、世界を一つにしようという気概があった。しかるに周瑜は我々の軍の一部を駆っただけで、赤壁において曹操軍を退け、（曹操軍は）旗を失い轍を乱して、僅かに免れることをえて、軍を収めて遠くに遁げ去った。

「弁亡論」はもともと呉の出身である陸機（陸遜《りくそん》の孫で陸抗《りくこう》の子）が呉の滅亡後にまとめたものであり、「こんなに素晴らしかった呉がなぜ滅んだのか」という問題意識から書いたように見受けられ、呉を称揚するような内容を持つことは間違いない。なにしろ曹操軍が百万、軍船が万を数えるとされ、そんな曹操軍を周瑜が一部の軍で破ったと誇張されているのである。このような見方が呉の公式見解だったのであろう。

ちなみに、『宋書《そうじょ》』楽志には「呉鼓吹曲」が記載されているが、その第四曲には「烏林」と題するものがあり、そこには次のように記されている五六。

曹操は北伐して柳城《りゅうじょう》を抜き、勝利に乗じて席捲し、遂に南征した。劉表の子たちは仲が良くなかったので、八郡は震え驚き、人々は既に降っていたが曹操は荊州を虐殺した。十万の舟や車（に乗った兵）が風声をあげて孫呉を攻撃。孫呉の臣下はためらうばかりで成功することがないかと考えていた。幸いなことに我らが大皇帝・孫権さまは聖明なるお力を発揮し、虎のような勇ましい周瑜と程普が曹操を烏林で破り、輝かしい功名をあげたのである。

呉を称揚するためにまとめられたものだけに、誇張がある。曹操は荊州で「虐殺」はしていないし、（本当かどうかともかく）孫権の高い能力を強調している。このような「公式見解」をまとめたのは、『呉書』もまとめた韋昭である。

ここまでの文章を見ると、陳寿『呉志』は韋昭がまとめたこのような「公式見解」を典拠とし、誇張された部分をできるだけ削除しながらまとめられていったことがわかる五七。

【『蜀志』裴注】

『蜀志』裴注を見ると、まず、先主伝における劉表の死に関する記事での注で『英雄記《えいゆうき》』と『魏書』が引用されている。

『英雄記』では劉表が病気になると、劉備を荊州刺史にしたいむね上表したとされており、それに付随する形になっている『魏書』でも病気になった劉表が劉備本人に向かって「自分の子たちは才能がなく、諸将も亡くなった。私が死んだらあなたが荊州を統治してください」と述べたとされている。それに対して、劉備は「ご子息がたは賢明です。あなた様は病気のことだけをお考えください」と答えた。ある人が劉表の言う通りにしたほうが、と言うと、「劉表様は手厚く待遇してくれたが、その言葉に従えば、薄情だと思われる。忍びない」と答えたという。

このような記述に対して、裴松之は劉表夫妻が庶子（劉琮）を立てようという気持ちも計画も定まっていたから、臨終の際に劉備に荊州を与える理由がなく、あり得ない話だと述べている。

『三国志』の他の部分や『後漢書』などの史書を見ると、裴松之の言い分に一利あるようである。さらに、曹魏の公式の史書である『魏書』はどうも劉備を持ち上げる傾向があり、劉備に関する部分には注意が必要である。ここまで述べてきたことを踏まえると、少なくともここでの『英雄記』や『魏書』の記述を鵜呑みにすることはできないだろう。

その後、先主伝本文で諸葛亮が劉琮を攻撃すれば荊州をとれると進言したのに対して劉備が「忍びない」といったとされる箇所があり、そこで『漢魏春秋《かんぎしゅんじゅう》』（著者の孔衍は晋代の人（二六八～三二〇年）で、陳寿はおそらくこの史書を見ていない）が引用されている。

そこでは劉琮が曹操へ降伏したことを劉備に伝えず、劉備も知らなかったが後で気づき、人を派遣して劉琮に尋ねると、劉琮は宋忠を派遣して説明させたことになっている。劉備は「そんなやり方をするのか。早くから相談もせず、目前にせまってから知らせるとは」と驚き、刀を宋忠につきつけながら「首を斬っても怒りは解けないし、大丈夫たるものがお前らのような連中を殺すのは恥だ」といって宋忠を去らせたとされ、その後部下と相談すると、「無理やりにでも劉琮や荊州の官吏・兵士を連れて江陵に行くべきだ」との意見があったが、劉備は「劉表どのからみなしごを託されたのに、その信義に背いて安全をはかることはできない。死後、何の面目あって劉表殿にまみえるのか」と言った、とある。

この『漢魏春秋』の記述では、劉備が劉表からみなしごを託されたとあることからすると、先に引用した『魏書』の内容が前提とされている。ということは、先に引用した『魏書』と同様に、この『漢魏春秋』の文章も鵜呑みにはできないだろう。ちなみに、この場面で劉備と宋忠が接点を持つところなどは、『三国演義』の典拠の一つと見ることができるかもしれない。

　劉備が襄陽を訪れ劉琮を呼んだが、劉琮は恐れて出てこず、その際に劉琮の側近や兵士が劉備に従ったとされる『蜀志』先主伝の記述の裴注には『典略』が引用されており、そこには劉備が劉表の墓を詣でて涙を流して去ったとある。

　この記述を否定するような史料が他にあるわけではないので、とりあえず史料上の問題はない。ただ、曹操軍から逃げようとするところで、このようなことをする精神的物理的余裕があったのかどうかという点はよくわからない。

　先主伝では、江陵に逃亡する際についてきた大勢の人々を見捨てるように、との進言を聞き、劉備は「大事をなすには人を根本としなければならない。見捨てることはできない」と言ったとされるが、ここの裴注で習鑿歯の評論が引用され、劉備は困難に陥り危険になっても信義と道理を大事にしていたことから、大事業を成し遂げたのも当然だとの見解が示されている。

　劉備が諸葛亮を派遣して孫権と手を結んだとの先主伝の記事の裴注には『江表伝』が引用されている。

魯粛が孫権の命を受け、劉表の二人の子息を弔問し、劉備と手を結ぶために荊州にやってきたが、魯粛の到着前にすでに曹操は漢津を渡っていた。しかし、魯粛は当陽で劉備と会い、孫権の意向をねんごろに伝え、天下の趨勢を論じたうえで、劉備にどこにいくつもりかを尋ねた。劉備は昔馴染みの蒼梧《そうご》太守の呉巨《ごきょ》を頼るというと、魯粛は劉備に対して腹心を遣わして孫権と手を結ぶことを勧め、劉備は喜んで諸葛亮を魯粛に随行させて同盟を結ばせたとされる。

この文章の内容は、先主伝や諸葛亮伝、『呉志』呉主伝・魯粛伝の本文と類似しており、特に魯粛伝にある劉備への説得の内容を詳細に述べているように見受けられる。ただ、『江表伝』という書籍自体の信憑性という問題があり、この文章の信憑性にも一定の留保が必要だと思われる。ちなみに、劉備が頼る先として呉巨を挙げているのはこの史料のみである。

孫権が周瑜・程普ら水軍数万を送って劉備と力を合わせたという先主伝の記事の裴注に再び『江表伝』が引用され、孫盛の批評が付されている。

劉備は魯粛の計に従って鄂県《がくけん》の樊口に駐屯した。諸葛亮は孫権のもとに行って戻らず、劉備は曹操の軍が下ってきたと聞いて恐れ、毎日見回りの役人を水辺に遣って孫権軍がやってくるのを待ち望んでいた。役人が周瑜の船を見て駆けつけて劉備に報告すると、劉備は「どうして青州・徐州《じょしゅう》の軍でないとわかったか？」と言うと、役人は「船でわかりました」と答えた。劉備は人を遣って周瑜らを慰労させたが、周瑜は任務があって持ち場を離れられないから、おいでいただければご希望に沿うようにしましょうと伝えた。劉備は関羽・張飛に「彼は私を来させようとしており、東と同盟を結びながら行かないのは同盟の意に反する」と言って船に乗って周瑜に会いに行き、「曹操を防ぐのに、深い計略があるのでしょうが、兵士はどのくらいいますか」と問うと、周瑜は三万人と答えた。劉備が少ないと言うと、周瑜は「足りております。予州どのはご覧になっていてください」と答え、さらに劉備が魯粛らを呼んで語りたいと言うと、周瑜は「命を受けているので持ち場を離れられません。魯粛に会われたければ別の機会に。また諸葛亮はともに来ましたから、数日を過ぎないうちに会えるでしょう」と答えた。劉備は深く恥じ周瑜を素晴らしい人物だと考えたが、本当に曹操軍を破ることができると信じていなかったので、二千人を率いて関羽・張飛とともに後方で動かず、周瑜と連係しようともせず、進むことも退くこともできるようにしたのである。

これについて孫盛は「劉備は雄才を持っていたが、滅亡の危機にあって呉に助けを求め、（実際に）助けてもらっているのだから、長江に臨んで様子見をして先の計算をすることはない。だから、『江表伝』が言っているのは、呉の人が自分たちを賛美しようとしたに違いない」と述べている。

陳寿『三国志』本文と比較すると、とりあえずは矛盾していないが、「曹操の水軍におびえる劉備」、「周瑜に対して深く恥じる劉備」といった部分が目立つ。このようなことを踏まえると、孫盛の述べていることには一定の信憑性があり、『江表伝』の内容を真に受けるわけにはいかないと考えざるを得ない。『江表伝』の著者の虞溥《ぐふ》は西晋の人で、旧呉の人物ではないが、鄱陽内史になっているので、そこでの関係からこのような書籍を書いたのかもしれない。

曹操が退却したという先主伝本文の裴注にまたまた『江表伝』が引用されている。

そこでは周瑜が南郡太守となり、長江南岸の地を割いて劉備に与えたとされる。劉備は油江《ゆこう》口《こう》を公安《こうあん》と改めて陣を構え、劉表の官吏・兵士で曹操軍に従わされていた者の多くが劉備に投降。劉備が周瑜から与えられた土地がわずかで住民を落ち着かせられなかったので、孫権からさらに数郡を借りたとある。

「荊州を与えた」とする見方は明らかに呉の立場からの見解であり、『魏志』・『蜀志』にはそのような記述はない。しかも、周瑜がいったん与えた後、それでも足りないから孫権から貸したとする見解も、この『江表伝』だけに存在するものであり、他の部分と比較すると、簡単には信用できない記述であろう。

諸葛亮伝本文に徐庶が曹操のもとへ赴いたとする記事があるが、その裴注には『魏略』の徐庶伝とおぼしき文章が引用されているが、内容からして「赤壁の戦い」には直接の関係はない。ただ、『魏志』にも『蜀志』にもなく、おそらくは王沈『魏書』にもないと思われる徐庶の伝が『魏略』に存在していることが興味深い。徐庶の人物像を理解する上ではこの『魏略』の文章はかかせないものであろう。

孫権が周瑜・程普・魯粛ら水軍三万を派遣し、諸葛亮について劉備のもとに行かせ、力を合わせて防いだとする諸葛亮伝本文の裴注に『袁子《えんし》』（著者の袁準《えんじゅん》は魏から晋代の人）のからの引用と裴松之の見解があるが、これも内容からして「赤壁の戦い」には直接関係はない。

簡単に内容をまとめると、『袁子』では張昭が諸葛亮を孫権に推薦したが、諸葛亮は「孫権様は私の才を認めてくださっても、十分発揮させられないでしょうから、とどまらないのです」と答えたとされる。これについて、裴松之は諸葛亮の君臣関係は誰も水を差せないものであり、諸葛亮は孫権が彼の能力を十分発揮させるなら変心してしまうような人物ではない、としている。

この記述については、陳寿『三国志』の記事と内容が異なっており、とりあえず異説と見ておくしかないだろうが、筆者としては信憑性に欠けると見ている。

関羽伝本文には曹操軍から逃げてきた劉備と別動隊の関羽の船がちょうど出会えて夏口に向かったとあるが、その裴注には『蜀記《しょくき》』の引用と裴松之の見解がある。ただ、これも内容からして「赤壁の戦い」には直接関係はない。

劉備らが許にいた頃、関羽は狩猟の最中に人々が散った時に曹操を殺すように進言したが劉備は聞き入れず、長江流域でさまよう身となって夏口でそれを思い出した関羽が腹を立てて「あの時殺していれば、今日の苦しみはなかったはず」と言うと、劉備は「あの時は国家のために惜しんだのだ。天道が正義を助けるならば、どうしてこれが幸いにならないとわかるのだ」と言ったとされる。これについて裴松之は「劉備が董承《とうしょう》と陰謀を企てたが、事前に洩れてうまくいかなかっただけで、国家のために曹操を惜しんだのなら、その発言をどう説明するのか。関羽が勧めて劉備が聞きいれなかったのなら、曹操の部下などがいるところでは曹操を殺せても自分も逃れられないと計算したので、とっさに行動を起こせなかったのだ。曹操を惜しんだのではなく、きれいごとを言っただけだ」としている。

この見解を見ると、裴松之は『蜀記』の記事を信用していることがわかる。この記述に関する他の史料が存在せず、積極的に肯定も否定もできないといったところであり、現時点ではとりあえず信用するしかないだろう。『蜀志』諸葛亮伝裴注所引『蜀記』に晋の永興という年号（西暦三〇四年が元年）の記事があることから、陳寿は見ていない。

趙雲伝本文で劉備が蜀に入ると、趙雲は荊州にとどまったとあるが、そこに付された裴注には『趙雲別伝』が引用されている。

劉備が敗北したとき、趙雲が北に去ったという者がいたが、劉備は手戟でその者をうって「子龍《しりゅう》は私を捨てて逃げることはない（子龍は趙雲の字）」というと、ほどなくして趙雲が至ったとある（後略）。

おそらくこの話は長阪の戦いでのことと思われるが、この記述に関する他の史料がなく、とりあえず信用するしかない。もしかすると、陳寿もこの『趙雲別伝』を典拠の一つとして、逸話の類を削除しつつ『蜀志』趙雲伝を書いていたかもしれない。ただ、おそらくは趙雲の子孫などの一族が関係していたと考えられる『趙雲別伝』という書籍の性格からすると、すべてを真に受けることには注意が必要だと思われる。

劉巴伝本文には、曹操が荊州の平定後に劉巴を招いて掾とし、長沙・零陵・桂陽に帰順を呼び掛けさせたとあるが、その裴注には『零陵先賢伝』が引用されている。そこでは、烏林（赤壁）での敗北後、曹操が北方へ戻る際に桓階を派遣しようとしたが、桓階が劉巴に及ばないとして辞退し、劉巴も「劉備が荊州に拠っているからできません」と言ったが、曹操は「劉備が動いたら私が六軍で続こう」と言ったとされる。

これによると、劉巴の長沙など三郡への派遣は「赤壁の戦い」後ということになる。ただ、赤壁で敗れた直後のこの時期に、北へ戻ろうとする曹操が荊州南部で工作する劉巴のために六軍を動かそうというのも不自然なように思うが、「赤壁」後の曹操の手の打ち方を考える参考にはなるかもしれない。ただ、先にも述べたように、『零陵先賢伝』を陳寿が見ていない可能性が高く、先賢伝という著作の性質から信憑性についても注意が必要であろう。


このように裴松之に引用された文章を見てみると、まず「赤壁の戦い」には直接の関係のない記事が多いことに気づく。それらを除外して見ていくと、扱いにかなり「注意」が必要な書籍が引用されていたりすることがわかる。非常に露骨なものとしては『文士伝』が挙げられるが、『魏書』や『袁子』・『漢魏春秋』・『九州春秋』・『山陽公載記』・『趙雲別伝』などが引用されている場合にも慎重に見なければならない。

特に注意して読まなければならないのは『江表伝』である。『三国演義』の名場面はこの史書に依拠していることが多いが、裴注に引用されている『江表伝』の文章は信憑性のあやしいものがこれまた多いのである。

結局、裴注の文章から「赤壁の戦い」に直接の関係がない文章や信憑性があやしいものを削っていくと、実は陳寿の本文に加えることがほとんどなく、特に「赤壁の戦い」の経緯を追うという視点から見れば、大して変わらない内容になることに気づく。裴松之の注もあまりアテにはならないということなのである。

追記

現行『後漢書』における「赤壁の戦い」に直接関係する記述は、孝献帝紀《こうけんていき》の、

曹操は舟師を率いて孫権を討ったが、孫権の将の周瑜が烏林と赤壁でこれを破った。

という記事と荊州平定に関連する劉表伝の記事くらいしか存在せず、劉表伝は『魏志』劉表伝や先に引用した『魏志』劉表伝裴注所引『典略』とほぼ同じである。

三二　『後漢書』劉表伝にもほぼ同じ内容の文章がある。

三三　石井仁（著）『曹操―魏の武帝』（以下、「石井仁前掲書」と略す）（新人物往来社　二〇〇〇年）一五五ページ、『三国志』武帝紀及び同裴注所引『魏氏春秋《ぎししゅんじゅう》』参照。

三四　石井仁前掲書一五五ページ参照。

三五　拙稿「劉表政権について―漢魏交替期の荊州と交州」（以下、「拙稿一」と略す）（『創価大学人文論集』二〇　二〇〇八年）参照。

三六　拙著一・一五七～一五八頁参照。

三七　古賀登『四川と長江文明』〔以下「古賀前掲書」と略す〕（東方書店　二〇〇三年）三二七～三四九頁参照。

三八　荊州平定には関連するが「赤壁の戦い」には直接の関係がない『魏志』の記述としては、まず『魏志』曹仁伝や司馬芝《しばし》伝、桓階《かんかい》伝、和洽《わこう》伝、裴潜《はいせん》伝、韓曁《かんき》伝にある記事が挙げられる。

荊州平定の陣では、曹仁を行征南《こうせいなん》将軍に任じ、江陵に駐屯させて呉の周瑜に当たらせた。（曹仁伝）

曹操が荊州を平定すると、司馬芝を菅県《かんけん》の長とした。（司馬芝伝）

曹操が荊州を定めると、桓階が張羨《ちょうせん》のために謀をなしていたと聞いて、これを評価し、召し寄せて丞相掾の主簿とし、趙郡《ちょうぐん》太守に昇進させた。（桓階伝）

大軍が東征すると、中央に入って丞相長史となった。軍が帰還すると、また魏郡《ぎぐん》太守となり、西曹属《せいそうぞく》に移った。（陳矯伝）

この「大軍東征」は赤壁の戦いのことを指しているかと思われる。

曹操が荊州を定めると、召し寄せて丞相掾属とした。（和洽伝）

曹操が荊州を定めると、裴潜を参丞相軍事《さんじょうしょうぐんじ》とした。（裴潜伝）

　曹操が荊州を平定すると、召し寄せて丞相士曹属《じょうしょうしそうぞく》とした。（韓曁伝）

張羨は長沙《ちょうさ》太守であったが、一九八年に桓階の進言を受けて零陵《れいりょう》・桂陽《けいよう》の諸郡も率いて劉表に叛き、二〇〇年まで戦い続けた人物である。この張羨との戦いがあったことも理由の一つとなって、劉表は曹操に対して積極的な動きができなかったと筆者は考えている（拙稿一参照）。彼らは荊州にいながら劉表に仕えなかった点で共通している。桓階や和洽、裴潜、韓曁の話は『三国演義』には出てこない。さらに、『魏志』鄧艾《とうがい》伝には、

　曹操が荊州を破ると、汝南にうつり、農民のために子牛を養っていた。

とあり、曹操が荊州を平定した際に鄧艾が汝南に移ったことを記している。また、『魏志』杜夔《とき》伝には、

　後に劉表の子・劉琮が曹操に降ると、曹操は杜夔を軍謀祭酒《ぐんぼうさいしゅ》とし、太楽の事に参与し、それによって雅楽を新しく制定するように命じられた。

とあり、『魏志』田疇《でんちゅう》伝には、

　荊州征伐に従って帰還すると、曹操は田疇の功が殊に素晴らしかったことを思い出し、以前田疇の辞退を許したことを悔やんで、「一人の志を全うさせたが、王法の大制を無視したことになる」と述べて、以前の爵位に田疇を封じた。

とある。

三九　「赤壁の戦い」に関する記述ではあるが、詳細を記していない『呉志』の記述としては以下のようなものが挙げられる。

　また周瑜・程普らと西に進め曹操を烏林で破り、曹仁を南郡で囲んだ（呂蒙伝）。

※この後、益州の部将・襲粛《しゅうしゅく》が降伏してきた件や曹仁との夷陵をめぐる戦いの様子が描かれている。

周瑜と左右の督となり、曹操を烏林で破り、また南郡に進攻して曹仁を逃走させた（程普伝）。

建安年間、周瑜に従って曹操を赤壁でふせぎ、火攻めを建策したが、その言葉は周瑜伝にある。武鋒中郎将《ぶほうちゅうろうじょう》を拝した（黄蓋伝）。

後に中郎将《ちゅうろうじょう》の官で周瑜らと曹操をふせいで破り、また呂蒙と南郡を襲って奪取し、偏将軍《へんしょうぐん》に遷り、領永昌太守《りょうえいしょう》となった（韓当伝）。

後に周瑜、程普と曹操を赤壁でふせぎ、曹仁を南郡で攻撃した（周泰伝）。

後に周瑜に従って曹操を烏林でふせぎ破った（甘寧伝）。

孫権は淩統《りょうとう》を承烈都尉《しょうれつとい》とし、周瑜らと曹操を烏林でふせぎ破らせ、遂には曹仁を攻め、遷って校尉となった（淩統伝）。

曹操が赤壁に至ると、周瑜らとともにふせぎ破り、裨将軍《ひしょうぐん》を拝し、領彭沢太守《りょうほうたく》となって、彭沢・柴桑・歴陽《れきよう》が奉邑とされた（呂範《りょはん》伝）。

四〇　拙稿一参照。

四一　陳寿『三国志』などから見て、この時期に曹操が漢中を定めることはないと思われるが、なぜこのような記述があるのかはよくわからない。

四二　拙著一第一章参照。

四三　拙稿一も参照されたい。

四四　拙著一・一九頁参照。

四五　荊州平定には関連するが「赤壁の戦い」には直接の関係がない『蜀志』の記述としては、以下の文章が挙げられる。これらの文章の内容は、

曹操の軍が至り、劉備を当陽の長阪で追撃するに及び、劉備は追い詰められて困り、甘夫人と劉禅を捨て、趙雲に保護を頼んで難を免れた。（甘后伝）

曹操が荊州に克つに及んで、（黄忠を）仮に行裨将軍とし、もとの任につかせて、長沙太守韓玄《かんげん》の統制下に属させた。（黄忠伝）

張松が荊州で曹操と会見して帰還すると、劉璋に曹操との交わりを絶ち、劉備と結ぶように勧めた。（法正伝）

劉表が亡くなると、遂に劉備に従って南下して長江を渡り、（さらに劉備に）従って益州に入った。（伊籍伝）

劉表が亡くなり、曹操は荊州を征伐した。劉備は江南に逃走し、荊・楚の群士は雲のように劉備に従ったが、劉巴《りゅうは》は北の曹操のところに行った。曹操は招いて掾とし、長沙・零陵・桂陽に帰順を呼び掛けさせた。（劉巴伝）

劉表が亡くなると、霍峻《かくしゅん》は軍勢を率いて劉備に帰順し、劉備は霍峻を中郎将とした。（霍峻伝）

劉表が亡くなると、劉備に帰順した。（向朗《しょうろう》伝）

四六　石井仁前掲書一九三頁参照。

四七　拙著一・一七頁、小林春樹「三国時代の正統理論について」（『東洋研究』一三九号　二〇〇一年）参照。

四八　拙著一・三〇頁、津田資久「『魏略』の基礎的研究」（『史朋』三十一　一九九八年）参照。

四九　『漢晋春秋』については、田中靖彦「『漢晋春秋』に見る三国正統観の展開」（『東方学』一一〇　二〇〇五年）も参照されたい。

五〇　『先賢伝』については、永田拓治「「先賢伝」「耆旧伝」の歴史的性格―漢晋時期の人物と地域の叙述と社会」（『中国』二一　二〇〇六年）などを参照されたい。

五一　興膳宏『中国の文学理論』（筑摩書房　一九八八年）「摯虞『文章流別志論』攷」（初出は入矢教授小川教授退休記念会〔編〕『入矢教授小川教授退休記念中國文学語学論集』（筑摩書房　一九七四年））などを参照。興膳氏はこの論文で『文章流別志論』の「志」は『文章志』と同一内容だったのではないかとされている。

五二　李学仁〔原案〕王欣太〔著〕『蒼天航路』講談社漫画文庫版一一・巻末特別寄稿【幻想の赤壁】でも指摘されて

いる。

五三　たとえば王粲については、彼の伝を見ると才能豊かで蔡邕《さいよう》の蔵書を継いだことや記憶力に優れていたことが記されているが、杜襲《としゅう》伝を見ると王粲は和洽・杜襲ほどに曹操から尊敬を受けなかったとされ、杜襲が曹操と目通りして夜半まで出てこないとイライラし、和洽から茶化されている話が出ている。

五四　拙著一・八～一九頁参照。

五五　拙著一・一一～一二頁、本田済「陳寿の三国志について」（『東方学』二三　一九六二年）参照。

五六　この訳については、高橋康浩〔訳注〕「韋昭「呉鼓吹曲」訳注」（『三国志研究』三　二〇〇八年）を参照している。

五七　ちなみに、『宋書』巻二十二楽志にある「魏鼓吹曲」の第八曲に「平南荊」、第九曲に「平関中」があるが、ある意味で当然ながら「赤壁の戦い」については書かれていない。

第二章　『三国志』豆知識

酒にまつわるエピソード─魏の場合

『三国演義《さんごくえんぎ》』（以下、『演義』と略す）や吉川英治《よしかわえいじ》氏の『三国志《さんごくし》』（以下、吉川『三国志』と略す）を読んでみると、張飛《ちょうひ》が酒で失敗するシーンが多く、その印象が非常に強い（高校世界史の図説〔副教材〕にも登場するほどである）。しかし、歴史書の『三国志』を見てみると、張飛以外にもいろいろと酒にまつわるエピソードを持っている人物が登場する。ここではまず、魏《ぎ》の人物の酒に関するエピソードをご紹介したいと思う。

魏国ができた頃（二一三年頃）、曹操《そうそう》は禁酒令を出していた（醸造のために大量の材料が必要であったことや、旱魃などで穀物が不足したためなどがその理由である）が、徐邈《じょばく》という人物は隠れて飲んでベロベロに酔っていた。そんな時、仕事の状況について聞きに来た監察官の趙達《ちょうたつ》に徐邈は「聖人にあたっちゃってね」と答え、趙達がそのまま曹操に報告したら曹操は激怒してしまった。当時の酒飲みは清んでいる酒を聖人といい、濁っている酒を賢人と言っていたのである。この時は、鮮于輔《せんうほ》という人物が「徐邈は慎み深い性格です。たまたま酔っ払って言ってしまったのでしょう」とフォローしてくれたおかげで、徐邈は刑罰を免れたという（『三国志』徐邈伝）。この徐邈はのちに涼州《りょうしゅう》（現在の甘粛省《かんしゅくしょう》を中心とする行政地域）の刺史（長官）となってこの地域を安定させ、途絶えていた西域との通交を再開したり、諸葛亮《しょかつりょう》の第一次北伐軍の一部を破ったりした人物でもある。

魏の人物の「酒での失敗」としては、曹植《そうち（そうしょく）》の件も取り上げないわけにはいかないだろう。二一九年、曹仁《そうじん》が関羽《かんう》に包囲されると、曹操は曹植に救援するように命じたが、曹植は酔っ払っていて命令を受けることができず、曹操は後悔して命令をとりやめたという（『三国志』曹植伝）。この話に付されている裴松之《はいしょうし》の注に引用された『魏氏春秋《ぎししゅんじゅう》』によると、曹植を酔わせたのは太子であった兄の曹丕《そうひ》だとされるが、にわかには信じがたい。確かに曹丕と曹植は曹操の後継者をめぐって争ってはいたが、すでに後継者は決定した後である。それに石井仁氏は「後継者問題は曹操が意図的につくりあげた政治状況であったという見方もできる」としている（石井仁〔著〕『曹操―魏の武帝』 新人物往来社　二〇〇〇年　二二六頁）ことも考えると、この曹植の一件は簡単には評価できないだろう。

実は、禁酒令を出した曹操本人もお酒は大好きだったようで、彼の「短歌行」という詩を見ると、「酒に対しては当《まさ》に歌うべし　人生幾何《いくばく》ぞ……何を以ってか憂いを解かん　唯だ杜康《とこう》（酒のこと）有るのみ」などとある。加えて『全三国文』巻一や『斉民要術《せいみんようじゅつ》』巻七・笨麹餅酒《ほんきくへいしゅ》を見ると、曹操が後漢の皇帝に対して「九醞春酒法《きゅううんしゅんしゅほう》」という酒の作り方を上奏していることがわかる。

また、この時代には葡萄酒《ぶどうしゅ》も飲まれていたことがあるようで、魏の文帝・曹丕は葡萄について述べた詔書の中で「醸すれば酒となるが、……善く酔うけれども醒めやすく、通り過ぎれば涎が流れてきて唾を飲み込んでしまう」と書いており（『太平御覧《たいへいぎょらん》』巻九七二蒲萄所引「魏文帝詔」など）、非常に興味深い。

酒にまつわるエピソード――蜀の場合

蜀に関しては、『三国志』簡雍《かんよう》伝に記録がある。簡雍は劉備《りゅうび》と同郷の人である。蜀《しょく》を征服した後のある時、日照りが起こったために酒を禁じ、醸造した者も罰することにした。役人はある家を捜索し醸造用具を見つけて取り上げた上に、酒を作った者（現行犯）と同罪にしようとした。そんな折、簡擁が劉備と遊びに行って一組のカップルが行くのを見た。当時カップルで街中を歩くということがあったのであれば、それはそれで興味深い。そんなとき、簡擁は劉備に「彼らは淫らな行為をしようとしているのに、つかまえないのですか」と言ったのである。劉備が「どうしてわかる？」というと、簡擁は「彼らは〝道具〟を持っておりますから。醸造道具を持っている者と同じです」といった。劉備は大笑いして醸造道具を持っていた者を赦したという。

禁酒令とは関係ないが、酒に関するエピソードとしては、関羽についても触れておかねばならないだろう。関羽が荊州《けいしゅう》を治めていた頃のことだが、関羽は以前に戦いの中で流れ矢に当たり、左肘を貫通したことがあった。傷は治ったが、毎年梅雨の時期になると傷が痛んだ。宴会の最中、医者に傷を見せると、医者は「鏃に塗ってあった毒が骨まで入っておりますから、骨を削って毒を取り除かないと治りません」と言った。すると、関羽はなんと諸将と宴会を続けたまま、肘を差し出して医者に手術をさせたのである。この話は関羽伝本文の記事であるから、一応実話と考えるほかない。酒が麻酔の代わりにでもなったのであろうか。吉川『三国志』をはじめとする小説だとこの医者のセリフは華佗《かだ》が言ったことになっているが、史実ではすでに華佗は曹操に殺された後である。

酒にまつわるエピソード―呉の場合

残るは呉であるが、ここでは禁酒令の類が出たという記録はない。しかし、酒に関するエピソードでは、非常に興味深いものがある。実は、孫権《そんけん》はかなりの酒乱で、こと酒に関しては小説で失敗が目立つ張飛以上ではないかとも思わせる記述がある。

孫権が武昌《ぶしょう》を都としていた頃のある日のこと、釣台《ちょうだい》（長江の河岸で、酒を飲みながら魚を見たところ）に出て酒宴を開き、みな酔っ払ってしまった。すると、孫権はなんと酔ってしまった臣下たちに対して水をかけさせ、「今日は思いっきり飲んで、酔って台から転げ落ちるまでやめねえぞ！」といったのである。さすがにこのあと、張昭《ちょうしょう》が苦言を呈したのでようやくやめたという（『三国志』張昭伝）。

エピソードはこれだけではない。孫権が呉王になった祝賀の宴会でのこと、終わりごろに孫権自身が臣下に酒をついでまわった。そんな時、虞翻《ぐほん》という人物は床に倒れ伏し酔っ払ったふりをして杯を受け取らなかったが、孫権が前からいなくなるときちんと座りなおした。これを見た孫権は怒りを露わにし、なんといきなり剣で虞翻を斬ろうとしたのである。その場にいた者たちは孫権のあまりの酒乱ぶりにみな動転してしまった。そのとき、劉基《りゅうき》（劉繇《りゅうよう》の息子）だけが孫権を抱きとめて、「酒の上とはいえ虞翻を殺してしまうと、たとえ虞翻に落ち度があっても、評判が落ちますよ」と諫めた。すると、孫権は「曹操は（孔子《こうし》の子孫の）孔融《こうゆう》を殺したじゃないか。おれが虞翻を殺して何の問題がある！」といってしまった。結局、この宴席では劉基の意見によって、虞翻は救われた。さらに驚かされるのは、この一件の後、孫権が反省して、「今後、酒が入ったうえで自分が〝殺せ〟といっても決して殺してはならない」と側近の者たちに命じたことである（『三国志』虞翻伝、劉繇伝附劉基伝）。このような命令を出すのであれば、そもそも飲まなければよい、と思うのだが、そんなわけにはいかなかったのだろう。

三国時代の酒は、米・粟・小麦・黍などを原料にしているので、いろいろな種類があったとされ、地域によって原料が違うので現在でも種類がいろいろある。三国時代の名酒としては、酃《れい》湖（現湖南省衡陽市東）の水で作られた酃酒《れいしゅ》が有名だとされる。『文選《もんぜん》』にある左思《さし》の「呉都賦」やその注に引用された『湘州記《しょうしゅうき》』に記録がある。

三国時代の麻酔薬

歴史書『三国志』には、「麻沸散《まふつさん》」という麻酔薬を発明し、外科手術などの医療行為に使用していた人物が取り上げられている。華佗《かだ》である。『三国志』華佗伝を読むと、彼の見事な医術の腕が描写されている。その評判を聞いて、曹操は華佗を招いた。曹操は頭痛もちで、発作が起こると心が乱れ、目が眩むほどだったが、華佗の治療を受けると痛みが引いていったという。ただ、当時の医者は身分が低く、曹操から医者として以上の扱いを受けなかったことに不満を持った華佗はウソをついて自宅に引きこもり、そのウソがばれて曹操に殺されてしまった。ちなみに、その天才的な医術による名声のためか、現在でも「華佗膏」と名づけられた薬がある。

そもそもこの時代の風俗として、麻薬の類の発明・流行が挙げられる。また、曹操の側室の連れ子であった何晏《かあん》を筆頭に魏の高官たちが五石散《ごせきさん》（寒食散《かんしょくさん》）という麻薬のようなもので陶酔の境地に浸っていた。健康増進、疲労解消、不老長寿などを求めてこれを飲んでいたらしい。この五石散はその名の通り、五つの薬石を練ってつくったものである。しかし、これがまたとんでもないシロモノであった。一旦飲んでしまえば、どんどん歩き回らなければならない。そうしなければ薬は転じて毒になり死んでしまうこともあったからである。この五石散を飲んだ後に歩き回ることを「散発」というが、これが散歩の語源であるとも言われる。また、この薬は体を熱するものであったため、飲んだ後は冷たいものを食べなければならず、それ故に「寒食散」とも言われる。口にしていい熱いものは酒だけで、これも守らないと死に至ることがあったという。なんとも面倒な薬である。

副作用としては、皮膚の炎症が挙げられる。それ故に、皮膚がむけやすく、だぶだぶの服を着用し、体を洗うことも稀になって虱がわいてきてもそのままにしていたという。また、怒りっぽくなったり、被害妄想が激しくなったり、手足のむくみなども激しくなったという。しまいには中毒死する人間も出てきて、その数は三世紀～八世紀の間に数百万人にのぼったともいわれている五八。

三国時代の「茶」

中国の歴代王朝が公認した各王朝の歴史書である正史《せいし》の中で、飲み物としての「茶」がはじめて登場するのが、『三国志』である。呉《ご》の最後の皇帝・孫皓《そんこう》は宴会で家臣に七升の酒を無理に飲ませていたが、韋曜《いよう》（韋昭《いしょう》）という人物は特別待遇を受け、酒を途中で免除されたり、時には酒を茶に換えられたことがあるという。

実は、「茶」という漢字はもともと陳寿『三国志』では使用されておらず、「茶」という漢字であった。それが、茶の普及に伴って唐代に漢字が出来て、『三国志』の版本でも「茶」と変えられたと考えられている。

現在の雲南省《うんなんしょう》・四川省《しせんしょう》といった中国の西南方から漢代に徐々に広まってきた茶は、この時代から薬物としてではなく、日常的な飲料になりつつあったと見られている。ということは、当然蜀でも茶が飲まれていたと考えられ、もしかすると蜀の宮廷でも飲んでいたかもしれない。おそらく呉へは四川省から長江を下って伝わったと思われる。

ちなみに、吉川『三国志』の冒頭部分で劉備が母のために茶を買い求めるシーンがあるが、現在の北京あたりにあのような船がやってくることはなかったし、当時の状況からすると茶が庶民の手に入ったとは考えにくい。

三国時代の技術開発

三国時代は戦乱の時代だけあって、富国強兵のための技術開発が非常に進んでいた。この時代の発明家として特に有名な人物は、魏の馬鈞《ばきん》である。彼は貧しさに苦しんでいた時に綾を織る機を改良して有名になった。その後、高い土地に水をくみ上げるために、彼は翻車《ほんしゃ》と呼ばれる足踏み式の水車を作り、灌漑を容易にしたとされる。また、記録にはあったがすでに作り方がわからなくなっていた指南車《しなんしゃ》（どこを走らせても車の上の人形が常に南を指す車）を作って復活させたり、機械仕掛けのからくり人形まで作ったりしたのも彼である。

さらに、馬鈞は発石車《はっせきしゃ》も改良している。発石車とはテコの原理を利用して石などを投げ飛ばす投石機を載せた車のことであるが、人力で動かしていたため連射できないという弱点があった。彼はそれを改良し、大型の車輪に多数の石を縄でぶら下げ、車輪を回転させながら石を切り離すことで発射する連射式にしたとされるが、実験段階でとどまったようである。ちなみに、中国史上で発石車の使用が始めて確認されるのは、二〇〇年の官渡の戦いである（ここまでは『三国志』杜夔《とき》伝裴松之注所引傅玄《ふげん》序参照）。

また、「大三国志展」における三国時代の展示のトピックスでも紹介されているが、諸葛亮（孔明《こうめい》）の軍事技術開発は驚嘆に値する。展示で取り上げなかったものをここでご紹介したい。『諸葛亮集』（中華書局　一九六〇年）所引『諸葛亮別伝』によると、蒲元《ほげん》という人物に命じて刀を作らせたという記録が残っている。蒲元は鋳刀をより硬く丈夫なものにするために、刃の焼入れ用にわざわざ蜀江《しょくこう》の水を選んで汲んでこさせたことや、水を汲んできた者が途中でこぼしてしまい、それに涪水《ふすい》の水を混ぜたことを蒲元が見破ったこと、さらにこのようにして作った鋳刀は竹筒に詰めた鉄の玉を斬ることができたことなどが記されている（『北堂書鈔《ほくどうしょしょう》』巻一二三所引『蒲元伝』にも同様の記事がある）。

陳寿の『三国志』や『演義』には登場しないが、蒲元もなかなかすごい人物である。馬鈞の場合、実験段階で留まってしまったものが多いが、蒲元のものは実用化されているのである。また、孔明は連弩を改良して「元戎《げんじゅう》」というものを作ったとされる。連弩自体は『史記』や『漢書』にも登場しているが、諸葛亮は「長さ八寸（約一九センチ）の鉄製の矢を同時に十本発射できる」というものを作成している（『三国志』諸葛亮伝裴松之注所引『魏氏春秋』）。明代の「諸葛弩」はこの記述を参考にして作られたものだといわれている。ちなみに、魏の馬鈞は諸葛亮の連弩を見て自分ならこの五倍の性能を持ったものを作れると言ったという（『三国志』杜夔伝裴松之注所引傅玄序）。

三国時代の仏教

現在残っている史料からすると、仏教が中国に伝来したのは前漢末から後漢初にかけてのことのようである。それ以降、徐々に中国に仏教が浸透していったと見られる。

そのような中で、道家の祖とされる老子《ろうし》が西方へ行き、仏陀《ぶっだ》となったのだとする「老子化胡《ろうしかこ》説」というトンデモない説がある。そもそも『史記』老子伝では、老子は周が衰えたのを見て関所を西に出て消えてしまったとされている。その記述を踏まえてできたのが先ほどの説であるが、このような説が仏教伝来の初期から存在していることは興味深い。この時期の仏教が道教と結びつくことで受け入れられてきたことを示すものであるからだ。その後、三国時代の次の西晋《せいしん》の時代に道士の王符《おうふ》が『老子化胡経《ろうしかこきょう》』を作っているが、これは老子化胡説を利用して道教を仏教よりも優位な立場に置こうとしたものである。ということは、逆説的に見れば、道教側がこのような経典を偽造して仏教よりも優越していることを示さなければならないほど、三国時代の間に仏教が浸透したことを意味しているだろう。

陳寿が儒教を重視したためか、歴史書『三国志』の中で仏教に関する記事は数少ない。その中でも「劉繇伝」では、笮融《さくゆう》が徐州で三千人以上収容できる豪華な仏教寺院を造り、人々に仏教の経典を読むことを義務づけ、灌仏会《かんぶつえ》の儀式をするごとに酒食を準備していたとされ、食事や見物に訪れる人が一万人近くにも及んだと記されている。加えて「孫綝《そんりん》（そんちん）伝」には、傲慢になった孫綝が民間信仰の廟と共に浮屠《ふと》の祠（仏寺）を破壊し、僧侶たちを斬ったとある。ということは、少なくとも呉に仏寺が存在していたことは理解できるが、寺の大きさや数までは判然としない。

呉国と仏教の関係を考える際に、支謙《しけん》という人物は非常に重要な位置を占めている。彼は博士となって皇太子の輔導に当たった仏教徒だとされる（『出三蔵記集《しゅつさんぞうきしゅう》』支謙伝、『高僧伝《こうそうでん》』康僧会伝《こうそうえ》附）。もしこれが事実ならば、月支《げっし》からの帰化人の子孫が呉の太子を輔導していたことになる。『高僧伝』には、漢献の末の乱に地を呉に避く。孫権其の才慧を聞き、召見して之を悦び、拝して博士と為し、東宮を輔導せしむ。韋曜諸人と共に匡益を尽くせしが、但生《うまれ》外域よりせる故に呉志に載せず。

とある。これによると、支謙は韋昭《いしょう》（韋曜《いよう》）らと共に「匡益を尽くした」とあり、少なくとも接点があったようだ。韋昭『呉書』での仏教に関する記録は（全てかどうかはわからないが）支謙からの情報によるものであると推測しても大過ないであろう。韋昭は先述のように儒教に対する造詣が深いことはわかっているが、彼本人が仏教徒であったという記録はない。しかし、『高僧伝』の記録を見る限り、それなりの知識はあったと考えられる。

この『高僧伝』のもう一つのポイントは、陳寿『三国志』での立伝する際の人物の選択基準について述べていることである。支謙が記載されなかった理由として、「外域より生まれたため」としている。『高僧伝』の著者・慧皎《えこう》（南朝・梁《りょう》）から見た限りではあろうが、陳寿『三国志』の編纂基準を記録した文章として、貴重なものである。

陳寿『三国志』以外の記載を見ても、蜀漢への仏教伝来に関しては全くと言っていいほど記録がないという。魏や呉については当時の僧の名前も伝わっている。魏では曇柯迦羅《どんかから》・康僧鎧《こうそうがい》・曇無諦《どんむてい》・朱士行《しゅしこう》、呉では康僧会などである（支謙は在家の信者である）。このような僧などの訳経、注釈などによって、信仰や寺院建立だけではなく思想としても流布し、それなりに広まっていたとみられている。

この時期の社会にどの程度仏教が浸透していたかを示す話として、曹操の息子である曹沖《そうちゅう》のエピソードを挙げておきたい。

孫権が曹操へ象を贈ってきたときのことである。曹操が臣下たちに象の重さの量り方を聞いたとき、曹沖はすぐに答えたという（『三国志』鄧哀王《とうあいおう》沖伝）。とてつもない神童のように聞こえるが、金文京〔著〕『三国志の世界』（講談社　中国の歴史〇四　二〇〇五年）二七三頁によると、この話は仏教説話にもあるということで、それがいつの間にか『三国志』に混入してしまったのであろうと考えられている。

ちなみに、『三国志』先主伝には劉備が手をさげると膝まで届いたとあるが、金文京前掲書二七〇頁ではこれが仏の三十二相の中の正立手摩膝相《しょうりゅうしゅましつそう》（直立して手が膝まで届く）にあたることから、陳寿『三国志』本文にも仏教の影響が現れていると指摘している。

このように見ると、三国時代当時の仏教に関して、寺や僧侶の数といった情報はほとんどないが、仏教説話が王沈《おうしん》『魏書《ぎしょ》』・韋昭『呉書《ごしょ》』、ひいては陳寿『三国志』のような歴史書に紛れ込んでいたのである。

第三章　『三国志』人物事典

凡例

一、国の順番は、後漢・魏・蜀漢・呉とした。

二、人物の順番は、まず歴代君主・皇帝、后妃、皇族を置き、その他の人物をアイウエオ順で並べてある。血縁関係が近い孫夫人は后妃の次に並べている。

三、人物に親子関係がある場合は、親子の順に並べている。

四、この人物事典は、歴史書『三国志』に基づいて作成したものであり、随時『三国演義』における描写についても述べている。

五、この人物事典は、東京富士美術館「大三国志展」カタログのために作成されたものをもとに、加筆・修正したものである。

六、劉備が建国した国家の正式名称は「漢」であり、史学上の通称は「蜀漢」であるが、本事典では「蜀」と呼ぶこととする。

七、諸葛亮については、各項目の初出では「諸葛亮（孔明）」と表記し、その後は「孔明」と記すこととする。

〔後漢〕

劉協《りゅうきょう》〔献帝《けんてい》〕（一八一〜二三四年）「後漢《ごかん》のラスト・エンペラー」

幼くして即位し、苦労を重ねた後漢最後の皇帝。

字《あざな》は伯和《はくわ》。霊帝《れいてい》の子。董卓が兄の劉弁《りゅうべん》を廃して劉協を擁立したため即位。董卓、そしてその残党の傀儡《かいらい》となり、洛陽《らくよう》に戻ってくると曹操に迎えられるが、結局曹操の傀儡となる。董承に曹操を討つように密詔を下すが発覚。董承らは殺されたが、帝は利用価値があるためか殺されなかった。曹操の後を継いだ曹丕に帝位を譲り、山陽公《さんようこう》となる。その後も殺されることなく、「朕《ちん》」と自称することも許されるなど厚遇されたが、二三四年死去。

袁術《えんじゅつ》（?〜一九九年）「群雄で誰よりも早く皇帝になった男」

光武帝《こうぶてい》の出身地・南陽《なんよう》を拠点としたが、戦略なき無謀な皇帝即位もあって没落。

字は公路《こうろ》。汝南《じょなん》郡汝陽《じょよう》県の人。袁紹の従弟《いとこ》（異母弟説あり）。要職を歴任したが、董卓が皇帝を代えようとした時に南陽に逃亡。反董卓軍などでは孫堅に兵糧を供給して戦わせていた。しかし、南陽で過剰な税を取り、袁紹・劉表との関係が悪化した上に曹操と戦って敗れたので、揚州《ようしゅう》に遷って皇帝を名乗ったが、各群雄から敵視され、呂布・曹操に敗れたため袁紹のもとに逃げる途中で死去。

袁紹《えんしょう》（?～二〇二年）「天下に一番近かった男」

後漢《ごかん》の光武帝《こうぶてい》の戦略を真似して天下を目指した名門の貴公子。

字は本初《ほんしょ》。汝南郡汝陽県の人。四世代にわたって高位の三公《さんこう》を出した名門出身。威厳のある風貌で他人には下手《したて》に出ていたので身を寄せる者が多く、曹操とも親しかった。何進の配下から出世し、何進に宦官《かんがん》皆殺しを進言。何進の暗殺後、宦官を皆殺しした。董卓が豪腕を振るいだすと、都から逃げ出して渤海《ぼっかい》郡に行き、董卓討伐の兵を挙げたが内部分裂が激しく、袁紹自身も韓馥《かんふく》を脅迫して冀州《きしゅう》を奪い、公孫瓚と戦って幽州《ゆうしゅう》に勢力を伸ばそうとした。曹操が献帝を迎えると関係が悪化し、公孫瓚を滅ぼした後、官渡《かんと》で戦うが敗れ、徐々に力を失って死去。


何進《かしん》（?～一八九年）「街の市場から大将軍《だいしょうぐん》へ」

皇帝の愛をうけた妹のおかげで出世したが、宦官《かんがん》に謀殺される。

字は遂高《すいこう》。南陽郡宛《えん》県の人。食肉業を営んでいたが、宦官に賄賂を贈って後宮に入れた妹が皇子を生んだことから霊帝《れいてい》に目をかけられて出世。黄巾《こうきん》の乱《らん》が起こると大将軍となる。霊帝が亡くなると、自らのおいを皇帝にした。その後、宦官を皆殺ししようとしたが、妹に反対され躊躇しているうちに逆に宦官に殺された。

華佗《かだ》（?～?年〔二〇八年以前〕）「伝説の名医」

世界で始めて全身麻酔を行ったとされる名医。

字は元化《げんか》。沛国《はいこく》譙県《しょう》の人（曹操と同郷）。養性の術に通じ、麻沸散《まふつさん》という全身麻酔薬を用いて外科手術を行っていたとされ、様々なエピソードがある。曹操が呼び寄せたが、郷里に帰りたくなった彼は妻が病気だとウソをついて帰郷。それがばれて拷問にかけられて亡くなった。その際、獄吏に著書を与えようとしたが受け取らなかったので焼いた。曹沖が亡くなるとき、曹操は華佗を殺したことを後悔している。『三国演義《さんごくえんぎ》』などで周泰の傷や関羽の肘を治療したり、曹操に頭蓋骨の切開手術を勧めたとされるが、史実ではない。


橋玄《きょうげん》（一〇九～一八三年）「曹操の最大の理解者」

汚職を許さず、司令官としても政治家としても抜群の力を持つスーパー官僚。

字は公祖《こうそ》。梁国《りょう》睢陽《しょよう》県の人。七代前の橋仁《きょうじん》の学問は「橋君学《きょうくんがく》」と呼ばれるなど儒家官僚の一族出身。若い頃、外戚《がいせき》であった梁冀《りょうき》の賓客の汚職を摘発。地方官として辺境を安定させたあと中央に移り、高位の三公《さんこう》に三度就く。息子を人質にされ身代金が要求された時も、全く交渉せず息子ごと犯人を討たせた。若き日の曹操に「乱世を治めるのは君のような人間だろうか」と語った最大の理解者であったとされる。

黄祖《こうそ》（？〜二〇八年）「孫策・孫権の仇」

劉表の配下であったが、孫堅を討ったばかりにつけ狙われる。

字はわからない。劉表の一武将で、孫堅を迎え撃って敗れたが襄陽《じょうよう》城外で黄祖の兵士が孫堅を討ち取った。その後、孫策・孫権から親の仇として狙われる。江夏《こうか》太守であり、孫策・孫権からたびたび攻撃を受けて敗れることもしばしばだったが、配下にいた甘寧の活躍で救われることなどもあった。しかし、赤壁《せきへき》の戦い直前に最終的に孫権に討たれた。


公孫瓚《こうそんさん》（？〜一九九年）「白馬義従《はくばぎじゅう》を率いた将軍」

異民族に対して強硬策を取り続け、豪族を敵視した任侠《にんきょう》道重視の将軍。

字は伯珪《はくけい》。遼西《りょうせい》郡令支《れいし》県の人。遼西郡の役人になった後、太守に認められて盧植のもとで劉備と共に学んだ。鮮卑《せんぴ》族と戦うときは白馬に乗って攻撃し恐れられ、騎馬射撃に優れたものを集めて「白馬義従」という部隊を作った。対鮮卑強硬策をとる公孫瓚は、懐柔策で実績を上げる劉虞《りゅうぐ》と対立して彼を殺した。その後、劉虞のもと部下や袁紹と戦って破れ、拠点の易京《えききょう》に何年もこもったが、袁紹らの猛攻を受けて自害した。

皇甫嵩《こうほすう》（?～一九五年）「黄巾《こうきん》討伐の真のエース」

文武の才を持った後漢《ごかん》軍の真のエースだが、政権を握った董卓には逆らわず。

字は義真《ぎしん》。安定《あんてい》郡朝《ちょう》那《な》県の人。名族の出で、霊帝《れいてい》から直接迎えられて出仕。黄巾の乱で大勝を収め、その後張角に苦しむ董卓と交代してまた大勝し鎮圧した。閻忠《えんちゅう》は皇甫嵩に「帝位を狙うべし」と進言するが拒否し、閻忠は逃亡した。その後も反乱鎮圧に取り組むが、宦官《かんがん》の讒言にあい降格される。王国《おうこく》（人名）の反乱では董卓の作戦を拒否して勝利したため、怨まれた。董卓が政権を握ると殺されかけるが、董卓と親しかった彼の子の訴えで救われた。反董卓軍にも参加しなかったが、董卓と同じ地方出身だからとする見方もある。

左慈《さじ》（?～?年）「本当に妖術使い?」

『三国演義《さんごくえんぎ》』では曹操《そうそう》を妖術でやり込める不思議な人物。

字は元放《げんほう》。『三国演義』だと、曹操が出した「遠方の特産品をすぐに取ってくる」などの難題を、妖術を用いてやすやすと実現していくのだが、これは百年ほどのち（東晋《とうしん》）の葛洪《かくこう》が書いた『神仙伝《しんせんでん》』に基づいているらしい。史実では、妖術ではないが「特殊な技術」を重宝され、軍の役人になったという。

蔡邕《さいよう》（一三二〜一九二年）「博学多才の儒学者」

俗世を避けて学問や音楽に取り組んだ後漢《ごかん》末の大学者。

字は伯喈《はくかい》。陳留《ちんりゅう》郡圉《ぎょ》県の人。学問や琴に秀で、古人の境地を楽しんで俗世との交わりを避けていた。橋玄から招聘されて出仕し、のち儒教の経典の校訂に取り組んだ。讒言《ざんげん》にあって北方に移され、さらに讒言にあって呉の方面に亡命した。董卓が政権を握ると、名声があるために脅迫されて出仕し異例の昇進を続ける。彼自身は董卓から逃げようとしたこともあったが、董卓が殺されて歎いたところ、それを王允《おういん》にとがめられ獄死。


朱儁《しゅしゅん》（？〜一九五年）「反董卓のもう一人の中心者」

地方の反乱や黄巾の乱の鎮圧で活躍した名将。

字は公偉《こうい》。会稽《かいけい》郡上虞《じょうぐ》県の人。若くして父を亡くし、母と共に苦労しながら郡の役人になる。才を認められて昇格し、交趾《こうし》の長官となって反乱を鎮圧。黄巾の乱では、皇甫嵩らと共に黄巾軍を破って鎮圧し、その後も続く反乱と戦う。董卓が政権を握ると、陶謙らと（袁紹らとは別に）反董卓の立場で戦う。董卓が殺されると、配下は陶謙らと共に戦おうとするが、彼自身は董卓の残党を見下して都に上り、残党の内紛の際に人質にされ憤死。

張角《ちょうかく》（？〜一八四年）「太平道《たいへいどう》の指導者」

宗教結社を組織して動乱を引き起こし、後漢《ごかん》を事実上滅ぼす。

字はわからない。鉅鹿《きょろく》郡の人。黄帝《こうてい》・老子《ろうし》の思想を学び、新興宗教の太平道を広めた。流民から知識人、宦官に至るまで信者がいた。信者を組織し、天公将軍《てんこうしょうぐん》と名乗って宮廷内クーデターも含めて一斉に、計画的に起こそうとしたのが黄巾の乱である。各地で挙兵した黄巾軍が後漢軍と戦ったが、張角本人は罷免された盧植に代わってきた董卓を破るも病死。その後すぐに鎮圧された。

張松《ちょうしょう》（？〜二一二年）「劉備を蜀へ招き入れた男」

劉璋を見切り、劉備を迎え入れようとした男。

字は子喬《しきょう》。蜀郡の人。曹操が荊州《けいしゅう》を征服すると劉璋はたびたび使者を派遣したが、張松が行くと適当にあしらったので、帰還後張松は曹操のことを悪く伝え、劉備と結ぶ方が良いと述べた。張松は法正と劉備を迎え入れる策を練り、張魯討伐のためとして劉備を迎え入れさせた。しかし、孫権から救援要請を受けた劉備が荊州に戻ろうとすると、張松は「なぜ帰るのか」という密書を送ると、これを兄の張粛《ちょうしゅく》に密告され、劉璋に殺された。

貂蝉《ちょうせん》（?〜?年）「絶世の美女」

董卓・呂布を狂わせた絶世の美女だが、おそらくは架空の人物。

王允の養女で、董卓と呂布を仲たがいさせるために両方の気をひかせ、呂布に董卓を殺させる「連環《れんかん》の計《けい》」を成功させたとされる。その後は、すぐに自殺したとする説や呂布と共に曹操に捕らえられたとする説などがあるが、実在の人物ではない。歴史書『三国志』呂布伝では、「董卓の侍女が呂布と通じており、呂布はそれが発覚することを恐れていた」とあるので、この侍女がモデルではないかとする見方がある。

陳宮《ちんきゅう》（?〜一九八年）「曹操、そして呂布の軍師」

優れた智謀の持ち主だが、主君にめぐまれず殺される。

字は公台《こうだい》。東《とう》郡の人。剛直で覇気に満ちた人物であった。おそらく反董卓軍の挙兵以降に曹操に仕えた。『三国演義』では、曹操が董卓暗殺に失敗して逃げる際に捕まり、その県の長官だった陳宮と共に逃げて知人の呂伯奢《りょはくしゃ》の家に寄るも、殺されると勘違いして皆殺ししたので陳宮は見捨てたとあるが、これは史実ではない。その後、曹操を疑うようになり呂布に仕えたが、呂布は彼の策を採用せず敗れてつかまった。曹操は惜しんだが、自ら死を望んで処刑された。

陶謙《とうけん》（一三二～一九四年）「劉備に国を譲った男」

『三国演義』では「劉備に国を譲った温厚な人物」とされる。

字は恭祖《きょうそ》。丹陽《たんよう》郡余姚《よよう》県の人。都の太学《たいがく》で学び、州郡に出仕して昇進。韓遂《かんすい》討伐で西方へ行った後、黄巾の乱の際に徐州《じょしゅう》の長官となり、鎮圧。董卓が政権を取ると、（袁紹らとは別に）朱儁らと反董卓の戦いを繰り広げる。曹操の父・曹嵩《そうすう》が徐州内で殺されると、曹操は陶謙を攻めて住民を大虐殺した。その後も曹操が攻め込んでくる中で、劉備に徐州を譲って病死。


董承《とうしょう》（？～二〇〇年）「献帝の忠臣？・それとも謀略家？・」

『三国演義』では献帝の忠臣とされるが、実際はかなりちゃっかりとした謀略家。

字や出身地はわからない。霊帝《れいてい》の母・董太后《とうたいこう》の甥で献帝の舅にあたるが、董太后の一族の没落の際に生き残り、董卓軍の幹部に納まる。董卓暗殺後の残党の内紛の中、廷臣となって献帝を連れ出し、洛陽《らくよう》に至る。しかし、廷臣同士の権力闘争が続く中で、周囲の力を借りようとして劉表や曹操に声をかけ、遂に曹操を味方に引き入れる。その後、許都《きょと》で曹操政権の一翼を担うが、曹操討伐の密勅を受けて動いたところ計画が漏れて処刑される。

董卓《とうたく》（？～一九二年）「暴虐な破壊王」

洛陽《らくよう》を廃墟にし、通貨制度を崩壊に追い込んだ後漢《ごかん》末の〝壊し屋〟。

字は仲穎《ちゅうえい》。隴西《ろうせい》郡臨洮《りんとう》県の人。若い頃、羌《きょう》族の地を放浪し顔役《かおやく》と親しくなった。董卓は馬に乗って左右から弓をひける武芸を持ち、武官として昇進したが、黄巾の乱では敗れて免官になった。韓遂《かんすい》が反乱を起こすと、軍を率いて活躍。霊帝が亡くなると、宦官皆殺しを図った何進に都によばれ、何進暗殺後の混乱を受けて都の軍権を握った。呂布を味方にし、勝手に皇帝を代えるなど残虐非道な政治を行ったため、袁紹らの反董卓軍が結成されたが、洛陽を焼き払い郷里に近い長安《ちょうあん》に遷都して対抗した。最後は王允らの策略で呂布に裏切られ殺された。


馬騰《ばとう》（？～二一二年）「実は〝西涼《せいりょう》の叛将〟？」

後漢初の名将・馬援《ばえん》の子孫にして異民族との混血の将軍。

字は寿成《じゅせい》。扶風《ふふう》郡茂陵《もりょう》県の人。後漢初の名将・馬援の子孫。母は隴西《ろうせい》の羌《きょう》族の娘。若い頃は木を切り街で売っていた。涼州《りょうしゅう》の反乱の際、州郡の募集に応じて戦った。しかし、別の将軍に襲われたことから馬騰も反乱に加わり、董卓が長安に遷都すると長安に赴いた。董卓没後、劉焉の子・劉範《りゅうはん》らと結んで長安で董卓の残党を討とうとするが失敗。さらに韓遂との関係が悪化し妻子まで殺されたが、鍾繇らが仲裁して和解。後に都に入り警護の任に就いたが、馬超が曹操と戦ったあとで誅殺された。『三国演義』では馬騰が殺されたので馬超が挙兵するが、実際は逆である。

劉焉《りゅうえん》（？〜一九四年）「益州《えきしゅう》に割拠した野心家」

後漢を見限り、「天子の気あり」とされた益州に赴任し、自立をはかる。

字は君郎《くんろう》。江夏《こうか》郡竟陵《きょうりょう》県の人。前漢《ぜんかん》・景帝《けいてい》の子の魯《ろ》の恭《きょう》王・劉余《りゅうよ》の子孫。若くして州郡で勤め、王族だったため都でも勤めたが、師の死去を理由に退官。人々を教えていたが、再び中央で役職を歴任した。霊帝に州の軍事・行政をみる州牧《ぼく》という役職を常駐させることを進言して採用され、自らは交阯《こうし》の牧になって戦乱を避けようとしたが、董扶《とうふ》から「天子の気あり」と言われた益州に赴任。たびたび起こる反乱を鎮圧して自立の気配を見せ、子の劉範を馬騰の長安攻撃に呼応させたが失敗。劉範らが殺されたことや天災を気に病んで死去。

劉璋《りゅうしょう》（？〜二一九年）「暗愚な？益州の主」

父・劉焉の後を継ぎ益州の支配者となったが、兵士や豪族を抑えきれず劉備に奪われる。

字は季玉《きぎょく》。劉焉の子。兄の劉範・劉誕《りゅうたん》が劉焉の計略によって馬騰と組んで長安を攻めたが失敗して殺され、劉焉も亡くなったときに、益州の豪族たちに温厚さを買われて（操りやすかったということであろう）後継者とされた。しかし、配下の豪族と東州兵《とうしゅうへい》の対立が激化して豪族の反乱が起こったうえに、漢中《かんちゅう》の張魯との関係が悪化する中で劉備を招き入れたが、逆に攻撃されて降伏。荊州へ移され、のちに孫権のもとに行って死去。

劉表《りゅうひょう》（一四二～二〇八年）「荊州の主」

自領にこもり疑り深いとされるが、儒者としても知られ、荊州を学問の中心に仕立て上げた「英主」。

字は景升《けいしょう》。山陽《さんよう》郡高平《こうへい》県出身で、前漢・魯の恭王・劉余の子孫。若い頃から儒者として知られ、宦官による有力官僚の追放事件である党錮《とうこ》の禁《きん》では党人として非難された。一九〇年に荊州刺史《しし》となって一人で荊州に乗り込み、この地の有力者の蔡瑁《さいぼう》・蒯良《かいりょう》・蒯越《かいえつ》の協力を得て政権を確立。のち荊州牧となったが、袁術との争いや長沙《ちょうさ》の反乱に加えて交阯（交州《こうしゅう》）に曹操の手がのびていたこともあって、二〇〇年頃になってようやく全荊州を支配できた。曹操と袁紹の争いには傍観者の立場をとったとされるが、なかなか荊州が安定しなかった中で漁夫の利を狙ったのかもしれない。結果として平和になった荊州に諸葛亮（孔明）など知識人が集まり、「荊州学」と呼ばれる学問が形成された。二〇八年に死去した後、後継者の劉琮《りゅうそう》が曹操に降伏。『三国演義』では、劉琮はすぐ曹操に殺されるが、史実ではそのようなことはない。

劉繇《りゅうよう》（一五四～一九五年）「江東の混乱に巻き込まれた貴公子」

たまたま揚州《ようしゅう》を支配し、結果として孫策政権の基盤の一つを形作った群雄。

字は正礼《せいれい》。東莱《とうらい》郡牟平《ぼうへい》県の人。前漢《ぜんかん》・斉《せい》の孝王《こうおう》の子孫で、後漢《ごかん》末の群雄の一人・劉岱《りゅうたい》の弟。一九歳のとき、賊の人質になった叔父を救って名が広まり役人となるが、筋を通す人物であった。戦乱を避けて淮水《わいすい》流域に逃げると揚州の長官に任命されたが、袁術を憚《はばか》って長江を渡り曲阿《きょくあ》を拠点とした。袁術に対抗したが、袁術側で出陣してきた孫策に敗れ、予章《よしょう》を狙って仏教徒の笮融《さくゆう》を派遣するが自立されかけたので討伐し、やっと勝ったところで病死。

呂布《りょふ》（？～一九八年）「裏切り続けた当代随一の猛将」

主君を次々と殺し周囲を裏切り続け、最後は裏切られて死んだ猛将。

字は奉先《ほうせん》。五原《ごげん》郡九原《きゅうげん》県の人。最初、丁原《ていげん》に仕えて都に上ったが、董卓に誘われて丁原を殺す。董卓の下でも活躍したが、董卓の侍女と密通したことがばれるのを恐れていたところを王允に誘われて董卓を殺害。董卓のもと部下たちに敗れた後は各地を転々とし、陳宮らの手びきで曹操が留守にしていた兗州《えんしゅう》を襲うも失敗。徐州《じょしゅう》の劉備のもとへ逃れたが、劉備の遠征中に徐州を奪った。その後、袁術との同盟を陳珪《ちんけい》・陳登《ちんとう》父子にだまされて阻止されるなどの迷走を続け、一九八年に曹操に破れて降伏し、くびり殺された。

盧植《ろしょく》（？～一九二年）「硬骨の大学者」

学問も酒も嗜む豪快な偉丈夫で、筋を通す硬骨の人。

字は子幹《しかん》。涿《たく》郡涿《たく》県の人。鄭玄《じょうげん》と共に学者の馬融《ばゆう》について学んだ後、帰郷して人々を教えた。博士として出仕し、九江蛮《きゅうこうばん》が反乱を起こすと太守となって鎮圧したが病で帰郷。再び盧江《ろこう》太守となって蛮夷《ばんい》の反乱を収め、都で出世。黄巾の乱が起こると出撃したが勝てず檻車《かんしゃ》で送還され、その後復活したが監察官の宦官に賄賂を贈らなかったため讒言され失脚。また復活したが、皇帝廃立の際に董卓に反対して殺されかけ、蔡邕の説得で取りやめになった。引退して隠棲《いんせい》し死去。

〔魏〕
曹騰《そうとう》（？～一六〇年頃）「孫のおかげで「宦官皇帝」」
清濁併せ呑み権力闘争激しい宮廷内で三〇年以上無事に勤め上げた宦官。
字は季興《きこう》。安帝《あんてい》（在位一〇六～一二五年）の時代に宦官として宮廷に出仕。鄧太后《とうたいこう》に仕え、皇太子・劉保《りゅうほ》の勉強相手をつとめる。鄧太后が亡くなり鄧一族が失脚すると、劉保も皇太子の座からおろされるが、宦官たちが決起して劉保を即位させる（順帝《じゅんてい》）と、曹騰も抜擢される。その後も長きに渡って宮廷で無事に勤め上げ、質帝《しってい》が暗殺された後には外戚《がいせき》の梁冀《りょうき》に劉志《りゅうし》をおして即位させる（桓帝《かんてい》）など重要な役割を演じている。また、曹騰が推薦して高官となった士大夫《したいふ》もおり、彼らとの人脈が「宦官の孫」とされる曹操に恩恵をもたらすことになる。明帝《めいてい》（曹叡《そうえい》）の時代に高皇帝《こうこうてい》という尊号を贈られた。

曹操《そうそう》（一五五～二二〇年）「当代きっての英雄」「治世の能臣《のうしん》、乱世の姦雄《かんゆう》」とよばれ、軍事・政治・学問などに優れた人物。

字は孟徳《もうとく》。沛国《はいこく》譙《しょう》県の人。二〇歳で役人となり、黄巾の乱鎮圧でも活躍。袁紹らと反董卓軍を結成するが内部分裂で苦しみ、単独で董卓を攻めて失敗するが、この戦いで豪族たちから名声を得る。献帝を迎え入れ、屯田制《とんでんせい》の実施などで力をつけ、呂布・袁術らを倒し、袁紹を官渡《かんと》の戦いで撃破。河北《かほく》平定の後、荊州を支配して孫権・劉備と戦うが赤壁《せきへき》で破れ、天下統一は挫折。その後も馬超・張魯・孫権・劉備と激しい戦いを繰り広げる中で病没。

曹丕《そうひ》（一八七～二二六年）「魏の初代皇帝」
曹操の後継者となり、文学などで優秀な側面を持つ人物。

字は子桓《しかん》。曹操の子。学問も武術もよく学んでいたとされる。曹植と太子の地位を争い、取り巻きや曹操の後宮も巻き込んだが、太子となる。曹操の死後、すぐに九品官人法《きゅうひんかんじんほう》を制定し、皇帝となった。また、たびたび呉と戦うもうまくいかなかった。兄弟や気に入らない人物（曹洪や于禁など）への仕打ちは過酷かつ陰険である。文学にも優れ、『典論《てんろん》』を著している。

曹叡《そうえい》（二〇五？〜二三九年）「呉・蜀と戦い続けた魏の二代皇帝」

諸葛亮（孔明）や孫権と戦いながら、皇帝の権威と実力を高めようとした皇帝。

字は元仲《げんちゅう》。曹丕の長子。曹丕の死の直前に太子となり、曹丕の死後、即位（それまでは限られた人物しか人となりを知らなかった）。彼が即位すると、諸葛亮（孔明）が北伐を開始。また、呉も頻繁に攻撃をするようになり、両面作戦への対応を迫られるが、しっかりこなし、遼東《りょうとう》の公孫淵も鎮圧。孔明没後、盛んに宮殿建築をするなど、皇帝の権威と実権を強めようとする政策に出た。病に倒れると、曹宇《そうう》に政権を託そうとしたが、臣下の暗闘の末、曹爽《そうそう》と司馬懿に任せて死去。

甄《しん》皇后（一八二〜二二一年）「『洛神賦《らくしんのふ》』のモデルか？」

曹丕を擒にした美貌の持ち主だが、晩年は悲惨な運命が待ち受ける。

中山《ちゅうざん》郡無極《むきょく》県の人。袁紹の次男・袁熙《えんき》の妻となったが、曹操が鄴《ぎょう》を占領すると、曹丕は袁紹の館に行って甄氏を見て気に入り、妻とした。すぐに曹叡が生まれるが、このことや『三国志』の記事などから「曹叡が袁熙の子では？」と考える人もいる。曹丕が帝位に就くと、寵愛は郭《かく》氏に移り、甄皇后は恨み言を言ったため、怒った曹丕に自殺させられた。曹植《そうしょく》が甄氏に思いを抱いていて、『洛神賦』のモデルではないかとする話もある。


曹植《そうしょく(そうち)》（一九二～二三二年）「杜甫《とほ》以前の最高の詩人」

詩人としては超一流だが、政治の世界ではトラブルばかり。

字は子建《しけん》。曹操の子。小さい頃から文章を作るのがうまく、曹操が「他人に作らせたのか」と聞くほどであった。曹丕と太子の地位を争ったが、行動や衣装を取り繕わず、酒の飲み方も節度がなかったため、太子になれなかった。天子の専用道路で馬車を走らせたり、酒を飲んでいて出陣の命令を受けられないなどのトラブルがあった。曹丕が後継者になってからはたびたび領地替えを命ぜられ、仕事に就きたいと願っても聞き入れられないうちに死去。『洛神賦』などの作品が有名。


曹沖《そうちゅう》（一九六～二〇八年）「曹操の〝幻の後継者〟」

「生きていたら私は天下を支配できなかった」と曹丕に言わしめた天才児。

字は倉舒《そうじょ》。曹操の子。五、六歳で成人のような知恵を持っていたとされ、曹操から象の重さの量り方を問われた際に船を用いて量ることをすぐに考え出した。また、ミスをした臣下で彼の知恵によって救われた者は数十人もいたという。才能と人柄を兼ね備えていたが、惜しくも赤壁の戦いの直前、一三歳で病没。その際、曹丕が曹操を慰めると、「これはわしにとっては不幸だが、お前たちにとっては幸いじゃ」と言ったという。このことからすると、曹操は曹沖を後継者と考えていたのであろう。

曹休《そうきゅう》（?〜二二八年）「曹操の次の世代のエース候補」
曹操に鍛えられた次世代の将軍だが、偽りの降伏を見抜けず敗北。

字は文烈《ぶんれつ》。曹操の族子。幼くして父を亡くし、母を連れて呉に逃れた。曹操が挙兵すると荊州経由で曹操のもとを訪れ、曹操から「我が家の千里の駒」と言われた。曹丕と起居を共にし、曹操は自分の子のように扱った。劉備が漢中に攻撃してきた際、曹操は曹洪を司令官としたが、曹休に「実際の司令官はお前だ」といい、曹洪も曹休に任せ、見事撃退した。呉を攻撃したが、偽って降伏してきた周魴《しゅうほう》に騙されて敗北。直後、背中に腫れ物ができて死去。

曹洪《そうこう》（?〜二三二年）「曹氏一族随一の節約家」
若き日の功績は素晴らしいが、とんでもない〝節約家〟で曹操と同じ財産を築く。

字は子廉《しれん》。曹操の従弟。董卓討伐の際、曹操が董卓の部下の徐栄《じょえい》に大敗すると、自分の馬を曹操に譲り、自身は徒歩で共に逃げのびた。また、徐州討伐の際に本拠地の兗州に呂布が攻め込むと、曹洪は本軍に食糧を送るなどの功を挙げた。曹洪は〝節約家〟で有名で、曹丕が借財を申し込んでも断り、それを根にもった曹丕が帝位につくと罪に陥れて処刑しようとしたが、曹丕の母が手を回したので救われた。

曹真《そうしん》（?～二三一年）「たびたび諸葛亮（孔明）軍を撃退した将軍」

小説では孔明に振り回される無能な将軍だが、実際は堅実で有能な人物。

字は子丹《したん》。曹操の族子とされるが、直接の血縁関係はないとする説もある。幼くして孤児となり、曹操に引き取られ曹丕と起居を共にした。蜀方面の戦いで活躍を続け、曹丕の時代になると方面司令官に昇進。その後、都に戻り呉とも戦う。曹丕の遺詔で、曹叡の政治を補佐した。諸葛亮（孔明）が北伐すると、翻弄されながらも街亭《がいてい》に張郃を派遣するなどして撃退。孔明の陳倉《ちんそう》攻撃も読みきって城壁を修築させていた。蜀への攻撃計画が失敗すると、病に倒れ死去。子の曹爽《そうそう》は司馬懿と共に政権を担当するが、司馬懿のクーデターに遭い、殺される。

曹仁《そうじん》（一六八～二二三年）「曹氏一族随一の猛将」

味方から「天上世界の方」とまで言われるほどの猛将。

字は子孝《しこう》。沛国譙県の人で、曹操の従弟。豪傑が一斉に蜂起したとき徐州あたりを暴れまわり、曹操の配下となる。袁術・陶謙・呂布・張繡の征伐で活躍。曹操が袁紹と官渡で睨みあっていた時、派遣されて劉備を撃破。袁紹軍の輜重《しちょう》車を奪う功を立てた。荊州の江陵《こうりょう》防衛では周瑜軍に包囲された牛金らを獅子奮迅の働きで救い、味方から「天上世界の方だ」と呼ばれた。馬超や関羽との戦いでも貢献したが、呉の攻撃に失敗した直後に死去。


于禁《うきん》（？～二二一年）「屈辱の中で死んだ名将」

曹操軍の中でも屈指の名将だったが、関羽に降伏したことで運命が暗転。

字は文則《ぶんそく》。泰山《たいざん》郡鉅平《きょへい》県の人。黄巾の乱が起こると鮑信《ほうしん》に従い、王朗《おうろう》の推薦で曹操と会って配下となり、呂布討伐や黄巾の残党討伐、張繡との戦いで活躍。また、青州兵《せいしゅうへい》の横暴を許さなかった姿勢も評価されたが、頑固すぎる一面もある。関羽討伐に出陣するが、雨と洪水に祟られて降伏。関羽が呉に殺されると呉に住み、その後魏に帰還できたが、使者として呉へ赴く際に立ち寄った曹操の墓に自分の降伏する姿が描かれているのを見て、発病して死去。

王粲《おうさん》（一七七～二一七年）「博学多才な文学者」

非凡な才能を持つ「建安七子《けんあんしちし》」の一人だが、権力者に擦り寄る姿勢もあり。

字は仲宣《ちゅうせん》。山陽郡高平県の人。劉表の師・王暢《おうちょう》の孫。蔡邕から高く評価され、蔡邕の蔵書を受け継いだ。戦乱を避けて劉表の下へ行くが、劉表は王粲の醜さと大まかな性格を嫌っていた。劉琮に勧めて曹操に降伏させる。「建安七子」の一人で、博学であり、常に新制度を制定する中心となったが、変わり身が早くこせこせしていて競争心が強く、曹操からもあまり尊敬されなかった。呉遠征の道中で死去。

賈詡《かく》（一四七～二二三年）「ある意味で、最も冷酷残忍な軍師」

冷徹なリアリストで切れ味抜群の軍師。

字は文和《ぶんわ》。武威《ぶい》郡姑臧《こぞう》県の人。若いときは認められず、閻忠《えんちゅう》にだけ評価された。病で辞職し郷里へ還る途中、氐《てい》族に捕まったが、国境防衛担当だった段熲《だんけい》の名を出して助かる。董卓の配下となり、董卓が亡くなると董卓の残党を支え、長安を奪取させた。その後、段煨《だんわい》、張繡に仕え、最終的に張繡を曹操に帰順させて自らも曹操の参謀となり、官渡の戦いや馬超との戦いで活躍。曹丕を太子にするように意見した。疑われることを恐れ、私的な交際をしなかった。

郭嘉《かくか》（一七〇〜二〇七年）「夭折《ようせつ》した天才軍師」

曹操が「次世代を担う軍師」として期待した男。

字は奉孝《ほうこう》。潁川郡《えいせん》陽翟《ようてき》県の人。最初袁紹のもとへ行ったが見切りをつけて立ち去り、荀彧の推薦で曹操に仕えた。袁紹が公孫瓚と戦っている間に呂布を討つよう進言し、孫策暗殺も予言。その後も袁紹の子たちを討伐するために劉表を攻めるふりをして油断させて様子を見てから攻めることや烏丸《うがん》征伐も進言したが病死。品行が収まらず、陳羣から批判される一面もあったが、赤壁で敗れると曹操は「奉孝がいれば、わしをこんな目にあわせなかったのに」と言うほどだった。


郝昭《かくしょう》（?〜?年）「諸葛亮（孔明）の軍を防ぎきった男」

河西《かせい》地方専門となった将軍で、蜀軍を陳倉《ちんそう》で防ぎきった勇将。

字は伯道《はくどう》。太原《たいげん》郡の人。若くして軍に入り将軍にまで出世。河西地方（現在の甘粛《かんしゅく》省付近）を一〇年以上治め、民衆や異民族に慕われた。孔明が第二次北伐で郝昭が守る陳倉を包囲すると、孔明の使者の降伏勧告に従わず、蜀軍が繰り出す雲梯《うんてい》・衝車《しょうしゃ》などの攻城兵器を全て防ぎきり、蜀軍は撤退。その直後に病死した。

郭淮《かくわい》（?～二五五年）「魏の西方防衛担当の将軍」

魏の西方防衛を担当し続け、異民族にも慕われた名将にして、諸葛亮（孔明）・姜維を防いだ真の立役者。

字は伯済《はくせい》。太原郡陽曲《ようきょく》県の人。建安《けんあん》年間に役人になった後、徐々に昇進し、曹操の漢中征討に随行（二一五年）。その後、漢中に残されて夏侯淵の配下となった。夏侯淵が劉備と戦ったときは病気だったが、夏侯淵が殺されると散り散りになった兵をまとめ、張郃を軍主に押し立てて混乱を収め、劉備を防いだ（二一九年）。その後、反乱した蛮《ばん》族を討伐して関中《かんちゅう》を平定し、孔明の北伐《ほくばつ》もおさえ込んでいる。二三一年の孔明の北伐の際は、隴右《ろうゆう》地方に兵糧がなかったが、羌族を帰順させて兵糧を供出させた。五丈原の戦いでも街道を狙った孔明の戦略を読みきって先回りして北原《ほくげん》を防ぐなど、司馬懿を支えて孔明を撤退させた真の立役者だった（二三四年）。さらに姜維の北伐もたびたび防ぐなど、二五五年に亡くなるまで、魏の西方防衛を担当し続けた。

夏侯淵《かこうえん》（?～二一九年）「白地《はくち》将軍」

西方遠征での功績は抜群だが、猪突猛進しか能がなく、黄忠に斬られる。

字は妙才《みょうさい》。沛国譙県の人。夏侯惇の族弟。曹操の挙兵以来、その配下として活躍。特に西方の雍州・涼州をめぐって馬超・韓遂《かんすい》らと戦ってこれを破り、さらに河首平漢王《かしゅへいかんおう》となのった宋建《そうけん》を枹罕《ふかん》で破って羌族を降伏させた。曹操が張魯を降した後、漢中の守備にあたるが、劉備の攻撃を受けた逆茂木の修理を監督中に黄忠に斬られた。急襲が得意だったが、「軽率」の裏返しであり「白地将軍（「白地」は「なんとなく」の意）」と呼ばれた。


夏侯玄《かこうげん》（二〇九〜二五四年）「悲運の貴公子」

度量と志を持った人物だったが、司馬氏に陥れられる。

字は太初《たいしょ》。夏侯淵の従子・夏侯尚《かこうしょう》の子。若い頃から有名で、曹叡からは嫌われていたが、従兄弟の曹爽《そうそう》が政権を握ると徐々に昇進。人を見る目があるとされ、州郡での彼の統治は西晋《せいしん》になっても模範とされた。司馬懿から諮問されると人事改革などの意見を述べたが、司馬懿は「意見はすばらしいが時期尚早」として採用しなかった。後に曹爽との蜀遠征に失敗したため非難された。さらに、皇帝・曹芳《そうほう》を巻き込んだクーデター未遂事件で政権首班に指名される予定だったことから捕らえられ処刑された。


夏侯惇《かこうとん》（?〜二二〇年）「盲夏侯《もうかこう》」

実は戦場での活躍よりも、後方支援や内政で結果を残した片目の将軍。

字は元譲《げんじょう》。沛国譙県の人。学問の師をバカにした男を殺害して有名になり、曹操が挙兵した時に部将となった。呂布征伐の際に片目を負傷した。それ以降「盲夏侯」と呼ばれ、主に戦場で活躍するより後詰で活躍することが多く、出撃しても撤退した劉備を追撃して不利になっている。曹操からの信頼は厚く、臣下として扱わない特別待遇を受けるなどしていたが、曹操の後を追うように死去。

許褚《きょちょ》（？〜？年）「虎痴《こち》」

曹操の危機をたびたび救った「虎のように強いがボーッとしていた」猛将。

字は仲康《ちゅうこう》。譙国譙県の人。身長が一九〇センチほどあって胴回りも大きく武勇に優れていた。若い頃は若者や民衆と砦にこもり賊と戦っていた。その後、曹操に仕え、すぐに宿直警護の役につき、戦場でも功を立て、官渡の戦いでは暗殺の危機が迫った曹操を救い、馬超との戦いでも自ら渡河の最後尾についた曹操の船を手で漕いで救った。馬超と曹操が単身で会見した際も付き添い馬超を睨みつけた。曹叡の時代まで活躍したという。

阮籍《げんせき》（二一〇〜二六三年）「白眼視《はくがんし》の語源になった人物」

酒に溺れ奇矯な行動をとったが、慎重に生きて寿命を全うした。

字は嗣宗《しじゅう》。陳留《ちんりゅう》郡尉氏《うつし》県の人。文学に優れた「建安七子」の一人・阮瑀《げんう》の子で「竹林《ちくりん》の七賢《しちけん》」の一人。酒を非常に好み、詩歌や琴に巧みであった。志はあったが権力闘争が激しいため、蔣《しょう》済《せい》の招聘も一旦断ってから出仕してすぐ辞め、曹爽の招聘も辞退。司馬懿・司馬師・司馬昭に仕えたが人物批評はせず、鍾会に失言を狙われるとわざと酔いつぶれるなど慎重に行動した。礼儀作法や服喪の決まりに従わなかったため、礼俗の士から弾劾されることもあったが、司馬昭が庇った。阮籍は礼俗の士を白眼で見たという。

孔融《こうゆう》（一五三〜二〇八年）**「空理の世界に生きた孔子の子孫」**

「建安の七子」の一人で著名な人物だったが、「口は災いのもと」の典型例。字は文挙《ぶんきょ》。魯国《ろ》曲阜《きょくふ》県の人。孔子二〇代目の子孫。幼い頃から頭が切れ、大人をやり込めていた。儒家《じゅか》官僚と宦官の争いの際に、張倹《ちょうけん》をかくまったことで名声を得た。何進に召しだされ、董卓が政権を握ると敬遠されて北海《ほっかい》の長官となったが、実務の才に欠けていて政治・軍事にうまく処理できず、山東《さんとう》に逃亡し曹操に身を寄せた。しかし、曹操を揶揄する態度や発言を続けたため、劉表討伐の途中で妻子とともに殺された。

公孫淵《こうそんえん》（？〜二三八年）「三代目の遼東の王」

事実上の「遼東の王」だったが、魏・呉を両天秤にかけて討伐される。

字は文懿《ぶんい》（？）。遼東《りょうとう》郡襄平《じょうへい》県の人。祖父・公孫度《こうそんたく》以来、代々遼東を統治した。父の弟・公孫《こうそん》恭《きょう》から位を奪い、呉と同盟して魏に対抗しようとするが、呉から使者が来ると首を斬って魏に届けるなど、魏・呉を両天秤にかける。魏から都へ呼ばれると、毌丘倹《かんきゅうけん》を撃破し燕《えん》王を名乗って自立。しかし、魏は司馬懿を司令官として軍を送り込み、一年で討伐。公孫淵は殺された。ちょうどその頃、卑弥呼《ひみこ》の使者が洛陽《らくよう》に赴くことになる。

司馬懿《しばい》（一七九〜二五一年）「しぶとい寝業師」

政治・軍事に優れた逸材で「狼顧《ろうこ》の相《そう》」の持ち主は、魏で隠然たる力を振るう。

字は仲達《ちゅうたつ》。河内《かだい》郡温《おん》県の人。若い頃、曹操から誘われたが仮病で断り、曹操が「捕らえてでも連れてこい」と怒ったので仕えた。曹操が漢中を征服すると、蜀をとることを進言。これは実現しなかったが、その後も重要な進言をする。曹丕が皇帝になると「自分が呉を討つ時は、君は西に、蜀を討つ時は、君は東に備えてほしい」とまで言われ重んじられた。曹真が亡くなると、対蜀戦線の司令官となって諸葛亮（孔明）と戦う。公孫淵を討伐した後、曹叡が亡くなる際に曹爽とともに後を託されるが、曹爽によって実務から遠ざけられた。司馬懿はボケたふりをして油断させ、クーデターを起こし曹爽を倒して実権を握る。王淩《おうりょう》の乱を鎮圧した後で死去。

司馬師《しばし》（二〇八〜二五五年）「**冷徹な謀略家**」

ある意味で父以上に冷徹な謀略をめぐらし、司馬氏政権の力を強める。

字は子元《しげん》。司馬懿の長子。若い頃から夏侯玄らと並ぶ評判があった。曹爽へのクーデターの際も司馬懿と謀議をめぐらした。司馬懿が亡くなると権力を引き継ぎ、皇帝・曹芳も巻き込んだクーデター計画を未然に防ぎ、皇帝を曹髦《そうぼう》に代えた。これに反対した毌丘倹・文欽《ぶんきん》の乱を鎮圧中に目が飛び出し（直前に目の上の瘤を手術していた）、鎮圧直後に死去。

司馬昭《しばしょう》（二一一〜二六五年）「**急いで帝位を狙った男**」

魏を倒して皇帝の位にのぼることを目指し、蜀を滅ぼす。

字は子上《しじょう》。司馬師の弟。司馬師に男子がいなかったので後継者となる。司馬氏の権力独占に怒って乱を起こした諸葛誕《しょかったん》を討ち、逆クーデターを起こした皇帝・曹髦も殺害。その後、蜀を滅ぼして晋公《しんこう》、ついで晋王となりあとは皇帝になるだけ、というところで突然の病に倒れ死去。彼の長子の司馬炎《しばえん》が魏から帝位を譲られて晋を建国する。

荀彧《じゅんいく》（一六三〜二一二年）「漢室再興を目指した？曹操配下随一の謀臣」

曹操の軍師として多数の人材を推薦したが、方針の違いからすれ違いの中死去。

字は文若《ぶんじゃく》。潁川郡潁陰《えいいん》県の人。出身地の名族の出身。若い頃、何顒《かぎょう》から高く評価されたが、実は袁紹・曹操も何顒から高く評価されている。韓馥から迎えられたが、韓馥に代わった袁紹を見切って曹操の下へ。呂布が兗州に攻め込んできた際は中心になって守り、献帝を迎えることを進言。また、多数の人材を適所に推薦した。その後の戦いでも本拠地を守り適切な助言を続けるなど活躍したが、曹操が魏公となることに反対した直後に憂いながら死去。


荀攸《じゅんゆう》（一五七〜二一四年）「秘密主義の軍師」

董卓暗殺を計画する豪胆さと緻密な頭脳を併せ持つ軍師。

字は公達《こうたつ》。潁川郡潁陰県の人。荀彧と同族。何進が権力を握ると官職についたが、董卓暗殺に失敗し投獄される。たまたま董卓が亡くなったため助かり帰郷。のち、蜀郡太守となったが赴任できず荊州に留まり、その後天子《てんし》を迎えた曹操から呼ばれて仕えた。軍師として呂布、袁紹征伐で活躍。しかし、その計略について家族にも口にしないまま死去。鍾繇も荀攸の著作集を編纂しきれないうちに死去し、結局残らなかった。

徐晃《じょこう》（?～二二七年）「勝つべくして勝利してきた名将」

楊奉《ようほう》、曹操に仕え、慎重に負けない戦いを繰り広げてきた名将。

字は公明《こうめい》。河東《かとう》郡楊《よう》県の人。楊奉に従って賊を討伐し功を立てた。董卓の残党が長安を混乱させると、楊奉に洛陽帰還を進言。曹操は楊奉を討伐し、徐晃は曹操に帰順した。その後、呂布討伐などで活躍し、袁紹との戦いでは輜重車を攻撃し最大の戦功を挙げた。これ以前に降伏していた関羽と親しかった。その後も河北《かほく》制圧戦や馬超との戦い、漢中からの撤退戦、関羽との樊城《はんじょう》での戦いに貢献。慎重な性格であったという。


鍾繇《しょうよう》（一五一～二三〇年）「関中統治に貢献した政治家・書家」

関中の安定統治に貢献した、書道家としても著名な人物。

字は元常《げんじょう》。潁川郡長社県の人。叔父の援助を受けて学び、潁川太守・陰脩《いんしゅう》にみいだされて役人となり、献帝の長安脱出に貢献。曹操から関中の総指揮をまかされ、馬騰・韓遂らの抗争をおさめ、関中の安定に貢献。都に戻ると昇進して魏の相国《しょうこく》（宰相）、そして太尉《たいい》（高位の軍事担当職）となった。この時代を代表する書道家としても有名である。

鍾会《しょうかい》（二二五〜二六四年）**「自らの才に溺れた知将」**

才能豊かで、蜀を滅ぼした将軍の一人だが、悲惨な末路を辿る。

字は士季《しき》。鍾繇《しょうよう》の子。幼い頃から豊かな才能を示した。毌丘倹が反乱すると司馬師の下で謀略を担当し、司馬昭の下でも策略・作戦を担当した。鄧艾とともに蜀を滅ぼすために侵攻。彼自身は姜維に苦しめられたが、鄧艾が間道つたいに成都《せいと》に向かったため劉禅が降伏。その後、鄧艾に謀反の疑いがあると司馬昭に連絡して失脚させ、姜維を参謀にして蜀で独立しようと図ったが、兵士たちが従わず混乱の中で切り殺された。


張郃《ちょうこう》（?〜二三一年）**「馬謖を破った名将」**

黄巾の乱から活躍を続け、諸葛亮（孔明）を苦しめた真の立役者の一人。

字は儁乂《しゅんがい》。河間《かかん》郡鄚《ばく》県の人。黄巾の乱の際に韓馥に仕え、のちに袁紹の配下となったが、烏巣《うそう》の決戦の際に曹操に降伏。すぐに重用され、袁氏や烏丸、張魯の討伐戦に参加。巴《は》の宕渠《とうきょ》に侵攻した際は張飛に敗れたが、夏侯淵戦死の際は混乱を収めるなど活躍。曹操の死後も、異民族討伐や呉からの荊州防衛で功を挙げ、街亭の戦いでは馬謖を破るなど魏軍の重鎮として活躍したが、撤退する蜀軍を追撃した際に木門《もくもん》で矢が右膝に当たり戦死。

張繡《ちょうしゅう》（？～二〇七年）「小勢力ながら曹操を苦しめる」

董卓の部将から世に出て、賈詡の進言を受け入れて曹操を苦しめた。

字はわからない。武威郡祖厲県の人。董卓の武将だった一族の張済に従い、董卓が暗殺され残党の内紛が起こると荊州に至り、張済が戦死すると劉表に従って宛に駐屯。一旦曹操に降伏するが、曹操が張済の未亡人を側室にしたのに怒って襲撃し、曹操の長男・曹昂や典韋を戦死させる。後に「曹操が兵力不足の今なら感謝される」という賈詡の進言をうけて曹操に降伏。烏丸遠征の際に死去したが、曹丕に「兄を殺したくせに」と言われて自殺したとする説もある。

張遼《ちょうりょう》（一六五～二二二年）「遼来々《りょうらいらい》」

その武勇で呉の人々から恐れられた名将。

字は文遠《ぶんえん》。雁門《がんもん》郡馬邑《ばゆう》県の人。丁原《ていげん》に武勇を認められて仕え、その死後は董卓、そして呂布に仕えた。呂布が敗れると曹操に降伏。曹操に降伏した関羽と親しくなったが、関羽が留まる意志がないことを曹操に伝える役目も担った。その後も袁氏討伐戦や荊州の反乱鎮圧などで活躍。特に合肥《ごうひ》防衛戦では八〇〇人の兵で孫権の本陣に突撃して戦意を喪失させ、後々まで恐れられたが、ともに合肥を守った楽進《がくしん》・李典《りてん》と仲が良くなかった。江東では子どもが泣き止まないと、親が「張遼が来るよ！」といって怖がらせたという話もある。

張魯《ちょうろ》（?〜?年）「五斗米道《ごとべいどう》の教祖」

漢中に宗教国家を形成し、のちに曹操に降伏することで全土に教えを広める機会を得た。

字は公祺《こうき》。沛国豊《ほう》県の人。祖父の張陵《ちょうりょう》が五斗米道を開き、張魯が三代目とされる。劉焉の援助を受けて漢中に侵攻。劉焉が亡くなり劉璋の代になると漢中を占領し、征伐する能力のない後漢朝廷からも認められて支配を確立した。二一五年、曹操の攻撃を受け降伏。国家としては滅亡したが、曹操から認められてその後の五斗米道の全土への普及の機会を得たと見ることもできる。

陳羣《ちんぐん》（?〜二三六年）「九品官人法《きゅうひんかんじんほう》の発案者」

郭嘉の品行問題を追及するなど、善悪をはっきり主張した堅物人間。

字は長文《ちょうぶん》。潁川郡許昌《きょしょう》県の人。祖父の陳寔《ちんしょく》、父の陳紀《ちんき》、叔父の陳諶《ちんしん》は名声が高く、陳羣も陳寔や孔融に才を認められた。劉備に仕えたが、陳羣の反対意見をおしきって劉備が徐州に入ると父に従って避難し、後に曹操に仕えた。曹丕が魏王になると、陳羣の発案で九品官人法（人々に郷里で九等級のランクをつけ、それに従って九等級にわけられた官職を与える制度）が制定された。曹丕が重態になると司馬懿らと後を託された。

程昱《ていいく》（一四一？〜二二〇年？）「豪胆な曹操の謀臣」

曹操を支え続けた知謀の士だが、強情で他人と衝突することもしばしば。

字は仲徳《ちゅうとく》。東郡東阿《とうあ》県の人。身長一九〇センチ以上あり、見事な髭があった。黄巾の乱の際、東阿県を「馬鹿な民とは相談できぬ」と言って豪族と共に守った。劉岱《りゅうたい》から誘われたが応じず、曹操に仕えた。その後、呂布が曹操の根拠地の兗州に入り陳宮らが呼応すると、程昱らは三つの城を守りきった。食糧に苦しむ曹操に袁紹から曹操の家族を鄴に移すという条件で手を結ぼうという話があり、曹操はのろうとしたが程昱が説得してやめさせた。その後も曹操を謀臣としてたびたび支えたが、自ら引退を宣言し、しばらくのち八〇歳で死去。

典韋《てんい》（？〜一九七年）「おとこ気一徹の猛将」

曹操の護衛として活躍した猛将だが、曹操の失策のため戦死。

字はわからない。陳留郡己吾《きご》県の人。固い節義とおとこ気で知られ、他人のために護衛をつけた夫妻を討ち取って悠然と去っていったことで知られた。反董卓軍挙兵の際、張邈《ちょうばく》の部下の兵士となり、その後夏侯惇の部下になって活躍。呂布との戦いでは、部下に「敵が近づいたら教えろ」といい、声がすると暗闇の中で戟《げき》を投げつけて全て命中させたという。張繡征伐の際、一旦は降伏した張繡が反旗を翻し、敵を罵りながら戦死。

鄧艾《とうがい》（？〜二六四年）「蜀を滅ぼした立役者」

蜀や呉との最前線で結果を出し続けた智将。

字は士載《しさい》。義陽《ぎよう》郡棘陽《きょくよう》県の人。幼くして父を亡くし、農民をして育つ。役人になってもどもりのため低い職にしか就けなかったが、高山や沼地を見ると軍営設置を考慮して測量などをしていた。司馬懿に才を見出され、東南方面に運河を築いた。その後、対蜀戦線に赴任してたびたび姜維を破ったり、東南方面で太守を努めて呉に備えたりした。蜀を滅ぼす戦いで間道を抜けて成都に至り、劉禅を降伏させた。しかし、その後の独断の行動を鍾会らに反逆と報告されて失脚。鍾会の独立未遂の混乱の際に殺された。

文聘《ぶんぺい》（？〜？年）「本当に〝空城《くうじょう》の計《けい》〟をやった男？」

劉表・劉琮に忠誠を尽くし、曹操に仕えても江夏を守り続けた将軍。

字は仲業《ちゅうぎょう》。南陽郡宛県の人。劉表に仕え、北方の防御にあたっていた。曹操に降伏しようとした劉琮（劉表の子）が誘っても「荊州を守れなかったので、罰を受けて当然」と動かず、遅れて曹操の前に出ても「荊州を守れなかったので、悲痛と慙愧にたえない」などと述べて、曹操から忠臣といわれた。その後、江夏を数十年守り続け、孫権の攻撃の際は「空城の計」を用いたとする説もある。

龐悳《ほうとく》（?～二一九年）「涼州の勇将」

馬騰・馬超に仕えて功をたてた勇将だが、関羽に捕らえられ斬られる。

字は令明《れいめい》。南安《なんあん》郡狟道《かんどう》県の人。州郡の役人となったが、馬騰に従って羌・氐の反乱を討伐して功を立てるなど活躍。馬騰が都に入ると馬超の配下となり曹操とも戦ったが、馬超とともに漢中に逃げて張魯に従い、曹操が漢中を平定すると曹操に降伏。関羽討伐軍に加わるが、猛攻にさらされた上に船が転覆したところを捕虜となり、関羽の降伏勧告も聞き入れず斬られた。

満寵《まんちょう》（?～二四二年）「魏の東方防衛担当司令官」

政治力に秀でた名太守であっただけでなく、のちに魏の東方の国境防衛を担当して呉の攻撃を防ぎ続けた名将。

字は伯寧《はくねい》。山陽郡昌邑《しょうゆう》県の人。曹操が兗州の牧（長官）になったとき（一九二年）に仕え、都となった許《きょ》の令、汝南《じょなん》太守を歴任し、身分・勢力に関係なく法を犯した者を厳格に取り締まって安定した統治を行った。赤壁で曹操が敗れると、当陽《とうよう》に駐屯して劉備・孫権連合軍をおさえる役割を担う。二一九年には、曹仁と共に樊城を関羽の攻撃から守りきった。曹丕の時代以降、高齢で都に召還される二三八年まで呉との戦いを担当し、揚州《ようしゅう》などの防衛に尽力して呉軍の攻撃を防ぎきった。

〔蜀漢〕

劉備《りゅうび》（一六一～二二三年）「**仁徳の人**」

「さすらいの傭兵隊長」として登場し、「漢王室の一族」という肩書きを武器に蜀を築いた英雄。

字は玄徳《げんとく》。涿郡涿県の人。前漢景帝《ぜんかんけいてい》の子・中山靖王《ちゅうざんせいおう》劉勝《りゅうしょう》の子孫とされるが、幼い頃から貧しい中で育ち、黄巾の乱の際に義勇兵を率いて功績を挙げる。その後、公孫瓚、陶謙、曹操、袁紹らのもとを転々としながら戦い続け、荊州の劉表を頼った。諸葛亮（孔明）を三顧の礼で迎え、劉表が亡くなると孔明の努力もあって孫権と同盟し赤壁の戦いで勝利。荊州南部をおさえ、その後益州を征服し、漢中王となる。荊州にいた関羽が呉に殺されると、蜀の皇帝となって呉を攻めるが夷陵《いりょう》で大敗し、白帝城《はくていじょう》で病没（六三歳）。歴史でも『三国演義』でも、個人的能力というよりは人間的魅力で有能な人物を使いこなした点が優れていると思われている。

劉禅《りゅうぜん》（二〇七～二七一年）「**阿斗《あと》**」

劉備の子であるが全く戦場に出ることがなく、政治・軍事は宰相に任せて自分の能力を発揮しなかった「**白き糸のような人**」。

字は弘嗣《こうし》。劉備の子で、蜀の二代皇帝。幼い頃、曹操から逃げる際に、長阪《ちょうはん》で趙雲に抱かれて救われた話は有名。皇帝になった後は、諸葛亮（孔明）・蔣琬に政治・軍事の全てを任せた。その後、宦官の黄皓《こうこう》を寵愛するようになってから国政が乱れるようになり、姜維らの奮戦むなしく、陰平《いんぺい》をぬけてきた鄧艾に降伏。安楽県公《あんらくけんこう》として余生を過ごした。白い糸のように良くも悪くも染まってしまう人物と評される。幼名の「阿斗」は無能の人の代名詞となった。

劉封《りゅうほう》（?～二二〇年）「**悲運の若武者**」
勇猛であったために自殺に追い込まれた劉備の養子。
字はわからない。長沙《ちょうさ》郡の人。もともと寇《こう》氏の子で、長沙の劉氏の甥。荊州に入った頃の劉備は後継ぎがいなかったので養子にした。劉備が蜀に入ると、二〇歳あまりの劉封は諸葛亮（孔明）らとともに出撃し活躍。その後、上庸《じょうよう》を落とした。樊城・襄陽を攻撃した関羽は孟達・劉封に援軍を要請したが拒否されて敗死し、劉備は二人を恨んだ。劉封と仲の悪かった孟達は魏に降り、魏の武将とともに劉封を攻め、敗れた劉封は成都に戻った。孔明が「勇猛な劉封は劉備が亡くなった後には制御できなくなる」と進言したため、劉備は劉封を自殺させた。

劉備の母（?～?年）「**理想的な賢母**」
吉川英治『三国志』では、若き劉備を叱咤し続けた賢母。

名はわからない。『三国演義』でも登場しない。吉川英治『三国志』では、劉備と二人で貧しい暮らしをしながらも、漢王朝の末裔としての誇りを劉備に教え叱咤していた。関羽・張飛と知り合った劉備の背中を押して「桃園の誓い」を実現させた。張飛が自然に頭を下げるような威厳と気品を持っていたとされる。歴史書では、劉備と貧しい暮らしをしていたことと、一五歳になった劉備を遊学させたことが記録されている。

王平《おうへい》（?〜二四八年）「文字が書けない実力者」

文字が書けないながらも諸葛亮（孔明）亡き後の蜀を支える将軍となったが、もしかすると異民族出身者か。

字は子均《しきん》。巴西郡《はせいぐん》宕渠《とうきょ》県の人。二一五年に曹操が漢中を征伐した際、曹操に帰順した蛮王・朴《ふ》胡《こ》らに従って洛陽に赴いている。その後、曹操に従って漢中に行って劉備に降っているが、その経緯はよくわかっていない。『三国演義』では、曹操の漢中防衛戦で徐晃の無謀な作戦を諌めたが聞き入れられず、加えて敗戦の罪をなすりつけられそうになったので劉備に降伏したとされるが、このような話は歴史書にはない。二二八年の街亭の戦いで馬謖は孔明の命令に背いて山上に布陣し水の手を断たれて敗北したが、副将の王平は一〇〇〇人の兵を率いて整然と退却し、それを見て張郃も深追いを避けた。孔明が亡くなると漢中防衛にあたり、二四四年の魏の攻撃も費禕とともに退けた。二四八年に死去。彼は字が書けず、知っている文字も一〇字足らずで文章を作成するときは口述筆記させており、その劣等感からか偏狭な性格だったとされる。

関羽《かんう》（?〜二一九年）「美髯公《びぜんこう》」
義理堅くて教養もあり、弱きを助け強きを挫く「軍神」。

字は雲長《うんちょう》。塩池で有名な河東郡解《かい》県の人。郷里を出奔して涿郡に至ったとされるが、何らかの罪を犯していた可能性がある。劉備が挙兵したとき、張飛と共に護衛を努め、その後も苦難をいとわず劉備に付き従った。劉備と関羽、張飛は同じ寝台に休み、兄弟のような関係であったという。『三国演義』などでは、三人が桃園の誓いをたてたといわれる。その後、曹操の捕虜となっても、劉備の居場所を知ると、劉備のもとへはせ参じた。この時、『三国演義』には関羽が「五関に六将を斬る」という話になっている。劉備が蜀遠征に出て諸葛亮（孔明）が援軍として向かうと荊州の責任者となった。しかし、呉との関係をおろそかにしたまま魏を攻撃し、部下の麋芳《びほう》らの裏切りもあって、魏と呉の挟み撃ちにあって呉に捕らえられて殺された。死後、女真族《じょしんぞく》の金《きん》によって南方に追いやられた宋（南宋）などの歴代王朝が国家の守護神としたことや、塩などによって力を持った山西《さんせい》商人が義理堅い関羽を神として仰いだことなどから神格化され、中国全土やチャイナ・タウンに関帝廟《かんていびょう》が築かれている。

関平《かんぺい》（一七九年？～二一九年）「父と共に活躍した関羽の子」

『三国演義』では養子とされる関羽の子。

字はわからない。『三国演義』では河北の関定の子で、劉備のとりなしで養子となり、劉封らと共に活躍。荊州を呉に奪われると、関羽や周倉と共に麦城に逃れたが、捕らえられ殺された。歴史書『三国志』では、関羽の子としか書かれておらず、おそらくは実子。関羽とともに孫権に捕らえられ、斬られたことぐらいしか記録にない。

魏延《ぎえん》（？～二三四年）「謀反人の汚名を受けた猛将」

劉備からも寵愛された猛将だが、プライドが高すぎて死に追いやられる。

字は文長《ぶんちょう》。義陽《ぎよう》郡の人。劉備と共に蜀に入り、劉備が漢中王になると、張飛を差し置いて漢中太守となる。第一次北伐の際、長安を直接狙うことを進言するが、危険だと判断した諸葛亮（孔明）に却下されたため、孔明を臆病者と思っていた。プライドが高く他の武将から避けられており、特に楊儀とはそりがあわなかった。孔明が亡くなると撤退を一人拒んだため見捨てられ、楊儀を討って孔明の後継者になろうとするが失敗し、謀叛人として殺された。

姜維《きょうい》（二〇二～二六四年）「**落日の蜀を支えた大将軍**」

諸葛亮（孔明）に期待された将軍だが、その北伐の原動力は「蜀への一途な思い」か？

字は伯約《はくやく》。天水《てんすい》郡冀《き》県の人。第一次北伐の際、魏の天水太守らから疑われて蜀に投降。孔明から高く評価され、その死後は若くして軍を支えた。蔣琬の死後、費禕と共に国政に携わり北伐を行うが、一万人しか兵を与えられなかった。費禕暗殺後、何度も北伐するがうまくいかず、結果的には単なる「無謀な出撃」であった。蜀が鍾会・鄧艾に滅ぼされると、鍾会を利用してクーデターを起こし、蜀を復興しようとしたが失敗して殺された。

呉懿《ごい》（？～二三七年）「**堅実な蜀の老将**」

劉焉時代から蜀を支えた将軍で、諸葛亮（孔明）没後は漢中の責任者となる。

字は子遠《しえん》。陳留郡の人。劉焉について蜀に入り、劉璋にも仕えたが劉備に降伏。劉備は呉懿の妹を妻とした。二三〇年に魏の漢中攻撃の防御に当たった後、魏延とともに南安《なんあん》の境に侵入した。孔明が亡くなると、北伐の拠点として重要だった漢中の責任者となった。

黄忠《こうちゅう》（？～二二〇年）「**老黄忠**」

入蜀の戦いで活躍し、定軍山《ていぐんざん》で夏侯淵を斬る大手柄をたてた老将。

字は漢升《かんしょう》。南陽郡の人。劉表の配下となって長沙の攸《ゆう》県を守る。曹操が荊州を征服すると、そのままもとの任務に当たらせ、長沙太守・韓玄の統制下においた。赤壁の戦いの後、劉備に仕え、つき従って蜀に入り、劉璋を攻撃して功績をたてた。二一九年、定軍山で夏侯淵を斬って、劉備の漢中平定に貢献したが、翌年病没。関羽との一騎打ちや、関羽の弔い合戦で呉に攻め入って戦死するのは『三国演義』の創作である。現在、「老黄忠」は「老いてますます盛んな人」という意味である。

周倉《しゅうそう》（?～二一九年）「**関羽の腹心**」
黄巾の乱に参加し、のち山賊となっていたが、関羽に出会って腹心となったとされる架空の人物。

字はわからない。歴史書『三国志』には登場しないので、架空の人物である。『三国演義』によると、関西《かんせい》の出身だと山賊仲間の裴元紹《はいげんしょう》から語られている。黄巾の乱に参加し、その後山賊になっていたが、曹操の下から劉備のところへ向かう関羽に出会い、仕えることになる。関羽が荊州返還をめぐって魯粛と会談した際に、「土地は徳のある者に属するものだ」と言ったとされるが、歴史書では発言者の名前は記されていない。その後、龐悳を生け捕りにしたが、関羽が死ぬと自害した。関帝廟では、関帝の脇に黒い顔の周倉が祭られている。

祝融夫人《しゅくゆうふじん》**（?～?年）「戦場にも出た孟獲夫人」**

夫・孟獲の尻を叩きながら戦場に出て蜀の武将も捕らえた勇猛な婦人。

『三国演義』では、諸葛亮（孔明）の南蛮征伐の際に孟獲の妻として登場し、蜀の武将の張《ちょう》嶷《ぎ》・馬忠《ばちゅう》を一騎討ちの末に捕らえたが、結局孔明の計略にはまり捕まったとされる。歴史書には登場しない。そもそも「祝融」は伝説上の火の神の名であり、祝融夫人もその末裔とされている。


諸葛亮《しょかつりょう》**（一八一～二三四年）「三国時代の〝立役者〟」**

天才軍師というよりは、本当に天下三分を実現してしまったとんでもない政治家。

字は孔明《こうめい》。瑯邪《ろうや》郡陽都《ようと》県の人。曹操の徐州虐殺と同時期に郷里から移住し、荊州で過ごす。劉備の三顧の礼を受けて仕え、劉備生前は軍師というよりも、孫権を説得し赤壁で戦わせる外交や後方支援を行うことが役目であった。劉備の死後、その遺詔を受けて蜀の全権を担い、後顧の憂いを断ち資源を得るための南征、そして魏を倒すための北伐に挑み続けるが、勝てる可能性があった第一次北伐で馬謖が街亭で敗れたのが響き、五丈原《ごじょうげん》で戦いの最中に陣没。

徐庶《じょしょ》**（?～?年）「諸葛亮（孔明）を推薦した男」**

孔明を劉備に紹介した人物だが、母を捕らえられ魏で生涯を終える。

字は元直《げんちょく》。潁川郡の人。若い頃、人の仇討ちをし、狂人を装って逃げたが捕まり、名を言わなかったため引き回されたが、誰も名乗り出なかった。仲間の助けをかりて逃げた後、学問に打ち込み、荊州に逃げて孔明らと親しくなる。劉備を訪れ、孔明を推薦して三顧の礼をお膳立てし、孔明と共に劉備に仕えるが、曹操の攻撃を受けた際、母が捕らえられ曹操側につく。のち、御史中丞《ぎょしちゅうじょう》まで昇進したが、孔明は「その程度にしか用いられぬとは」と慨嘆したという。

徐庶《じょしょ》の母《はは》（？〜？〔二〇七年〕）「息子の幸せを願った烈女」

息子が曹操に騙されてやってくると自害した壮烈な母親。

名はわからない。『三国演義』では、徐庶が劉備に仕えて曹操軍を破った後、曹操に迎えられ、息子を呼び寄せるよう説得されるが拒否。程昱が彼女の筆跡を真似て書いた手紙を見た徐庶が泣く泣く曹操のもとへ来ると、怒って自害してしまった。歴史書『三国志』では、荊州に攻め込んできた曹操軍が劉備を追撃しているときに徐庶の母を捕まえたので、徐庶は曹操に降ったとされる。

蔣琬《しょうえん》（?～二四六年）「諸葛亮（孔明）の後継者」
常に孔明と比較されながらも、自分を見失うことなく政務に取り組み、北伐にも挑もうとした「偉大なる諸葛亮」の後継者。

字は公琰《こうえん》。零陵《れいりょう》郡の出身。劉備に仕えて、広都《こうと》県の長となった。あるとき、たまたま劉備が立ち寄ると、仕事をせず泥酔していたため、劉備から処罰されそうになるが、孔明に「彼は国家を担う器であって、百里を治めるような人物ではない」とフォローされ、免官ですんでいる。劉備の死後、北伐を行う孔明のもとで首都・成都における政務をつかさどり、兵糧を前線に送り続けたが、これは劉備の生前に孔明が担当していた職務である。孔明が亡くなると、彼の遺言により後継者となって政権を担当し、北伐を実施しようとしたが、彼自身の病や周囲の反対にあって実行できないまま没した。

趙雲《ちょううん》（?～二二九年）「智勇兼備の堅実な将軍」
長阪で幼い劉禅を救い、諸葛亮（孔明）の期待に背かず堅実な働きをみせた名将。

字は子龍《しりゅう》。常山《じょうざん》郡真定《しんてい》県の人。最初公孫瓚に仕え、公孫瓚が田楷《でんかい》を救援するために劉備を派遣した際に随行し、そのまま劉備に仕えた。劉備が曹操に長阪に追い詰められ、妻子を棄てて逃げた時、幼い劉禅を抱き、夫人ともども救出した。第一次北伐の際、囮として斜谷《やこく》に進出して敗れた。『三国演義』では活躍が描かれているが、陳寿『三国志』の本文によるとそれほどの活躍は描かれておらず、むしろ一族のものが関与したと思われる『趙雲別伝』に記述が多いので、活躍の記事については信憑性が問われる。

張飛《ちょうひ》（？〜二二一年）「一万人に匹敵する猛将」

一万人の兵士に匹敵する猛将だが、身分の高い者を敬愛し部下に厳しい一面を持つ。

字は益徳《えきとく》（翼徳《よくとく》とされる場合もある）。涿郡《たくぐん》の人。数歳年長の関羽とともに劉備に仕え、荊州の長阪で橋を切り落とし「我輩が張益徳だ。やってこい。死を賭けて戦おうぞ。」といって、曹操軍を近づけなかった（『三国演義』では、橋の上でこのように言ったとされる）。益州に侵攻したときは厳顔《げんがん》を降伏させ、漢中をめぐる争いでは張郃を破った。関羽が殺され、その弔い合戦の準備中に部下に殺された。毎日部下を鞭で叩いていたことも原因の一つとされる。

陳寿《ちんじゅ》（二三三〜二九七年）「『三国志』の著者」

歴史を書く才能を高く評価された『三国志』の著者。

字は承祚《しょうそ》。巴西郡安漢《あんかん》県の人で、譙周《しょうしゅう》に師事し、特に『史記』と『漢書』を勉強した。蜀と西晋に仕えたが、蜀時代に父の服喪中に婢《はしため》に薬を作らせたことや、西晋時代に母を遺言通り洛陽に葬ったことを「親不孝」として批判され、なかなか出世できなかった。張華《ちょうか》に寵愛されて史書編纂にあたり、『三国志』などを著したが、著作の姿勢についていわれ無き批判を被ることが多く、その意味でも不遇な人物であった。

鄧芝《とうし》（?〜二五一年）「誠実かつ豪快な外交官」

呉との外交関係を回復させた名外交官だが、豪快すぎて敵多し。

字は伯苗《はくびょう》。義陽郡新野《しんや》県の人。劉備よりも先に蜀に入っていたが、劉備に高く評価されて昇進し続けた。劉備が呉に破れて亡くなると、孔明から呉との同盟の再確立を託され、誠実な交渉で見事に期待にこたえた。孔明が亡くなった後は呉の抑え役となり、高位である車騎将軍《しゃきしょうぐん》まで昇進した。豪快な人柄で感情を隠さなかったため仲の良い人物は少なかったという。

馬超《ばちょう》（一七六〜二二二年）「西涼《せいりょう》の錦《きん》馬超」

一時は曹操を危機に陥れた猛将だが、馬岱《ばたい》以外のほとんどの一族を失う。

字は孟起《もうき》。扶風郡茂陵県の人。一時は父の馬騰に派遣されて曹操軍による高幹《こうかん》らの討伐を援助した。馬騰が韓遂と不仲になると、馬騰は都にのぼり、馬超が軍勢を統括した。韓遂らと共に曹操と戦ったが、そのために馬騰は殺され、韓遂との間を策略で裂かれて敗北。その後も曹操と戦ったが敗れ、張魯のもとに逃げ込むもすぐに不満を抱き、劉備が成都を包囲するとその誘いに乗って降伏。その後、馬超が軍を率いて成都にやってきたため劉璋は降伏。劉備政権の重臣となったが、四七歳で死去。

馬良《ばりょう》（一八七～二二二年）「白眉《はくび》」

白眉の語源となった人物は、夷陵の戦いで異民族を味方につけたが戦死。

字は季常《きじょう》。襄陽《じょうよう》郡宜城《ぎじょう》県の人。彼の兄弟は秀才で知られ、その仲でも眉が白かった彼が特に評価された。劉備が荊州を支配すると仕え、劉備が蜀に入ると荊州に残ったが、後に呼び寄せた。劉備が皇帝になると、武陵《ぶりょう》の異民族を帰順させたが、夷陵の戦いで戦死（三六歳）。諸葛亮（孔明）とは親しく交友していたと見られる。

馬謖《ばしょく》（一九〇～二二八年）「泣いて馬謖を斬る」

孔明に愛された才能だが、諸葛亮（孔明）は「涙を揮《ふる》って」斬る。

字は幼常《ようじょう》。馬良の弟。劉備に従って蜀に入り、県や郡の長官を歴任し孔明から高く評価されたが、劉備からは「言葉が実質に先行している」として評価が低かった。南征の際には「心を攻めよ」との進言をして貢献したとされる。第一次北伐の際、街亭の守備を任されるが、孔明の指示を無視して道沿いの城を捨てて山に陣取り、張郃に囲まれ水を汲む路を断たれて敗北。帰還後に殺された。これが「泣いて（涙を揮って）馬謖を斬る」という故事になる。


費禕《ひい》（?～二五三年）「蜀後期を支えたスーパー官僚」

外交官・官僚として活躍し、諸葛亮（孔明）没後の蜀漢を支えた事務処理能力抜群の官僚。

字は文偉《ぶんい》。江夏郡鄳《ぼう》県の人。幼い頃に父を亡くし、叔父に連れられて益州に入って育った。蜀の建国と同時に皇太子・劉禅の属官となり、その後孫呉への使者として活躍して孫権からも高い評価を受けた。孔明の北伐に従い、犬猿の仲の魏延と楊儀の間を取り持つなどしていた。孔明が亡くなると蒋琬のもとで尚書令《しょうしょれい》となって政権を支え、蒋琬が亡くなると大将軍《だいしょうぐん》・録尚書《ろくしょうしょ》事《じ》として政権首班となった。同格の録尚書事となった姜維が北伐にはやるのをおさえていたが、魏から降伏してきた郭脩《かくしゅう》により刺殺された。事務処理が抜群に速く、書類にさっと目を通しただけで理解し忘れなかったという。


法正《ほうせい》（一七六～二二〇年）「悪軍師」

劉備から信頼された、実は、諸葛亮（孔明）以上の軍師。

字は孝直《こうちょく》。扶風郡郿《び》県の人。一九六年頃に孟達と蜀に入り劉璋に仕えたが、品行が悪く出世できなかった。劉璋を見限り劉備を迎え入れる工作をして、劉備からの厚い信頼を勝ち取るが、それをかさにきて少しの恨みにも報復し数人を勝手に殺すなどしたため、孔明も手を焼いた。漢中攻略にも貢献したが、四五歳で死去。孔明は肌が合わなかった彼を公の立場では認めており、劉備が夷陵の戦いで敗れると「法正がいれば……」と述べたという。

龐統《ほうとう》（一七九年～二一四年）「鳳雛《ほうすう》」

他人を実際の能力よりも高く評価して志ある者を育てることに留意していた「教育者」でもある軍師。

字は士元《しげん》。襄陽郡の出身。地味でもっさりしていたため、なかなか評価されなかったが、司馬《しば》徽《き》から高く評価され、叔父の龐徳公《ほうとくこう》からも「鳳雛」に譬えられた。『三国演義』では、赤壁の戦いの際に曹操軍に「連環の計」を仕掛けたとされるが、歴史上ではそのような事実はない。劉表の時代に南郡の功曹となっており、周瑜が南郡太守となった際にもそのまま仕えた。周瑜が亡くなると、呉に遺骸を送っていき、呉の人々と交流を深めた。劉備は龐統を耒陽《らいよう》県令としたが、うまく行かず免官となった。魯粛や諸葛亮（孔明）が劉備にとりなしたので、劉備は龐統と語り合い、親愛されるようになった。劉備が蜀に出兵した際に付き従って計略をめぐらしていたが、雒城《らくじょう》を攻撃中に流れ矢に当たって戦死（三六歳）。

孟獲《もうかく》（?～?年）「諸葛亮（孔明）に信服した南蛮の首長」

一旦は蜀に背くが、孔明の「七縦七禽《しちしょうしちきん》」によって信服し、出世を遂げた南蛮の首長。

字はわからない。益州郡の人。前漢以来受けてきた圧政の記憶もあって、劉備の死後、雍闓《ようがい》に扇動されたことをきっかけに反乱を起こすが、孔明の攻撃を受けて降伏。その際、孔明が「心を攻める」戦略に基づいて行った七度捕虜にして七度釈放するという「七縦七擒」を受けて信服したとされるが、「七縦七擒」はおそらく史実ではない。その後、蜀の官僚となり、御史中丞（官吏の監察などを担当）に任命された。


孟達《もうたつ》（?～二二八年）「度重なる裏切りの人生」

劉璋・劉備・曹叡を裏切り、関羽も見捨てた非情な男は、司馬懿の権謀術数に死す。

字は子度《しど》。扶風郡の人。一九六年頃、飢饉を避けて法正とともに蜀に入り劉璋に仕えた。法正とともに劉備を迎える使者となり、劉備政権では宜都太守となった。二一九年に上庸を攻撃し、関羽からの救援要請を断って関羽を見殺しにして劉備に怨まれ、曹丕に降伏。曹丕には重用されたが、曹丕の死後、諸葛亮（孔明）の誘いを受けて再び蜀につこうとした際に、司馬懿に急襲されて殺された。

楊儀《ようぎ》（?～二三五年）「偏狭《へんきょう》な能吏」

〝諸葛亮（孔明）の後継者〟を自負していた能吏。

字は威公《いこう》。襄陽郡の人。最初、曹操に仕えたが、関羽の下へ行き、劉備と話をして高く評価される。劉備が帝位に就くと、劉巴と不仲になり、閑職へ移される。孔明は抜擢して軍務を担当させたが、魏延と仲が悪く、孔明も頭を悩ませた。孔明が亡くなると、謀反した魏延を誅殺し、楊儀は孔明の後継者になれると考えたが、その性格ゆえに閑職に追いやられ、不満を費禕にぶちまけると、それを費禕に上奏され流罪になり、最後は自殺。

李厳《りげん》（?～二三四年）「もう一人の〝託孤《たくこ》の臣〟」

劉備の遺詔を諸葛亮（孔明）と共に受けるが、私利に走って孔明を裏切る。

字は正方《せいほう》。南陽郡の人。劉表の配下だったが、曹操が荊州に侵攻すると蜀に入って劉璋に仕え、成都の長官となり高く評価された。劉備の遺詔を孔明と共に受けて劉禅を補佐し、内外の軍事を掌って永安《えいあん》や江州《こうしゅう》に駐屯。魏の侵攻の際には漢中に呼び寄せられた。しかし、利己的な要求をすることがあり、最後は兵糧運搬の失敗を孔明に転嫁しようとして発覚し失脚。復帰を期待していたが孔明の死に落胆して死去。

劉巴《りゅうは》（?～二二二年）**「張飛を軽んじた丈夫」**

諸葛亮（孔明）が「作戦を立てることについてはかなわない」と認めた人物だが、狭量な部分が難。

字は子初《ししょ》。零陵《れいりょう》郡烝陽《じょうよう》県の人。劉表から誘われたが仕えず、荊州に軍を進めた曹操に仕え荊州南部に帰順を呼びかけたが、劉備が力を伸ばしたため交趾へ向かい、さらに蜀に入って劉璋に仕えた。劉備の入蜀には反対したが、劉備が蜀を平定すると謝罪し、丁重に扱われて出世した。しかし、張飛が彼の家に泊まった際、「兵隊野郎」と軽んじて話もしなかったという（名士たちからは「軍人は共に語るに足りぬ者」と見られたのである）。

〔呉〕

孫堅《そんけん》（一五五～一九一年）**「董卓も嫌がった有能な将軍」**

海賊や山賊のみならず、黄巾賊や董卓とも戦って活躍したが、軽率さが災いして戦死。

字は文台《ぶんだい》。呉郡富春《ふしゅん》県の人。孫子《そんし》（孫武《そんぶ》）の子孫とされるが、よくわからない。若くして海賊を討伐し、その功で官職に就く。黄巾の乱が起きると、朱儁の配下に入り活躍。董卓が辺《へん》章《しょう》・韓遂の反乱討伐で成果を挙げられずにいると、張温《ちょうおん》が派遣され孫堅も参謀として出陣。孫堅は無礼な董卓を処罰するように進言した。その後、長沙の賊を討伐し、董卓が都で暴政を行うと、袁術とともに董卓討伐軍に参加し、華雄《かゆう》を討ち取る。袁術は孫堅に劉表を討伐させるが、黄祖の配下に討たれて戦死。

孫策《そんさく》（一七五〜二〇〇年）「江東の流れ星」

ほぼ一代で呉の基礎を築くが、若くして凶刃に倒れる。

字は伯符《はくふ》。孫堅が董卓討伐に出撃すると、舒《じょ》に移って周瑜と親しくなる。孫堅が亡くなると、孫策を忌み嫌う陶謙を避けておじの呉景《ごけい》、そして袁術に身を寄せる。その後、江東《こうとう》平定に乗り出し、劉繇らを破って数年で平定。袁術が皇帝を名乗ると、非難して関係を断つ。曹操が袁紹と官渡で戦おうとする頃、献帝を迎えようと許都襲撃を計画していたが、もと呉郡太守・許貢《きょこう》の食客に教われ、死の直前に「領土を広げるのは俺が上だが、能力ある者を用いて江東を守るのはお前が上だ」と孫権に遺言して死去。

孫権《そんけん》（一八二〜二五二年）「人材活用の名手」

「三代目」だが、人材を使いこなすことに長けた君主らしい君主。

字は仲謀《ちゅうぼう》。孫策の後を継ぎ、魯粛や諸葛瑾らの人材を登用する。赤壁の戦いでは周瑜らに支えられて徹底抗戦し撃退。その後、荊州をめぐって劉備・曹操と戦い、関羽を討ち取らせ夷陵で劉備を撃退し、呉の皇帝となる。外交では面子に拘らず屈辱を忍ぶことができた柔軟な人物であるが、晩年に近づくと公孫淵に翻弄されたり、呂壱を重用して重臣との間に隙間ができただけでなく、後継者決定を迷ったため重臣を巻き込んだ後継者争いまで起こしてしまった。

呉国太《ごこくたい》（?～?年）「呉の人々から尊敬された孫堅夫人」
娘と劉備を結婚させようとした、権威ある孫堅の夫人。

名はわからない。呉郡呉県の人。『三国演義』によると、呉国太は孫堅の側室となり、のちに劉備の妻となる孫夫人を生んだとされる。姉は孫堅の正妻の呉夫人。呉夫人の死後、呉国太と呼ばれて尊敬され、娘と劉備を結婚させようとした。歴史書『三国志』では、孫堅の妻の呉夫人は一人しかおらず、その呉夫人が孫策・孫権など男四人と娘を産み、二〇二年に亡くなっている。

大喬《だいきょう》・小喬《しょうきょう》（?～?年）「江東《こうとう》の二喬《にきょう》」
絶世の美女で、曹操が熱望したとされる孫策・周瑜の妻。

盧江郡《ろこうぐん》皖《かん》県の人。二人とも名はわからない。『三国演義』によると喬国老《きょうこくろう》の娘で、絶世の美女として知られた。孫策が皖を占領した際に捕虜となり、姉の大喬は孫策の、妹の小喬は周瑜の妻となった。歴史書『三国志』では二人について「橋公《きょうこう》の娘で孫策・周瑜の妻」としか記録がない。


孫夫人《そんふじん》（劉備の妻）（？～？年）「弓腰姫《きゅうようき》」

劉備の妻となった孫権の妹だが、実際はよくわからない。

孫権の妹で劉備の妻となった人物。史実では、彼女の侍女一〇〇名ほどは皆武装しており、劉備はびくびくしていたということや、劉備が蜀を平定すると帰国したということぐらいしか記録にない。『三国演義』では劉備とは仲睦まじいことになっている。母が危篤とのウソの連絡を受け、阿斗を連れて呉に帰国しようとしたところを張飛・趙雲に阿斗を奪還され単身で帰国。のち、夷陵の戦いで劉備が戦死したとの誤報を受けて入水自殺したとされる。


甘寧《かんねい》（？～？年）「呉随一の猛将」

無頼の徒だったが孫権に仕え、百余人で敵に斬り込んだこともある勇将。

字は興覇《こうは》。巴《は》郡臨江《りんこう》県の人。無頼の若者を集めて頭領となっていたが、書物に親しむようになり劉表、黄祖に身を寄せたが厚遇されず呉に向かい、孫権に「黄祖を倒して西に向かえば巴蜀も取れる」と説くなどして信頼を得た。黄祖攻撃で活躍するなどした勇将で、曹操軍に百余人で斬り込んだこともあった。甘寧に父を殺された凌統とは仲が悪く、『三国演義』では仲直りしたことになっているが、史実ではない。死去すると、孫権は痛惜したという。

虞翻《ぐほん》（一六四〜二三三年）「呉を代表する学者」

呉を代表する学者だったが、強情な性格で酒の失敗も多く、流罪先で死去。

字は仲翔《ちゅうしょう》。会稽《かいけい》郡余姚《よよう》県の人。会稽の王朗《おうろう》に仕え、孫策からの攻撃の際も王朗のために奔走したが、王朗に説得されて帰郷し孫策から招聘される。協調性に欠けるため、孫権から強制移住させられたが、呂蒙が関羽と戦う際、医術に詳しいとして随行を認められ、策を立てて貢献した。学者として孔融や張紘らから高く評価されたが、再び協調性の問題から交州に流され、交州で研究に励んでいたが、死去。

顧雍《こよう》（一六八〜二四三年）「呉の第二代丞相《じょうしょう》」

蔡邕《さいよう》から力量を認められた呉の名門出身の堅物官僚。

字は元歎《げんたん》。呉郡呉県の人。呉にやって来た蔡邕から琴と学問を伝授された。二〇歳頃に合肥《ごうひ》県の長になり、その後も成果を挙げ続け、孫権に仕えてからも会稽郡の武装勢力を掃討し、国の内政を担当するようになった。酒を飲まず寡黙であり、酒宴に参加すると孫権はじめ周囲の者がはめをはずせなかった。のち丞相（宰相）になったが、進言が採用されると孫権自身の発案としたことなどから信頼された。


黄蓋《こうがい》（?～二一五年）「赤壁《せきへき》の功労者」

「赤壁の戦い」で火計を実行した功労者は、山越《さんえつ》討伐のエキスパート。

字は公覆《こうふく》。零陵《れいりょう》郡泉陵《せんりょう》県の人。郡の役人になった後、孝廉《こうれん》に推挙されたが、孫堅が挙兵すると配下となり、山越との戦いや董卓を破ることに貢献。孫策、孫権に仕え、山越が蜂起した土地を担当し続け、綱紀が乱れた県では役人を粛清した。「赤壁の戦い」では火計を提案、実行して曹操軍を撤退させることに貢献した。『三国演義』では苦肉の計を使ったとされるが、史実ではない。山越対策に追われながら死去。


朱然《しゅぜん》（一八二～二四九年）「静かなる呉の柱石」

関羽の捕獲や夷陵《いりょう》の戦いにも貢献し、魏軍とも互角に渡り合ったいぶし銀の将軍にして影の功労者。

字は義封《ぎふう》。丹楊《たんよう》郡故鄣《こしょう》県の出身。朱治の姉の子で、一三歳の時に朱治の養子となる（もともとは施氏《し》）。ともに勉強したことがある孫権が主になると、一九歳で会稽郡余姚県の長となる。二一九年には関羽討伐に参加して、潘璋《はんしょう》とともに関羽の逃げ道を遮断し、潘璋の配下の馬忠《ばちゅう》が関羽を捕らえるのに貢献。その後、危篤に陥った呂蒙は「後継者」に朱然を指名し、二二〇年に江陵に着任した。夷陵の戦いでは劉備軍の先鋒を破り、さらに退路を断って劉備を大敗させた。その直後、魏軍が江陵を攻撃。江陵は孤立し六ヵ月以上魏軍の包囲は続いたが、朱然が撃退し、名が敵国にまでとどろいた。『三国演義』では、劉備を追撃中、救援に来た趙雲に殺されるが、史実ではない。その後も江陵にあって呉国を支えた。二四九年に死去（六八歳）。一九八四年に安徽《あんき》省馬鞍山《ばあんざん》市で彼の墓が見つかった。

周泰《しゅうたい》（?～黄武《こうぶ》年間〔二二二～二二九年〕）「無数の傷を持つ猛将」

無数の傷を負いながら生涯孫権を守り続けた猛将。

字は幼平《ようへい》。九江《きゅうこう》郡下蔡《かさい》県の人。蒋欽と共に孫策の配下になり手柄を立て、孫権は孫策に願って配下とした。孫権が宣城《せんじょう》にいた際、防護柵も整備していないところへ異民族の山越が攻め込んできたが、周泰だけは孫権を守るために戦い、一二の傷を被った。黄祖討伐や「赤壁の戦い」などで功績を挙げたが、朱然・徐盛らが周泰の命令に従わないので、孫権は宴会で周泰の服を脱がせ、無数の傷の由来を尋ねると、徐盛らが従うようになったという。

周瑜《しゅうゆ》（一七五～二一〇年）「薄幸の美周郎」

孫策・孫権を支えた軍師・将軍で、名実共に初期の呉の大黒柱。

字は公瑾《こうきん》。廬江郡舒《じょ》県の人。後漢の名門に生まれ、孫堅の挙兵後、舒に移住してきた孫策の世話をし、親しくなった。孫堅が亡くなると、孫策と近隣の都市を陥落させた。一旦袁術の下に行くが、すぐに孫策のところに戻ってきて周囲からは「周郎」と呼ばれた。美女であった橋公の姉妹を捕虜にすると、孫策は姉、周瑜は妹を娶り、義兄弟となった。孫策が亡くなると、張昭と共に率先して孫権をもり立て、「赤壁の戦い」では主戦論の中心となって曹操を退けることに貢献した。『三国演義』では諸葛亮（孔明）の活躍が際立っているが、実際は彼の功績が大きい。その後、「天下二分の計」をめぐらし荊州や蜀に攻め込もうとしたが、三六歳で死去。


諸葛瑾《しょかつきん》（一七四～二四一年）「謹厳実直な呉の〝潤滑油〟」

誠実さと謹厳実直な人柄で大将軍にまで昇進した諸葛亮（孔明）の兄だが、実戦は不向きか。

字は子瑜《しゆ》。瑯邪郡陽都県の人。孫策が暗殺された頃（二〇〇年）、戦乱を避けて長江流域に避難し、弘咨《こうし》の推挙で孫権に仕える。蜀への使者となることもあったが、弟の孔明とは公的な場では会っても私的には会わなかった。華々しい軍功などはなかったが、孫権を諫めるときも強い言葉は使わず、態度や他の事に託して述べるなどして孫権の気持ちを変えるのを常としており、孫権と臣下の潤滑油のような役割を果たした。また、孫権との仲を引き裂こうとする告げ口があっても、孫権からの信頼はゆるがなかったという。

諸葛恪《しょかつかく》**（二〇三〜二五三年）「北伐を敢行した、諸葛亮（孔明）の甥」**
あふれる才気を孫権に好かれて、孫権亡き後の呉を担う。

字は元遜《げんそん》。諸葛瑾の長子。皇太子・孫登《そんとう》の側に仕え、機転が利くことで知られた。後に兵糧統括の文書などはうまく処理できなかったが、丹楊郡での山越などからの徴兵には力を発揮した。陸遜が亡くなると大将軍となって荊州の軍事全般を統括し、孫権が亡くなると後事を託された。減税をするなど人気取りに努め北伐に挑んだが、失敗して人々の怨みを買い、孫峻《そんしゅん》らのクーデターに遭って殺され、一族も皆殺しになった。

太史慈《たいしじ》**（一六六〜二〇六年）「義侠心**《ぎきょうしん》**の将軍」**
孔融や劉繇、孫策、孫権のために利益度外視で戦い続けた将軍。

字は子義《しぎ》。東莱郡《とうらい》黄《こう》県の人。東莱郡と青州の間に問題が起こり、郡の使者となって州よりも有利な処置を朝廷から引き出した。母が世話になった孔融のために使者として劉備の下に赴き支援を引き出した。のち劉繇を訪れると、孫策と一騎打ちをしたが後に捕まり、孫策と「劉繇の残党を期日までに集める」という約束をし、期日までに帰還してきた。劉表勢力の侵入を防ぐなど活躍したが、四一歳で病死。『三国演義』では討ち死にするが、史実ではない。

張紘《ちょうこう》（一五二〜二一一年）「孫権から官名で呼ばれた男」

張昭と共に孫策・孫権を支え、現在の南京《なんきん》を本拠地にするよう進言。

字は子綱《しこう》。広陵《こうりょう》郡の人。洛陽で学んだが出仕せず、江東に移住し孫策に仕えた。張昭と共に参謀となって一人が留守し、もう一人が征伐に従った。曹操の下へ派遣されている間に孫策が暗殺されると、曹操は張紘から孫権に自分の配下になるよう説得させようとしたが、張紘は孫権への適切な献策をし続けた。孫権から非常に尊重され「東部《とうぶ》」と官名で呼ばれた。孫権に秣《まつ》陵《りょう》に都を移すよう進言し、孫権は遷都。孫権の家族を迎える途中で死去。翌年、孫権は秣陵を建業《けんぎょう》と改名した。

張昭《ちょうしょう》（一五六〜二三六年）「呉国の重鎮」

孫策・孫権を支えた内政のエキスパートで、ご意見番的存在。

字は子布《しふ》。彭城《ほうじょう》の人。学問に励み、隷書《れいしょ》が得意だった。陶謙の推挙を拒否したため捕まったが、なんとか釈放された。その後、江南に移り孫策に仕え、その働きから全国的名声を得た。

孫策の暗殺後は孫権に仕えたが、赤壁の戦いで降伏論を展開したことやたびたび諫言したことから、尊敬されながらも煙たがられて丞相になれなかった。時には子どもじみた対立もあったが、重鎮として呉を支え、八一歳で死去。

程普《ていふ》（?〜?年）「呉軍の重鎮・程公《ていこう》」

孫堅以来の宿将で、生涯戦い続けた呉軍の重鎮。

字は徳謀《とくぼう》。右北平郡《うほくへい》土垠《どぎん》県の人。州郡の役人となり、後に孫堅と共に黄巾討伐や董卓との戦いに参加。孫堅が戦死すると、孫策に仕えて廬江などを次々と陥落させ、孫権が立つと服従しない者を討ち張昭らと共に孫権をもり立てた。赤壁の戦いでは彼と周瑜が左右の督となって当たったが、かなりの確執があったとされる。周瑜がへりくだって逆らわなかったので、程普も周瑜と仲良くなった。孫堅以来の武将の最年長で、「程公」と呼ばれた。

歩騭《ほしつ》（?〜二四七年）「呉の第四代丞相」

呉の南方を安定させた政治家だが、現実離れしている面もあったか。

字は子山《しざん》。臨淮《りんわい》郡淮陰《わいいん》県の人。混乱を避けて長江流域に移住し、困窮の中で学問を続けた。孫権に仕え、交州を呉につかせる功を立てた。後に長沙に駐屯したが、一九九六年に長沙から発掘された木簡・竹簡の中には、彼に関するものがある。魏が長江を土嚢で堰き止めようとしていると上奏したことがあり、孫権の失笑を買っている。陸遜の没後、丞相となったが、翌年死去。

陸遜《りくそん》（一八三〜二四五年）「呉の大黒柱」

荊州に駐屯し、呉の軍事・政治を一手に引き受けた〝大黒柱〟。

字は伯言《はくげん》。呉郡呉県の人。父の死後、一族の陸康《りくこう》のもとに身を寄せていたが、孫策が陸康を攻めて殺す前に一族を率いて呉に戻った。のちに孫権に仕え、孫権は陸遜に孫策の娘と結婚させ、陸氏と和解し関係を強めた。関羽との荊州での争いでは、呂蒙の代わりに赴任して関羽を油断させ、勝利を収めた。劉備が攻め寄せてくると、これを夷陵で破った。その後、荊州に駐屯し、呉の軍事・内政・外交を支え、顧雍の死後は荊州にいたまま丞相となった。しかし、孫権の後継者争いに巻き込まれ、年長の孫和《そんわ》を支持したが、疑いを持った孫権から何回も詰問の使者を送られて憤死。

陸抗《りくこう》（二二六〜二七四年）「呉最後の名将」

内紛で衰退する呉の命運を担い、晋の脅威に対抗した陸遜の子。

字は幼節《ようせつ》。憤死した陸遜の後を継ぎ、寿春《じゅしゅん》に赴いた後、荊州方面の司令官として内政にも注意を払いつつ魏・蜀に対する防衛を固める。のち晋の羊祜《ようこ》とにらみ合うことが多く、陸抗が酒を贈り羊祜は陸抗に薬を贈るという関係が続き、善政合戦の様相を呈していたが、戦うと陸抗のほうが一枚上手であった。もともと病弱で、防備を怠らないよう忠告しつつ死去。

呂壱《りょいつ》（?〜二三八年）「横暴な監察官《かんさつかん》」

孫権と重臣たちの信頼関係を破壊した横暴極まりない官僚。

監察官の立場を利用し、情け容赦なく法令を適用し、丞相・顧雍や朱拠《しゅきょ》などの呉の重臣たちを陥れようとした。中には無実の罪の場合もあり、皇太子・孫登も孫権に信任しないように諫言していたが、孫権は聞き入れようとしなかった。後に悪事が発覚して誅殺され、孫権は重臣たちに謝ったが、重臣たちの孫権への不信感は深く、誰もまともに進言しようとしなくなっており、孫権は再び謝罪することになる。

呂蒙《りょもう》（一七八〜二一九年）「呉下《ごか》の阿蒙《あもう》」

軍務一辺倒だった男が孫権の言葉に発奮して学び、関羽を倒す功を立てる。

字は子明《しめい》。汝南郡富陂《ふは》県の人。幼くして江南に移住し、山賊討伐に加わる。孫策に見出され、孫権の下でも機転をきかせて出世していく。もともとは無学だったが、孫権に諭されて学問に励み、魯粛に意見するほどになる。様々な戦役で活躍し、魯粛没後は後任として陸口《りくこう》に駐屯。関羽が魏を攻撃し始めると、重病と称して油断させ関羽を討ち取り荊州を平定するが、本当に病が悪化し孫権の付き添いもむなしく死去。

魯粛《ろしゅく》（一七二～二一七年）「呉を代表する〝外交官〟」

『三国演義』では諸葛亮（孔明）に振り回される道化役だが、実際は三国鼎立を作り出した冷徹な外交官。

字は子敬《しけい》。臨淮《りんわい》郡東城《とうじょう》県の人。豊かな家に生まれたが、家財を投げ出して有能な人物との交わりを結んだ。袁術から東城県の長に任命されたが、すぐに見切りをつけ、知り合いだった周瑜のところに身を寄せた。周瑜の推薦で孫権に仕えたが、その際に漢王朝に見切りをつけるよう進言し、彼なりの「天下三分の計」を提案している。赤壁の戦いでは周瑜と共に主戦論を唱え、周瑜の死後は荊州方面の総司令官となって、劉備に荊州を貸し与えて「天下三分」の形勢を作り上げた。これによって、劉備を（呉の方面ではなく）蜀に向かわせたという見方もある。二一七年に死去したが、これ以降荊州情勢は風雲急を告げることになる。

附録一『三国志』年表

凡例Ⅰ：年号は西暦で統一した。
Ⅱ：劉備が建国した「漢」について、この年表では「蜀」という呼称で統一している。
Ⅲ：＊印は日本関連記事

西暦年	月	正史事項	演義事項
		＊桓帝・霊帝の間（146～189年）に、倭国で大乱発生。	
184年	1		黄巾の乱起こる。
	?		劉備・関羽・張飛の「桃園の誓い」。
	2	張角が中心になって黄巾の乱起こる。	
	3	党錮を解く。	
		10月に皇甫嵩が張角の弟・張梁を斬り、11月に張宝を破る。	皇甫嵩・朱儁らが黄巾を鎮圧。
189年	4	霊帝死去。少帝が立つ。	霊帝死去。少帝が立つ。
	8	宦官の張譲らが外戚の何進を殺し、袁紹が宦官を一掃。	宦官の張譲らが外戚の何進を殺し、袁紹が宦官を一掃。董卓が洛陽に入る。
	9	董卓が洛陽に入り、少帝を廃し献帝を立てる。	董卓が献帝を立てる。董卓、相国となる。曹操は董卓暗殺に失敗して逃げる。
	11	董卓、相国となる。袁紹、曹操ら東に逃亡。	
	12	曹操、陳留で挙兵。	曹操、陳留で挙兵。
190年	1	関東諸州郡、袁紹を盟主として董卓を討つ。	袁紹ら、董卓討伐軍を起こす。
	2		董卓、長安に遷都し、移る。
	3	董卓、長安に遷都。	
	6？	董卓、五銖銭を廃止し小銭を作ったため、インフレ進行。	
191年	2	孫堅、華雄を斬って董卓軍を破り洛陽に入る。	関羽、華雄を斬る。虎牢関の戦い。
	4	董卓、長安に至る。	
	11	孫堅、黄祖を討って戦死（翌年説あり）。	

西暦年	月	正史事項	演義事項
	?		王允が貂蝉を用いた連環の計で呂布と董卓を仲たがいさせる。
192年	4	王允、呂布が董卓を殺す。曹操が兗州刺史となる。	王允、呂布が董卓を殺す。
	?	曹操、黄巾の降伏兵を受け入れ青州兵として組織。	
	6	李傕、郭汜が王允を殺し、呂布は東に逃亡。	李傕、郭汜が王允を殺し、呂布は東に逃亡。
	11		孫堅、黄祖を討って戦死（前年説あり）。
	12		曹操が青州兵を組織。
193年	4	徐州で父を殺された曹操、徐州を攻め虐殺を敢行。	
	秋		徐州で父を殺された曹操、徐州を攻め虐殺を敢行。
194年	2	劉備、陶謙を援助。	孔融・劉備、陶謙を援助。
	4	張邈は引き入れた呂布とともに、曹操と濮陽で戦う。	張邈は引き入れた呂布とともに、曹操と濮陽で戦う。
	12	益州牧の劉焉死し、劉璋が後を継ぐ。陶謙が死に、劉備が徐州牧となる。	陶謙が死に、劉備が徐州牧となる。
	?		益州牧の劉焉死し、劉璋が後を継ぐ。
195年	1	曹操、呂布を破る。	
	4		曹操、呂布を破る。
	5	呂布、劉備を頼る。 この頃、長安で李傕と郭汜が争い、献帝は東へ逃亡。	呂布、劉備を頼る。 この頃、長安で李傕と郭汜が争い、献帝は東へ逃亡。
196年	1		献帝、洛陽に入る。
	6	袁術が劉備を破る。	
	7	献帝、洛陽に入る。	
	8	曹操が献帝を許都に迎える。	
	9		曹操が献帝を許都に迎える。
	10		呂布、劉備を攻める。
	11	曹操、屯田を行う。劉備が呂布に追われ、曹操のもとに身を寄せる。	

附録一

西暦年	月	正史事項	演義事項
197年	1	袁術が皇帝となる。曹操、張繡に敗れる。	
	5	袁術、呂布に敗れる。孫策、呉郡を攻略。	曹操、張繡に敗れる。袁術が皇帝となる。
	9	曹操、袁術を討つ。	曹操、袁術を討つ。
198年	12	呂布、曹操に敗れ殺される。	呂布、曹操に敗れ殺される。
199年	3	公孫瓚、袁紹に敗れ自殺。	
	?		公孫瓚、袁紹に敗れ自殺。
	6	袁術が亡くなる。	袁術が亡くなる。
	?		劉備、自立。
	8	袁紹が許都を狙い、曹操は黎陽で防ぐ。	袁紹が許都を狙い、曹操は黎陽で防ぐ。
	12	劉備、小沛で独立。	
200年	1	董承、曹操暗殺に失敗し、処刑される。劉備、曹操に討たれ、袁紹のもとに逃げる。関羽が曹操に降る。	吉平、曹操暗殺に失敗。董承らが処刑される。劉備、曹操に討たれ、袁紹のもとに逃げる。関羽、曹操に降る。
	2		曹操、袁紹を白馬で破る。その際、関羽は顔良・文醜を斬る。
	3	曹操、袁紹を白馬で破る。その際、関羽は顔良を斬り、曹操のもとを離れ、劉備の元へ帰る。 劉備は袁紹のもとを離れようとして、袁紹に劉表との同盟を進言。汝南に向かう。	関羽、五つの関所で六人の武将を斬り、劉備のもとへ向かう（千里独行）。劉備や張飛と再会し、汝南に移る。
	4	孫策、暗殺される。	孫策、暗殺される。
	10	官渡の戦いで曹操が袁紹に勝つ。	官渡の戦いで曹操が袁紹に勝つ。
201年	9?	劉備が劉表のもとへ身を寄せる。	劉備が劉表のもとへ身を寄せる。
202年	5	袁紹死去。	袁紹死去。
	9	曹操、袁紹の子の袁譚と袁尚を破る。	
	?	劉備が博望で曹操軍を破る。	
203年	2	曹操、袁譚と袁尚を破り、黎陽を取る。	曹操、袁譚と袁尚を破り、黎陽を取る。

西暦年	月	正史事項	演義事項
207年	8	曹操が烏丸を破る。	曹操が烏丸を破る。
	9	公孫康に逃げ込んできた袁煕・袁尚を殺し、袁氏滅亡。 劉備、三顧の礼で諸葛亮（孔明）を配下にする。	公孫康に逃げ込んできた袁煕・袁尚を殺し、袁氏滅亡。
208年	1		劉備、三顧の礼で諸葛亮（孔明）を配下にする。
	春	孫権、黄祖を斬る。	孫権、黄祖を斬る。
	?	この頃、華佗を処刑。	
	6	曹操が丞相となる。孫権、黄祖を斬る。	曹操が丞相となる。劉備、夏侯惇を博望坡で破る。
	8	劉表、死去。子の劉琮が後を継ぐ。	劉表、死去。子の劉琮が後を継ぐも曹操に降伏。
	9	劉琮、曹操に降伏。劉備は南へ逃げる（長阪の戦い）。	9月（？）劉備は南へ逃げる（長坂橋の戦い）。
	11		曹操、船上で詩（『短歌行』）を賦す。 孔明、七星壇で風を祈る。 赤壁の戦い。 関羽、かつての恩義を思い、敗走する曹操を見逃す。
	12	赤壁の戦いで、孫権・劉備連合軍が曹操軍を破る。 劉備は荊州南部を占拠。黄忠を味方にする。	12月（？）、周瑜、江陵を攻める。劉備、襄陽・江陵を取る。 劉備は荊州南部を占拠。その最中に黄忠・魏延を味方にする。
209年			劉備、魯粛と会談し、孫権から荊州を借りる約束をする。
	11（?）	劉備、孫権の妹と結婚。	劉備、孫権の妹と結婚。
210年	春	曹操、鄴城に銅雀台を建設。 劉備、孫権と会見、荊州の借用を申し入れる。	曹操、鄴城に銅雀台を建設。
	?	周瑜、死去。魯粛が後任となり、荊州を分割。	
	12		周瑜死去。
211年	?		馬騰、黄奎らと図り曹操を殺そうとするが、発覚して殺害される。

西暦年	月	正史事項	演義事項
	閏8		曹操、潼関で馬超を破る。
	9	曹操、韓遂・馬超を破り、関中を平定。	
212年	12	劉璋、劉備を益州に迎える。	劉璋、劉備を益州に迎える。 孫夫人、呉に帰る。その際、孫夫人が連れて帰ろうとした阿斗を趙雲が取り返す。
	5	曹操、馬騰の一族を殺害。	
	?		孫権、秣陵に石頭城を築き、建業と改名。
	?		曹操、魏公になる。
	9	孫権、秣陵に石頭城を築き、建業と改名。	
	12	劉備、劉璋への軍事行動を起こす。	劉備、劉璋への軍事行動を起こす。
213年	5	曹操、魏公となる。	
	7		龐統、落鳳坡で戦死。孔明、張飛、趙雲らが益州へ侵攻。
	8		馬超、冀城を攻めて破れ、張魯のもとへ逃れる。
	9	馬超、冀城を攻めて破れ、張魯のもとへ逃れる。	
214年	春	孔明、張飛、趙雲らが益州へ侵攻。 龐統、戦死。	
	5	劉璋、劉備に降伏する。 孫夫人、呉に帰る。	劉璋、劉備に降伏する。
	7		孫権、劉備に荊州返還を要求。 関羽、魯粛と会見（単刀会）。
215年	3	曹操、漢中の張魯を討つ。	曹操、漢中の張魯を討つ。
	?	孫権、劉備に荊州返還を要求。 関羽、魯粛ともに単刀を持ち会見。	
	5	劉備と孫権、荊州を再分割する。	
	11	張魯、曹操に降伏。漢中を占領。	この年、曹操、漢中平定。劉備は荊州南部を返還。
216年	5	曹操、魏王となる。	曹操、魏王となる。

西暦年	月	正史事項	演義事項
217年	3	魯粛死去。後を継いだ呂蒙の建議により、孫権、曹操に降る。	
218年	7		劉備、葭萌関に布陣。黄忠、定軍山を攻める。
	9	曹操、長安に出陣。 劉備、陽平関で夏侯淵らと対陣。	
	※	時期はわからないが、以前右肘に毒矢を受けた関羽は、麻酔なしで毒が染み込んだ骨を削る切開手術を受ける。	
219年	1	黄忠、定軍山で魏の夏侯淵を破る。	黄忠、定軍山で魏の夏侯淵を破る。
	5		劉備、漢中平定。
	7	劉備、漢中を平定。漢中王となる。	劉備、漢中王となる。 右肘に毒矢を受けた関羽は、麻酔なしで毒が染み込んだ骨を削るという華佗の切開手術を受ける。
	8	関羽、洪水に乗じて樊城を攻める。	関羽、襄陽を取り、樊城を水攻めにする。
	11	呂蒙、荊州を急襲。	
	12	呂蒙、江陵を取る。 関羽、斬られる。その後、呂蒙死去。	呂蒙、江陵を取る。 関羽、斬られる。その後、呂蒙死去。
220年	1	曹操、死去。曹丕、魏王・丞相となる。	この頃、曹操が華佗を処刑。曹操、死去。曹丕、魏王・丞相となる。
	10	曹丕、皇帝に即位。漢王朝滅亡。 この年、黄忠病死。	曹丕、皇帝に即位。漢王朝滅亡。
221年	4	劉備、皇帝に即位。孔明、丞相となる。 孫権、都を鄂に移し、武昌に改称。	劉備、皇帝に即位。孔明、丞相となる。
	7	劉備、討呉の軍を起こす。張飛、暗殺される。	劉備、討呉の軍を起こす。張飛、暗殺される。

西暦年	月	正史事項	演義事項
	8	孫権、魏に臣従。呉王に封じられる。	孫権、魏に臣従。呉王に封じられる。都を鄂に移し、武昌に改称。
222年	1		黄忠、死す。
	3	呉と蜀が夷陵で戦う。	
	6		劉備、陸遜に敗れ、白帝城に逃げ帰る。 孫夫人、劉備が亡くなったとの誤報を受け自殺。
	閏6	劉備、陸遜に敗れ、白帝城に逃げ帰る。	
	10	孫権、魏から独立し、独自の年号を建てる。	孫権、魏から独立し、独自の年号を建てる。
	11	蜀と呉の外交関係が修復。	
223年	4	劉備、死去。	劉備、死去。
	5	劉禅、皇帝に即位。孔明、丞相として摂政。	劉禅、皇帝に即位。孔明、丞相として摂政。
	8		孔明、魏による五路からの侵攻を平らげ、呉に鄧芝を派遣して同盟関係を成立させる。
	10	鄧芝の努力で蜀と呉の同盟関係が成立。呉は魏と断交する。	
225年	3〜9		孔明、南蛮を征伐し、孟獲を七回捕らえて七回解き放ち、心を攻めて平定。
	7	孔明、南征を行い、慰撫して平定。	
226年	5	曹丕、死去。曹叡が即位。	曹丕、死去。曹叡が即位。
227年	3	孔明、出師表を奉り、漢中に出兵。	孔明、出師表を奉り、漢中に出兵。
228年	春	孔明、第一次北伐。馬謖の失策により街亭で敗北し、「泣いて馬謖を斬る」。	孔明、第一次北伐。馬謖の失策により街亭で敗北。 孔明、「空城の計」を用いて司馬懿の攻撃を逃れる。 「泣いて馬謖を斬る」。
	9	陸遜、曹休を石亭で破る。	陸遜、曹休を石亭で破る。
	12	孔明、第二次北伐。陳倉を包囲するが撤退。	孔明、第二次北伐。陳倉を包囲するが撤退。

西暦年	月	正史事項	演義事項
229年	春	孔明、第三次北伐。武都、陰平二郡を占拠。	
	4		孔明、第三次北伐。武都、陰平二郡を占拠。
		孫権、皇帝に即位。	孫権、皇帝に即位、建業に遷都。
	9	孫権、建業に遷都。	
230年	7～9	曹真・司馬懿、蜀を攻め、孔明は成固で対峙（第四次北伐)。	曹真・司馬懿、蜀を攻め、孔明は成固で対峙（第四次北伐)。
	?		孔明、司馬懿と戦法を戦わせる。
231年	2	孔明、第五次北伐。祁山を包囲。司馬懿は長安で対抗。	孔明、祁山へ出撃（第五次北伐)。
	5		孔明、鹵城で司馬懿を破る。
	6	孔明、兵糧が尽きて撤退。張郃を殺害。	孔明、兵糧が尽きて撤退。張郃を殺害。
232年	11	曹植、死去。	
234年	2	孔明、第六次北伐。	孔明、第六次北伐。
	4	孔明、五丈原に布陣し、司馬懿と対峙。	孔明、五丈原に布陣し、司馬懿と対峙。
	8		魏延、孔明が寿命を延ばすための祈祷で用いていた主燈を誤って消してしまう。
		孔明、死去（「死せる孔明、生ける仲達を走らす」か？)。	孔明、死去（「死せる孔明、生ける仲達を走らす」)。
238年	1～8	司馬懿、遼東へ遠征し、公孫淵を倒す。	司馬懿、遼東へ遠征し、公孫淵を倒す。
238年？ 239年？	12	＊卑弥呼の使者、洛陽に至り、「親魏倭王」の金印を授けられる。	
239年	1	曹叡、司馬懿らに後事を託して死去。	曹叡、司馬懿らに後事を託して死去。
240年		＊建中校尉の梯儁らが詔勅と印綬を携えて倭に赴き、王位と賜物を授与する。	
243年	12	＊卑弥呼は使者を派遣、朝貢する。	

西暦年	月	正史事項	演義事項
245年		＊倭の難升米に黄幢(旗指物)が下賜される。	
247年		＊実際に黄幢が倭に届けられる。	
247～248年頃		＊卑弥呼、死す。内紛の後、壹与（台与）が女王となる。	
249年	1	司馬懿、クーデターを起こし、魏の実権を握る。	司馬懿、クーデターを起こし、魏の実権を握る。
251年	8	司馬懿、死去。	司馬懿、死去。
252年	4	孫権、死去。	孫権、死去。
263年	11	劉禅、魏に降伏。蜀滅亡。	
	12		劉禅、魏に降伏。蜀滅亡。
265年	12	司馬炎、帝位を奪い、晋を建国。魏滅亡。	司馬炎、帝位を奪い、晋を建国。魏滅亡。
280年	3	呉、晋に降伏。呉滅亡。三国は統一される。	呉、晋に降伏。呉滅亡。三国は統一される。

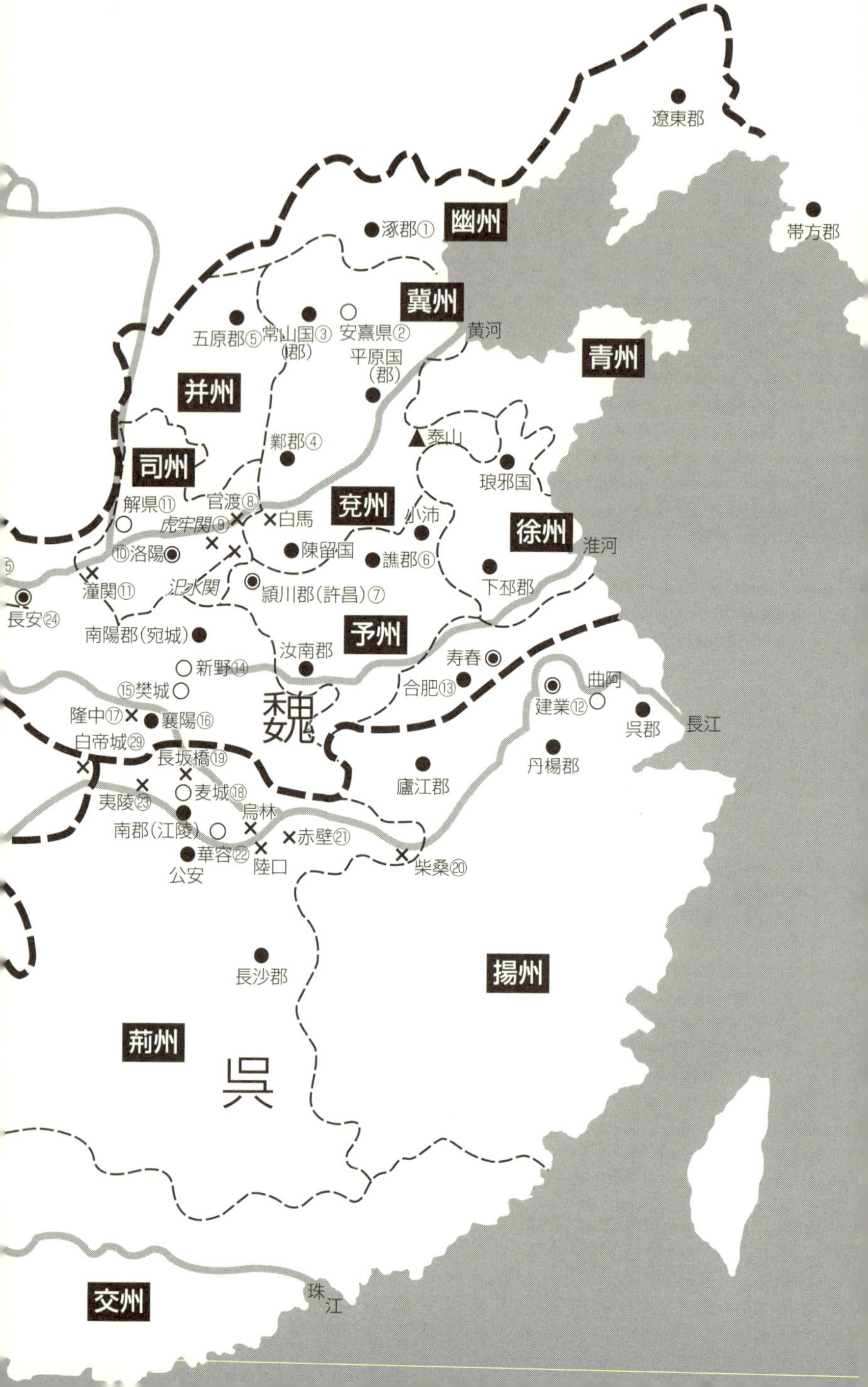

遼東郡
帯方郡
幽州
涿郡①
冀州
五原郡⑤
常山国③(郡)
安熹県②
黄河
平原国(郡)
青州
并州
鄴郡④
泰山
司州
琅邪国
解県⑪
官渡⑧
兗州
小沛
白馬
虎牢関⑨
徐州
淮河
⑩洛陽
陳留国
譙郡⑥
下邳郡
潼関⑪
汜水関
潁川郡(許昌)⑦
長安㉔
南陽郡(宛城)
予州
汝南郡
寿春
新野⑭
合肥⑬
曲阿
⑮樊城
建業⑫
呉郡
魏
長江
隆中⑰
襄陽⑯
白帝城㉙
丹楊郡
長坂橋⑲
麦城⑱
廬江郡
夷陵㉓
烏林
南郡(江陵)
赤壁㉑
華容㉒
陸口
柴桑⑳
公安
長沙郡
揚州
荊州
呉
交州
珠江

附録二『三国志』地図

◉都レベルの城

●郡・国レベルの城

○県レベルの城

× 戦場・関所など

▲山

※『演義』のみの地名は斜体にした。

①劉備・張飛の出身地
②劉備が初めて赴任した地
③趙雲の出身地
④曹操が銅雀台を築いた地
⑤呂布の出身地
⑥曹操の出身地
⑦曹操の拠点となった地
⑧曹操と袁紹の決戦の地
⑨『演義』で反董卓軍と董卓軍が戦った地
⑩後漢・魏の首都
⑪関羽の出身地で、塩池で有名
⑫呉の首都、現在の南京
⑬魏の対呉戦線の拠点
⑭劉表のもとで劉備が駐屯した地
⑮関羽が北伐に曹仁と戦った地
⑯荊州の中心都市
⑰孔明が隠棲した地
⑱関羽が呉に捕まった地
⑲張飛が曹操軍をどなって撤退させた地（史実は長阪）
⑳孫権が赤壁の戦いの時に拠点にした地
㉑ 曹操が孫権・劉備連合軍に敗れた地
㉒『演義』において赤壁で敗れた曹操が関羽に見逃してもらった地
㉓ 劉備が呉に大敗した地
㉔ 前漢の首都
㉕ 諸葛亮が亡くなった地
㉖ 姜維の出身地
㉗ 馬謖が魏軍に敗れた地
㉘ 張魯（五斗米道）の拠点で、孔明の北伐の拠点
㉙ 劉備が亡くなった地
㉚ 龐統が亡くなった地
㉛ 蜀の首都

あとがき

筆者がはじめて出会った「赤壁《せきへき》の戦い」は、吉川《よしかわ》『三国志《さんごくし》』に描かれたものであった。中学生の頃に読み始めたが、その描写の素晴らしさに引き込まれ、むさぼるように毎日読んでいたものである。これを皮切りとして、様々な『三国志』を紐といてきた。

歴史書『三国志』における「赤壁の戦い」も、非常に奥が深いものである。『魏志《ぎし》』（とその典拠となった王沈《おうしん》『魏書《ぎしょ》』・魚豢《ぎょかん》『魏略《ぎりゃく》』など）では魏《ぎ》王朝の事実上の建国者である曹操《そうそう》にとって都合が悪い赤壁からの撤退（敗北）をできるだけ目立たないように書いており、むしろ「劉表《りゅうひょう》の荊州《けいしゅう》を攻略したことで、天下を平定した」という公式見解の通り、荊州攻略の方に記述の力点が置かれているようである。

それに対し、『呉志《ごし》』（とその典拠となった韋昭《いしょう》『呉書《ごしょ》』）では、後漢《ごかん》朝廷で傍若無人に振る舞う曹操を呉の将軍たちが中心となって「赤壁の戦い」において破ったことで、孫氏政権初期の建前である「漢室匡輔《かんしつきょうほ》」を少しでも実現したという部分を強調し、彼ら自身が劣っていると考えていた呉《ご》の正統性を高めようとしている。このような視点からまとめられた『呉志』及び『呉書』での「赤壁の戦い」は、いわば呉の「建国神話」における「赤壁伝説」とでもいうべき位置を占める。

『蜀志《しょくし》』では、「孫権《そんけん》と協力して曹操を破った」という蜀漢《しょくかん》にとって強調したい記述は『呉志』と共通しており、「赤壁の戦い」の詳細がほとんど書かれず、劉備《りゅうび》が中心となって曹操に対抗したとされる点では『魏志』に近いといった具合で、記録上の立場は『魏志』と『呉志』の中間に位置している。

このようなことを踏まえると、やはり三国のどの国にとっても「赤壁の戦い」は建国の歴史にとって重要な戦いであった。特に呉にとっては絶対に描いておきたい話であり、逆に魏にとっては意識的に記述をぼかして覆い隠そうとするほど、きわめて逆説的な意味で重視していた話であった。蜀漢の側から見れば、劉備集団の転換点という意味では疑いようもないほど重要であり、蜀「漢」の正統性という点から考えれば「赤壁の戦い」の戦果を強調したいところなのだが、戦闘での劉備たちの活躍が特にないのでそれも難しいというジレンマがあり、それが漠然とした記述に表れていると筆者は考えている。結局、「赤壁の戦い」については、『魏志』・『蜀志』のようにどこか漠然とした記述があるか、『呉志』のように「史実かもしれないが妙にはっきりしすぎている「神話」のような話」しか残っておらず、『魏志』・『呉志』・『蜀志』で内容が食い違っている部分やそれぞれに信用しにくい一面を持っている。つまりは、歴史書『三国志』における「赤壁の戦い」の記述自体がある意味で「赤壁伝説」と化してしまっているのである。したがって、これらの（視点の違う）記述を単純に総合すると、「赤壁の戦い」はよくわからないものになってしまう。ウィーンで初演され、日本でも宝塚歌劇団や帝国劇場などで上演されている『エリザベート』というミュージカルに「闇が広がる」という代表的なナンバーがあるが、歴史書『三国志』における「赤壁の戦い」はまさにそのような状態なのだ。

このような歴史書『三国志』における多面的な「赤壁伝説」に触発された人々が、それぞれの「赤壁伝説」を紡ぎだし、数多くの作品を生みだしていったのである。

本書を著すにあたり、あらためて『三国志』を扱った様々な小説・マンガに挑んだが、一つ一つの作品にそれぞれの「味」があり、感心することしきりであった。『三国志』の中でも「赤壁の戦い」という一場面をもとに、ここまで多様な展開を見せている「『三国志』物語」とでもいうべき世界の奥の深さを感じさせる。

本書のタイトルは、小説・マンガなどの物語化された「赤壁の戦い」だけでなく、歴史書『三国志』での「赤壁の戦い」に関する記述の傾向も踏まえて考え出したものである。

小著は多くの先学の研究に追うところが大きい。重要な著作のいくつかについては、各章の注に参考文献として示したが、紙数の都合上、本来掲載すべき論著・学術論文のほとんどを割愛させていただいている。特に参考にさせていただいた書籍を挙げると、

金文京《きんぶんきょう》『三国志演義《さんごくしえんぎ》の世界』（東方書店　一九九三年）
二階堂善弘《にかいどうよしひろ》・中川諭《なかがわさとし》〔訳注〕『三国志平話《さんごくしへいわ》』（光栄　一九九九年）
石井《いしい》　仁《ひとし》『曹操―魏の武帝』（新人物往来社　二〇〇〇年）
渡邉義浩《わたなべよしひろ》『三国政権の構造と「名士」』（汲古書院　二〇〇四年）

となる。また、今鷹真《いまたかまこと》・小南一郎《こみなみいちろう》・井波律子《いなみりつこ》の諸氏による『三国志』の翻訳（『三国志』全三巻　筑摩書房　一九七七～八九年、『正史三国志』一～八　筑摩書房　一九九二～九三年）から訳語・訳文を活用させていただいた部分がある。中林史朗《なかばやししろう》・渡邉義浩『三国志研究要覧』（新人物往来社　一九九六年）、渡邉義浩〔著〕三国志学会〔監修〕『三国志研究入門』（日外アソシエーツ　二〇〇七年）には先行研究が丁寧に紹介されている。深く感謝するとともに、あわせて参照されることをお勧めしたい。先行研究も参照していただくと同時に、内容等に関して御叱正を賜れば幸いである。

なお、私事にわたり恐縮であるが、これまで筆者を励まし支えてくれた両親、そして妻・富《ふ》

弓《ゆみ》と五人の子供たち（幸峰《ゆきね》、創《はじめ》、灯里《あかり》、純玲《すみれ》、仁《ひとし》）に本書を捧げたい。

最後に、創価大学文学部のゼミ以来ご指導いただいた恩師・池田温《いけだおん》先生、本書の校正を手伝ってくださった皆さん、そして本書が世に出る機会を与えてくださった白帝社の佐藤康夫社長、伊佐順子さん、山内広子さんをはじめ、お世話になったすべての方々に厚く御礼申し上げます。

満田　剛

二〇〇九年三月二十六日

満田　剛　みつだ　たかし
1973年、秋田県横手市に生まれる。中国・三国時代の史学史を専攻。
2001年、創価大学大学院文学研究科博士後期課程単位取得退学。
現在、創価大学文学部・創価高等学校地歴公民科非常勤講師。
東京富士美術館「大三国志展」では学術アドバイザーとして監修を担当。
人文学博士。

［主な著書・論文］
『三国志─正史と小説の狭間』（白帝社　2006年）
「王沈『魏書』研究」（『創価大学大学院紀要』第20集　1999年）
「敦煌文献所見王沈『魏書』について（『シルクロード研究』第２号　創価大学シルクロード研究センター　2000年）
「長沙走馬楼吏民田家莂に見える姓について」（『嘉禾吏民田家莂研究』─長沙呉簡研究報告・第一集─　長沙呉簡研究会　2001年）
「韋昭『呉書』について」（『創価大学人文論集』第16号　2004年）
「諸葛亮歿後の「集団指導体制」と蔣琬政権」（『創価大学人文論集』第17号　2005年）

三国志　赤壁伝説

2009年４月16日　初版発行

著　者　満田　剛
発行者　佐藤康夫
発行所　白　帝　社
〒171-0014　東京都豊島区池袋2-65-1
TEL 03-3986-3271
FAX 03-3986-3272(営)/03-3986-8892(編)
http://www.hakuteisha.co.jp/
組版　オルツ　　印刷　平文社　　製本　若林製本所

　ISBN 978-4-89174-972-9